新时代新理念职业教育教材·道路交通运输类
职业教育校企合作双元教材

交通安全设施检测技术

主　编　孙海乾
副主编　吴　婧　王国建
参编者　傅　花　包坤业
　　　　周雪萍　虞卫国
主　审　骆中建

北京交通大学出版社
·北京·

内 容 简 介

"交通安全设施检测技术"是学习交通安全设施试验检测方法和质量评定的一门课程,是交通土建类专业的核心课程之一。

本书以校本教材的形式已使用三年,为贯彻落实二十大精神进教材、进课堂、进头脑,对全书结构、内容组成、资源配套等方面进行了全面升级与优化。

本书可作为高等职业教育道路桥梁工程技术专业、建设工程监理技术专业、道路桥梁工程检测技术专业、工程造价专业的教材,也可作为相关专业工程技术人员的培训用书。

图书在版编目(CIP)数据

交通安全设施检测技术 / 孙海乾主编. —北京:北京交通大学出版社,2023.12
新时代新理念职业教育教材. 道路交通运输类
ISBN 978-7-5121-5123-9

Ⅰ. ① 交… Ⅱ. ① 孙… Ⅲ. ① 公路运输 – 交通运输安全 – 安全设备 – 检测 – 职业教育 – 教材 Ⅳ. ① U491.5

中国国家版本馆 CIP 数据核字(2023)第 218835 号

交通安全设施检测技术
JIAOTONG ANQUAN SHESHI JIANCE JISHU

策划编辑:张 亮 责任编辑:陈可亮	
出版发行:北京交通大学出版社	电话:010-51686414 http://www.bjtup.com.cn
地 址:北京市海淀区高梁桥斜街 44 号	邮编:100044
印 刷 者:北京时代华都印刷有限公司	
经 销:全国新华书店	
开 本:185 mm×260 mm 印张:11.5 字数:276 千字	
版 印 次:2023 年 12 月第 1 版 2023 年 12 月第 1 次印刷	
印 数:1～1 500 册 定价:32.00 元	

本书如有质量问题,请向北京交通大学出版社质监组反映。对您的意见和批评,我们表示欢迎和感谢。
投诉电话:010-51686043,51686008;传真:010-62225406;E-mail:press@bjtu.edu.cn。

前　言

　　随着我国高速公路的迅速发展，"公路工程质量是工程的生命"已成为人们的普遍共识，检验工程质量的唯一有效手段是试验检测。为了提高公路工程试验检测工作的水平，保证公路施工质量的优质和安全，检测人员必须持证上岗。为了加强对工程施工的质量控制和指导，交通部基本建设质量监督总站于1997年首次对公路试验检测做出管理规定，出台了《公路工程试验检测机构资质管理暂行办法》，明确了从事公路试验检测的机构需取得相应的资质，并对资质等级及设备、人员配置做出了规定。之后又发布了《公路水运工程试验检测人员资质管理暂行办法》及《公路水运工程试验检测人员资质培训管理暂行办法》等规范性文件，规定试验检测人员资格系执业资格，分为公路工程和水运工程两个专业，有试验检测工程师、试验检测员两种资格。具备资格者，经试验检测机构聘任，按照核定的业务范围，方可从事相应的试验检测工作。这些管理规定的出台，初步建立了公路工程试验检测管理法规体系，这对于尚处于起步阶段的公路试验检测机构及人员的规范管理起到了很好的指导作用，增强了人们对试验检测工作管理必要性的认识。

　　2014年10月，《国务院关于取消和调整一批行政审批项目等事项的决定》公布，取消公路水运工程试验检测人员准入类职业资格后，根据国家职业资格管理有关要求，交通运输部会同人力资源社会保障部设立了公路水运工程试验检测专业技术水平评价类国家职业资格制度，以人社部发〔2015〕59号发布了关于印发《公路水运工程试验检测专业技术人员职业资格制度规定》和《公路水运工程试验检测专业技术人员职业资格考试实施办法》的通知，顺利实现了政策衔接和平稳过渡，保障了试验检测人员的合法权益，保证了试验检测工作的发展需要。

　　本书采用最新标准和检测方法进行编写，将交通安全设施试验检测资格考试大纲和工程中常见的检测工作结合在一起，能够使学生从实训、实习到工作岗位无缝衔接，并为学生及试验检测人员考取从业资格打好基础。本书的编写有理论、有基本操作讲解、有实例，全面系统地介绍了交通安全设施试验检测理论和实用技术。

　　参与编写人员及具体分工如下：学习情境1、学习情境2、学习情境7由王国建编写，学习情境3由傅花编写，学习情境4由吴婧编写，学习情境5由包坤业编写，学习情境6由虞卫国编写，学习情境8由周雪萍编写，学习情境9、学习情境10由孙海乾编写并统稿。在本书编写过程中，由企业专家骆中建对全书进行了审核，并提出了宝贵意见。

在本书编写过程中，青海利建交通设施工程有限公司提供了大量素材，提出了诸多宝贵意见，在此表示感谢。由于编者水平有限，编写时间紧迫，书中的不妥和错误之处在所难免，敬请读者批评指正，在此表示衷心感谢。

编 者

2023 年 11 月

目　录

学习情境 1

交通安全设施基础知识

任务 1.1　交通安全概述

知识目标

1. 了解交通安全设施的发展历程；
2. 熟悉道路交通安全的定义及特点；
3. 熟悉交通事故的定义及构成要素；
4. 掌握公路本质安全的要素。

能力目标

能够认识交通安全设施的重要性，树立安全意识，能够科学、独立、公正、客观地进行交通安全设施检测工作。

交通安全问题一直是世界各国亟待解决的社会问题和难题，也是交通工程领域一个永恒的主题。世界卫生组织 2018 年发布的《全球道路安全现状报告》显示，自 2015 年以来，道路交通死亡人数继续攀升，每年死亡人数约为 135 万人，且道路交通伤害已经成为 5～29 岁儿童和年轻人的首要死亡原因。

据相关统计资料显示，美国在 1776—1976 年的 200 年间，因战争死亡的人数约为 115.6 万人；而在 1900—1976 年的 76 年间，因道路交通事故死亡的人数竟达 210 万人。

在我国，交通事故也已成为社会性的大问题。以 2021 年为例，全国共发生道路交通事故 450 254 起，造成 98 738 人死亡、469 911 人受伤，直接财产损失 18.8 亿元。自 2021 年以来，全国交通事故死亡人数首次回落到 10 万人以下。在这以前，全国每年发生交通事故约 50 万起，因交通事故死亡人数均超过 10 万人，相当于一个小型县的人口，居世界第一。据统计数据表明，全国每 5 min 就会有一人丧身车轮，每 1 min 就会有一人因为交通事故而伤残，每年因交通事故所造成的经济损失达数百亿元。国家统计局对群众安全感进行了全国调查，其中在所有影响群众安全感的问题中，"交通事故"的被选率最高，达到 38.2%。由此可见，道路交通安全问题对人们的安全感影响很大。

因此，研究和掌握发生交通事故的规律，研究交通事故与人、车、路之间的相互关系，以及减少交通事故发生的措施，对保证交通安全极为重要。交通安全研究的主要内容有：交通事故的定义、分类、表达方式、变化规律、影响因素、交通事故生成机理及安全保障措施等。近些年来，国内外学者也借鉴了安全学科的研究方法，利用安全理论研究交通安全问题，引入了事故致因理论、风险评估、安全评价，还提出了本质交通安全的基本体系，研究了不发生交通事故的道路安全系统。

1.1.1　道路交通安全

1. 定义

道路交通安全是指人们在道路交通系统中，按照交通法规的规定，安全地行车、走路，避免发生人身伤亡、财物损失或环境破坏的一种交通运行状态。安全是一种状态，安全管理的主要任务是通过持续的危险识别和风险管理过程，将人员伤害或财产损失的风险降低并保持在可接受的水平或其以下；若这种可能性超过了可接受的水平，即为不安全。道路交通系统作为动态的开放系统，其安全既受系统内部因素制约，又受系统外部环境干扰，并与人、车辆及道路环境等因素密切相关。系统内任何因素不可靠、不平衡、不稳定，都可能导致冲突与矛盾，产生不安全因素或不安全状态。

2. 交通安全的特点

（1）交通安全是在一定危险条件下的状态，并非绝对无事故，而只是将其危险性限定在所允许的范围内。

（2）对于道路交通系统而言，安全并不是系统状态的瞬间结果，而是对该系统一定时期、一定阶段过程或状态的描述。

（3）道路交通系统是一个动态的系统，不可能做到绝对的安全。它是一个相对的概念，是在特定时期内对社会大众及政府可接受安全程度的一个量度。

（4）不同的时期和地域，人们可接受的损失水平，以及对交通安全的评价标准是不同的，因而对交通系统是否安全的衡量标准也是不同的。

1.1.2　交通事故

1. 定义

尽管道路交通事故危害的严重性已得到人们的普遍认可，但从世界范围来看，由于各国国情、交通规则及交通法规等的不同，对交通事故的定义也存在差异。

美国国家安全委员会（National Security Council，NSC）对道路交通事故的定义为：车辆或其他交通物体在道路上所发生的意料不到的、有害的或危险的事件。这些事件妨碍着交通行为的完成，其常常是由于不安全的行动或不安全的因素，或者是两者的结合所造成的。

英国对道路交通事故的定义为：发生在公共道路上，涉及至少一辆车，并且造成人员伤亡的事件，不包括仅造成财产损失的事故。

德国对道路交通事故的定义为：发生在公共道路或广场上，涉及至少一辆运动的车辆，并且造成了人员伤亡及（或）财产损失的事件。

意大利对道路交通事故的定义为：由至少一辆运动的车辆造成人员伤亡的事件。

联合国和欧洲经济委员会对道路交通事故的定义为：发生在或者来源于开放交通的道路

或街巷，涉及至少一辆运动的车辆，造成一个或一个以上人员死亡或受伤的事件。

综上所述，各个国家、组织对道路交通事故的定义均涉及车辆并且造成人员伤亡。但是对于事故车辆是否必须处于运动状态，事故是否必须发生于公共道路上，以及单纯造成财产损失的事件是否属于道路交通事故的规定却不尽相同。

我国对道路交通事故的定义，是根据现阶段我国的国情、民情和道路交通发展状况而确定的。《中华人民共和国道路交通安全法》对道路交通事故的内涵给予了明确的定义：道路交通事故是指车辆在道路上因过错或者意外造成的人身伤亡或者财产损失的事件。

2. 构成要素

从上述道路交通事故的定义中可以看出，构成道路交通事故应具备以下 5 个要素，缺一不可。

1）车辆

车辆是产生交通事故的主体和前提条件，即交通事故各方当事人中，必须至少有一方使用车辆，包括机动车和非机动车，无车辆参与则不能称其为交通事故。如行人在道路上行走，发生与车辆无关的意外碰撞或自行跌倒致伤或致死等，不属于道路交通事故。

2）道路

道路是产生交通事故的承载体和基本条件，是指公用的道路，即《中华人民共和国道路交通安全法》规定的"公路、城市道路和虽在单位管辖范围但允许社会机动车通行的地方，包括广场、公共停车场等用于公众通行的场所"。从该定义可以看出，这里的道路具备社会性和公开性两大特性，它必须是通常情况下对社会公众开放使用的地方，而厂矿机关、学校及其他事业单位大院内部和居民小区内不具有公共使用性质、不向社会公众开放使用的道路上发生的交通事故，我国相关管理部门不将其列入交通事故统计范畴。但与道路相毗连的，供社会公众开放通行的广场、公共停车场等场所发生的交通事故则列入交通事故统计范畴。此外，还应以事态发生时车辆所在的位置，而不是事故发生后车辆所在的位置，来判断其是否在道路上。

3）在运动中

在运动中是指定义中的行驶过程，即发生交通事故的瞬间，车辆必须处于运动状态，包括车辆在道路上正常行驶、停车及倒车等运动状态。停车后溜车所发生的事故，在道路上属于交通事故，在货场里则不属于交通事故。所以，关键在于交通事故各当事方中是否至少有一方车辆处于运动状态。

4）原因

事态原因包括违章和过失，车辆在道路上运动时因违章或者因意外事态产生过失、处置不当而产生的事件称为交通事故。造成事态的原因是人为的而不是人力无法抗拒的自然原因，如地震、台风、山崩、流石、泥石流、雪崩等原因造成的事故，行人自杀或者驾驶人利用车辆有意制造事件也不计入交通事故。

5）后果

后果是道路交通事故的本质特征，道路交通事故必须具有人身伤亡、财物损失的后果，即人、畜伤亡或车、物损坏，若没有损害后果则不能称为交通事故。

以上 5 个要素可以作为鉴别道路交通事故的依据和必要条件，在实际工作中加以运用。

1.1.3　交通安全与交通事故的关系

保障交通系统安全的前提，是最大限度地防止道路交通事故的发生。当发生道路交通事故的危险性降低到"可以接受"的程度时，道路交通系统就处于安全的状态。交通安全与交通事故间的关系如下：

（1）交通安全与交通事故是对立的，但交通事故并不是交通不安全的全部内容，而是在安全与不安全的矛盾斗争过程中某些瞬间突变结果的外在表现。

（2）交通系统处于安全状态，并不一定不发生事故；交通系统处于不安全状态，也未必完全是由事故引起的。

1.1.4　公路本质安全

公路本质安全是指公路基础设施本身固有的、内在的、能够从根本上防止事故发生的功能。安全是公路的本质属性，公路本身应是安全的。公路本质安全包括以下 4 种基本安全要素：

1. 明确性

公路设施的基本功能和路权应能明显识别或予以明确标识，不因公路本身的功能或路权不明确而诱导使用者犯错误，引发交通事故。

2. 主动性

公路设施本身因地质、工程、经济等综合原因而不得不存在的低标准路段或不良点段，应采取明示、诱导、防护、减缓乃至消除等主动工程措施，尽可能降低事故发生概率。

3. 宽容性

驾驶员即使操作失误，也不应受到严重伤害或引发其他严重交通事故，甚至以生命为代价。

4. 冗余性

公路及附属设施发生故障需养护、维护作业时，能暂时维持正常工作或自动转变为安全状态。

这 4 种安全要素应是公路基础设施固有的，即在其设计建设阶段就应被考虑融入公路主体工程中的基本属性。高度重视发展公路本质安全的系统工程技术，实现公路建设和运营安全，使公路交通系统安全化提高到一个理想的水平，这是世界各国一直以来不懈追求的。

1.1.5　我国的公路安全保障工程

随着我国公路交通运输业和基础设施的建设和发展，带来的环境和道路安全问题已引起了人们的高度重视。从 1990 年开始，我国道路事故死亡人数持续大幅度增长。2001 年，全国共发生道路交通事故 760 327 起，受伤人数 54.9 万人，死亡人数突破 10 万人，达到 106 367人，直接经济损失 30.9 亿元。交通事故给人民生命财产带来了严重威胁，引起了党和政府的高度重视，需采取各种措施减少交通事故。

在 2004 年初的全国交通工作会议上，交通部做出决定：作为 2004 年中国交通系统重点实施的八件事之一，从 2004 年开始计划用 3 年时间在国内实施以"消除隐患、珍视生命"为主题的公路安全保障工程，对国省干线公路上的急弯、陡坡、视距不良等路段开展以交通工程措施为主要手段的综合整治，改善安全防护设施，为行车安全创造条件，促进公路交通的可持续发展，并明确 2004 年重点抓好 210、319、202、105、109 五条国道计 10 000 km 的实施工作。第一期工程投资超过了 50 亿元，经过了多年的综合整治工作，安保工程取得了显著效果。到 2019 年末，在国内机动车保有量达到 3.48 亿辆、机动车驾驶人数达到 4.35 亿的情况下，我国道路交通事故死亡人数已经下降到 6 万人以下，为 52 388 人。

任务 1.2　交通安全设施认知

知识目标

掌握交通安全设施分类。

能力目标

能够识别各种交通安全设施并掌握各种交通安全设施的作用。

交通安全设施属于道路的基础设施、公路交通工程的重要组成部分，包括护栏、交通标志、交通标线、隔离栅、防眩设施、轮廓标和活动护栏等。公路交通安全设施对减轻事故的严重度、排除各种纵横向干扰、提供视线诱导、增强道路景观起着重要的作用。通过科学、合理地设置交通安全设施，能够最大限度地保障公路使用者的人身和财产安全，为公路使用者提供诱导服务，使其安全、快速、舒适地到达目的地。

按照《公路交通安全设施设计规范》（JTG D81—2017），公路交通安全设施包括交通标志、交通标线（含突起路标、立面标记等）、护栏和栏杆、视线诱导设施（含轮廓标、合流诱导标、线形诱导标、隧道轮廓带、示警桩、示警墩、道口标柱等）、隔离栅、防落网、防眩设施、避险车道和其他交通安全设施（含防风栅、防雪栅、积雪标杆、限高架、减速丘和凸面镜）等。常见的反光膜、路面标线涂料、防腐涂料这三种产品是制造交通安全设施的原材料，不是交通安全设施；通信管道是机电工程的内容，但是施工过程是与土建工程同时进行的，为了便于工程建设管理，通常将其归入交通安全设施。

另外，交通信号灯主要用于城市道路交通管理，既是安全设施也是管理设施，在公路工程中通常划归为机电工程。

1.2.1　护栏

护栏是一种纵向吸能结构，通过自体变形或车辆爬高来吸收碰撞能量，从而改变车辆行驶方向，阻止车辆越出路外或进入对向车道，最大限度地减少对乘员的伤害。按其在公路中的纵向设置位置，可分为路基护栏和桥梁护栏；按其在公路中的横向设置位置，可分为路侧护栏和中央分隔带护栏；按其在碰撞后的变形程度，可分为刚性护栏、半刚性护栏和柔性护栏。

路基护栏设置于公路路侧建筑限界以外，以防止失控车辆越出路外或碰撞路侧构造物和其他设施。

凡设置于桥梁上的护栏称为桥梁护栏，即使是采用与路段相同形式的护栏，也称为桥梁护栏。其主要作用是使车辆不能突破、下穿、翻越桥梁。需要注意的是，设置桥梁护栏的目的是防止行人和非机动车掉入桥下，其不具有防止失控车辆越出桥外的装饰性结构。

桥梁护栏中的构件分为纵向有效构件和纵向非有效构件。

用于承受车辆碰撞荷载的纵向构件称为纵向有效构件，如梁柱式桥梁护栏的横梁。根据承受车辆碰撞荷载大小，又把纵向有效构件分为主要纵向有效构件和次要纵向有效构件。双横梁（或三横梁）的梁柱式桥梁护栏的主要纵向有效构件是指距桥面的第二根以上（含第二根）纵向有效构件，其他纵向有效构件则称为次要纵向有效构件。

纵向非有效构件是指桥梁护栏中不考虑承受车辆的碰撞荷载，仅用于保护行人、非机动车或起美化装饰作用的纵向构件。

路侧护栏是指设置于道路横断面两边土路肩上的护栏，用来防止失控车辆越出路外，保护路边构造物和其他设施。分离式断面的高速公路，其两边均按路侧护栏处理。

中央分隔带护栏是指设置于公路中间带内的护栏，用来防止失控车辆穿越中间带闯入对向车道，保护中央分隔内的构造物和其他设施。中央分隔带护栏可以采用分设型或组合型。

活动护栏是指设置于中央分隔带开口处的能够移动的护栏，其作用是利于事故处理车辆、急救抢险车辆紧急通过。现在较普遍使用的是插装式护栏。

各种护栏如图 1-1 所示。

(a) 路基护栏　　　　(b) 桥梁护栏　　　　(c) 中央分隔带护栏　　　　(d) 活动护栏

图 1-1　护栏

刚性护栏是一种基本不变形的护栏结构。混凝土护栏是其主要代表形式。混凝土护栏由一定形状的混凝土块相互连接而组成墙式结构，通过失控车辆碰撞后爬高并转向来吸收碰撞能量，但当车辆的碰撞角度较大时，往往会造成比较严重的后果。

半刚性护栏是一种连续的梁柱式护栏结构，具有一定的强度和刚度。波形梁护栏是其主要代表形式。波形梁护栏由相互拼接的波纹状钢板和立柱构成连续梁柱结构，利用土基、立柱、波纹状钢板的变形来吸收碰撞能量，并迫使失控车辆改变方向。除此以外，管梁护栏、箱梁护栏都属于半刚性护栏。

柔性护栏是一种具有较大缓冲能力的韧性护栏结构。缆索护栏是其主要代表形式。缆索护栏由数根施加初拉力的缆索固定于端柱上而组成钢缆结构，主要依靠缆索的拉应力来抵抗车辆的碰撞荷载，吸收碰撞能量。由于缆索在弹性范围内工作，因此，修复比较容易。

1.2.2　交通标志

交通标志是用图形、符号、颜色和文字向交通参与者传递特定信息，设置在路侧或道路上方的安全设施，是交通法规具体化、形象化的表现形式，有"无声的交通警察"之称。它能为道路使用者提供确切的交通情报，保证车辆安全、畅通、有序地运行，同时还是道路的装饰工程、形象工程和美化工程。交通标志主要包括：警告标志、禁令标志、指示标志、指路标志等。

交通标志按其作用分类，分为主标志和辅助标志两大类。

1. 主标志

（1）警告标志：警告车辆、行人注意道路交通的标志。

（2）禁令标志：禁止或限制车辆行人交通行为的标志。

（3）指示标志：指示车辆、行人应遵循的标志。

（4）指路标志：传递道路方向、地点距离信息的标志。

（5）旅游区标志：提供旅游景点方向、距离的标志。

（6）作业区标志：告知道路作业区通行的标志。

（7）告示标志：告知路外设施、安全行驶信息及其他信息的标志。

2. 辅助标志

附设在主标志下，对其进行辅助说明的标志为辅助标志。

交通标志按显示位置分类，分为路侧和车行道上方两种，对应的支持结构形式为柱式、路侧附着式、悬臂式、门架式、车行道上方附着式。

交通标志按标志传递信息的强制性程度分类，分为必须遵守标志和非必须遵守标志。禁令标志和指示标志为道路使用者必须遵守标志；其他标志仅提供信息，如指路标志、旅游区标志；禁令、指示标志套用于无边框的白色底板上，为必须遵守标志；停车让行、减速让行标志不得套用于无边框的白色底板上；禁令、指示标志套用于指路标志上，仅表示提供相关禁止限制和遵行信息，只能作为补充说明或预告方式，并应在必要位置设置相应的禁令、指示标志。

各种交通标志如图1-2所示。

图1-2　交通标志

1.2.3　交通标线

交通标线是由施划或安装于道路上的各种线条、箭头、文字、图案及立面标记、实体标记、突起路标和轮廓标等所构成的交通设施，它的作用是向道路使用者传递有关道路交通的规则、警告、指引等信息，可以与交通标志配合使用，也可以单独使用。各等级公路和城市快速路、主干路应按规定设置反光交通标线。

1. 按功能分类

交通标线按功能可分为以下 3 类：

（1）指示标线：指示车行道行车方向、路面边缘、人行道、停车位、停靠站及减速丘等的标线。

（2）禁止标线：告示道路交通的遵行、禁止、限制等特殊规定的标线。

（3）警告标线：促使道路使用者了解道路上的特殊情况，提高警觉准备应变防范措施的标线。

2. 按设置方式分类

交通标线按设置方式可分为以下 3 类：

（1）纵向标线：沿道路行车方向设置的标线。

（2）横向标线：与道路行车方向交叉设置的标线。

（3）其他标线：字符标记或其他形式标线。

3. 按形态分类

交通标线按形态可分为以下 4 类：

（1）线条：施划于路面、缘石或立面上的实线或虚线。

（2）字符：施划于路面上的文字、数字及各种图形、符号。

（3）突起路标：安装于路面上用于标示车道分界、边缘分合流、弯道、危险路段、路宽变化、路面障碍物位置等的反光体或不反光体。

（4）轮廓标：安装于道路两侧，用于指示道路边界轮廓、道路的前进方向的反光柱或反光片。

各种交通标线如图 1-3 所示。

图 1-3　交通标线

1.2.4　其他交通安全设施

1. 隔离栅

隔离栅是用于阻止人、畜进入公路或沿线其他禁入区域，防止非法侵占公路用地的设施，其高度一般不宜低于 1.5 m。

2. 桥梁防护网

桥梁防护网是安装于公路上跨桥梁两侧，用于阻止有人向公路内抛扔物品、杂物，或防止运输散落物等落到公路上的防护设施。

3. 防眩设施

防眩设施是防止夜间行车受对向车辆前照灯眩目影响的设施，有板条式的防眩板、扇面状的防眩大板、防眩网、防眩棚等构造形式。中央分隔带植树原则上不属于防眩设施，但植树除具有美化路容的功能外，同时也起着防眩的作用，故植树也可作为防眩设施的一种类型。

4. 避险车道

避险车道是指在长陡下坡路段行车道外侧增设的供速度失控（刹车失灵）车辆驶离正线安全减速的专用车道。

避险车道长一般为 50～100 m，在避险车道上铺着一层可以增大轮胎与地面摩擦力的碎石，在避险车道的尽头还有可减震的轮胎，可以让车辆在失控的情况下及时停车。一条完整的避险车道主要由引道、制动车道、服务车道及辅助设施组成。失控的车辆驶入避险车道可以从主线中分流，避免失控车辆对其他车辆的干扰，还可以让失控车辆平稳停车。

其他交通安全设施如图 1−4 所示。

图 1−4　其他交通安全设施

练习题

1. 简述公路本质安全的基本安全要素。
2. 简述公路交通安全设施的种类。

学习情境 2

抽样基础及检验评定

任务 2.1　基　本　概　念

知识目标

1. 熟悉抽样检验的含义；
2. 熟悉抽样检验的风险；
3. 掌握抽样检验的基本要求；
4. 熟悉抽样检验的常用名词术语。

能力目标

能够按照抽样的基本要求进行正确的抽样。

2.1.1　抽样检验的含义

抽样检验是相对全数检验而言的，全数检验即 100%检验。通过全数检验可达到对产品 100%合格与否的判定，不存在错判风险，但在实际检验中效率极低，对某些项目甚至是不可能实现的。因为一旦检验完毕，整个产品也就报废或失去了使用价值。

抽样检验是从每批产品中抽取适当数量的部分产品作为样本，对样本中的每一件产品进行检验，通过这样的检验来判别整个批次的产品质量是否符合标准要求和能否被接收，是一种科学的统计检验方法，即通过样本的质量特性推断总体的质量状况的检验方法。抽样检验的优点是：数量少、效率高、经济可行。缺点是：存在错判风险。

2.1.2　抽样检验的两类风险

1. 弃真错误和生产方风险 α

设 p 为被检验批的真实质量水平，可理解为实际不合格率。

设 p_0 为双方约定或标准规定的质量水平，也可理解为约定不合格率。

当 $p \leqslant p_0$ 时，把合格批判为不合格批拒收的错误，称为第一类错误（弃真错误），出现这种错误的概率叫第一错判概率，用 α 表示，此类概率即生产方风险。

2. 存伪错误和使用方风险β

当$p \geq p_0$时，把不合格批判为合格批接收的错误，称为第二类错误（存伪错误），出现这种错误的概率叫第二错判概率，用β表示，此类概率又称为使用方风险。

通俗一点说，抽样检验对供方和需方都存在风险。供方的风险来自"弃真错误"，即把好的判成坏的而予以拒绝；需方的风险来自"存伪错误"，即把坏的判成好的而予以接收。

2.1.3　抽样检验的基本要求

实际检验中抽取的样品是否代表了整个检验批的质量水平是抽样检验的关键，这就要求抽样人员在主观上要增强责任心，针对被检批的堆放形态，采用分层、系统、随机的方法抽取样品，而不能为了简单省事，仅从表层或专抽缺陷产品组成样本；在客观上选择合理的抽样方法和抽样方案（抽样标准），在检验时严格按照产品标准检验判定每个单位样品，按照抽样标准对整个批作出合格与否的判定。

目前国家颁布了 23 个抽样标准，其中有 20 个抽样方案、2 个方法、1 个导则。《公路交通安全设施质量检验抽样方法》（JT/T 495—2014）依据交通产品特点和工程实际情况选择了其中的 4 个标准，并对抽样方案要素作了具体规定，做到简单、易用、可操作。该方法虽然是对交通安全设施制定的抽样方法，但是对于单位产品特征明显的机电产品也是适用的，例如一批信号灯、一批车道控制器、一批紧急电话、一批 IC 卡等。需要注意的是，抽样方法只是完成了检测任务的第一步，将样品从批中抽了出来，如何检验是用不同的产品标准来实现的，所以《公路交通安全设施质量检验抽样方法》（JT/T 495—2014）对机电产品也是有效的。

2.1.4　抽样检验的常用名词术语

（1）单位产品（item），可独立描述和考察的事物。一件产品，一个部件，一箱突起路标，一定体积、重量的产品，一套螺栓，一个服务过程等都可看作单位产品。

（2）批（lot），汇集在一起的一定数量的某种产品、材料或服务。在实际检测中，"批"这个术语通常用作修饰词，不含具体数量的意义，例如一批产品、一批护栏、一批灯具、一批隔离栅等。

（3）连续批（continuing lot），待检批可利用最近已检批所提供的质量信息的连续提交检验批。

（4）批量（lot size），符号 N，批中产品的数量。

（5）样本（sample），取自一个批并且提供有关该批信息的一个或一组产品。

（6）样本量（sample size），符号 n，样本中产品的数量。

（7）不合格（nonconformity），不满足规范的要求。

（8）不合格品（nonconforming item），具有一个或一个以上的不合格的产品。

（9）（总体或批）不合格品百分数 [percent nonconforming（in a population or lot）]，批中所有不合格品总数除以批量，再乘以 100%，即：

$$不合格品百分数 = \frac{批（总体）中不合格品数}{批量（总体量）} \times 100\% \qquad (2-1)$$

11

（10）（总体或批）每百单位产品不合格数［nonconformists per 100 items（in a population or lot）］，总体或批中的不合格数除以总体量或批量，再乘以100，即：

$$每百单位不合格数 = \frac{批中所有单位产品不合格总数}{批量} \times 100 \qquad （2-2）$$

注：一个不合格产品可有多项不合格，因此每百单位产品不合格数可能大于100。

（11）过程平均（process average），符号 p，一系列初次提交检验批的平均质量（用每百单位产品不合格品数或不合格数表示）。

（12）接收质量限（acceptance quality limit），符号 AQL，当一个连续系列批被提交验收抽样时，可允许的最差过程平均质量水平。

（13）检验（inspection），为确定产品或服务的各特性是否合格，测定、检查、试验或度量产品或服务的一种或多种特性，并且与规定要求进行比较的活动。

（14）计数检验（inspection by attributes），关于规定的一个或一组要求，或者仅将单位产品划分为合格或不合格，或者仅计算单位产品中不合格数的检验。

抽样检验分为计数检验和计量检验两大类，计量检验一般对可测量的质量特性有效，例如拉力、抗压强度、几何尺寸等。但不适用于主观特性，例如色泽鲜艳、无裂痕、无严重锈蚀等。计数检验具有较强的适应性，既适用客观量，也适用主观量，交通工程设施的标准一般都是主客观综合标准，用计数型抽样检验具有更好的操作性。

（15）合格判定数（接收数）（acceptance number），符号 A_c，作出批合格判断时样本中所允许的最大不合格品数或不合格数。

（16）不合格判定数（拒收数）（rejection number），符号 R_e，作出批不合格判断时样本中所不允许的最小不合格品数或不合格数。

注：一般来说，对于一次抽样方案，$R_e = A_c + 1$。例如，合格判定数为1，即允许有一个不合格，则不合格判定数为2，即不允许有2个不合格。

（17）判定数组（estimating array），合格判定数和不合格判定数或者合格判定数系列和不合格判定数系列结合在一起，称为判定数组。

（18）抽样方案（sampling plan），所使用的样本量和有关批接收准则的组合称为抽样方案。

注：根据批量大小、接收质量限、检验严格程度等因素确定样本大小和判定数组，有了这两个参数就可以对给定的批进行抽样和判定。

（19）抽样程序（sampling procedure），使用抽样方案判断批接收与否的过程。

（20）一次抽样方案（single sampling plan），由样本大小 n 和判定数组 $[A_c，R_e]$ 结合在一起组成的抽样方案。

（21）正常检验（normal inspection），当过程平均优于接收质量限时抽样方案的一种使用方法。此时抽样方案具有为保证生产方以高概率接收而设计的接收准则。

（22）检验水平（inspection level），符号 I_L，提交检验批的批量与样本大小之间的等级对应关系称为检验水平，有时也称监督水平。

（23）样本大小字码（code of sample size），根据提交检验批的批量与检验水平确定的样本大小字母代码。

（24）批合格概率（probability of acceptance），符号 P_a，对一个过程平均质量水平（不合格品百分数或每百单位产品不合格数）已知的批，按给定抽样方案判断该批为合格批的可能性大小，称为批合格概率，有时也称批接收概率。

（25）孤立批（lot in isolation），脱离已生产或汇集的批系列，不属于当前检验批系列的批。一般来说，在生产线上的连续批，批与批之间的质量水平是可相互参照的，孤立批一般是指批的质量信息缺失，无上下批的质量信息可供参考，供需双方都无可靠的证据说清楚批的质量水平是多少。

（26）极限质量（limiting quality），符号 L_Q，对于孤立批，为进行抽样检验，限制在某一低的接收概率的过程平均质量水平。

注：实际上，极限质量也是一种不合格品率。

（27）监督质量水平（audit quality level），符号 D_0（或 p_0），监督总体中允许的不合格品数或不合格品率的上限值。当监督总体量较小时用不合格品数表征监督质量水平，用符号 D_0 表示；当监督总体量较大时用不合格品率表征监督质量水平，用符号 p_0 表示。

（28）监督检验等级（audit inspection level），监督抽样检验中样本量与检验功效之间的对应关系，称为监督检验等级。

注：监督检验等级代表了监督检验的严格程度，分第一监督检验等级和第二监督检验等级。样本量越大，检验的功效越高。对于涉及人身安全的产品，监督抽样检验时，应选用功效高的监督检验等级。

（29）错判风险（type I error probability），符号 α，将实际上符合规定质量要求的监督总体判为不可通过的概率。

（30）特殊样本数（special sample size），指对破坏性或检测时间较长的检验项目而规定的样本大小。

注：特殊样本一般从按抽样方案已经抽出的样本中再次随机抽取。

（31）特殊合格判定数（special acceptance number），符号 A_s，特指重要的质量特性和特殊样本规定的质量特性的合格判定数。

（32）试样（a portion of sample），指为了满足检验要求，从样品上（中）裁下或取出的样块或部分样品。

任务 2.2　交通安全设施抽样检验技术

知识目标

1. 掌握抽样检验的一般规定；
2. 熟悉验收型抽样检验技术；
3. 熟悉监督型抽样检验技术。

能力目标

能够将检验中缺陷（不合格）正确分类与处置。

2.2.1 抽样检验的一般规定

1. 抽样原则

抽样时应遵循科学、经济的原则，抽出的样本质量特性应能代表检验批的质量。通过对样本的检验作出检验批是否可以被接收的结论，使错判和漏判的概率都达到最小。用最少的费用、时间和人力作出科学的判定，具有可操作性。

2. 抽样检验的分类

按照检验目的和检验实施主体，将公路交通安全设施抽样检验分为工厂验收检验（简称工厂验收）、工地抽查验收检验（简称工地抽验）、国家或行业组织的监督抽查检验（简称监督抽查）三种。

工厂验收一般由订货方在产品生产地组织实施；工地抽验一般由监理方在产品到达工地后安装前组织实施；监督抽查由国家或交通建设主管部门组织有资质的质量监督检测机构在产品生产工厂、流通领域、工地安装现场，以及安装后的工程上进行。

3. 三种检验的相互关系

工厂验收在供货方检验合格的批中抽样，工地抽验在工厂验收合格的批中抽样，监督抽查可在任何时间、地点对产品进行抽样。

4. 检验中缺陷（不合格）的分类与处置

（1）公路交通安全设施有缺陷的产品可分为 A、B、C 三类。

A 类：主要质量特性不符合产品技术标准要求。

B 类：外观有较明显缺陷，其他质量特性符合产品技术标准的要求。

C 类：外观有轻微缺陷，其他质量特性符合产品技术标准的要求。

（2）对于从不合格批中剔出来的有缺陷的产品的处置。

对于 A 类缺陷品，应无条件拒收。

对于 B 类缺陷品，经订货方同意后，可以修复的应予以降价、降级使用。

对于 C 类缺陷品，经订货方同意后，可以修复的一般予以接收。

注：产品标准或合同中允许的缺陷不在上述三类缺陷之内。

（3）不合格批的处置。

在工厂验收时出现不合格批，应予拒收。经订货方同意，供货方可以对该不合格批进行 100% 的检验，剔除所有缺陷品后重新组批提交检验。在工地抽验时出现不合格批，供货方需对不合格批进行 100% 检验，剔除所有缺陷品后方可使用。考虑经济和工期等因素，经业主和监理工程师同意，对剔除的 B 类和 C 类缺陷品应修复后降级使用，对 A 类缺陷品不得使用，并应当场销毁。

在监督抽查中没有通过的批，由监督部门按照国家监督抽查的有关规定处置。

5. 抽样标准的选用

（1）在工厂验收时，采用《计数抽样检验程序　第 1 部分：按接收质量限（AQL）检索的逐批检验抽样计划》（GB/T 2828.1—2012），并规定采用检验水平 II。

（2）在工地抽验时，采用《计数抽样检验程序　第 1 部分：按接收质量限（AQL）检索的逐批检验抽样计划》（GB/T 2828.1—2012），并规定采用检验水平 I。

（3）在验收检验中，当供货方不能提供批的质量信息时，应作孤立批处理，按《计数抽样检验程序 第 2 部分：按极限质量 LQ 检索的孤立批检验抽样方案》（GB/T 2828.2—2008）的规定执行。

（4）对路面标线涂料和玻璃珠等散粒料或液体进行检验时，按《色漆、清漆和色漆与清漆用原材料取样》（GB/T 3186—2006）的规定执行。

（5）监督抽查时，批量不大于 250 时，按《计数抽样检验程序 第 11 部分：小总体声称质量水平的评定程序》（GB/T 2828.11—2008）的规定执行；当批量大于 250 时，按《计数抽样检验程序 第 4 部分：声称质量水平的评定程序》（GB/T 2828.4—2008）的规定执行。

6. 组批原则

通常每个检验批应由同型号、同等级、同种类（尺寸、特性、成分等），且生产工艺、条件和时间基本相同的单位产品组成。批量的大小与施工标段施工企业及供货单位有关，划分批量应充分考虑上述因素，不同供货单位的产品不能组成同一个批次。

7. 质量特性（检验项目）

质量特性应与产品技术标准一致，行业标准《公路交通安全设施质量检验抽样方法》（JT/T 495—2014）涉及的公路交通安全设施质量特性应不少于附录 A 规定的项目，使用方可以附加其他技术要求和特殊样本数。对于其他公路交通安全设施和机电产品，使用方或（和）供货方可参照相关标准制定检验项目和规定特殊样本数后按该标准进行抽样检验。

2.2.2 验收型抽样检验技术

在工程实践工作中，交通工程检测工作者遇到最多的是验收型检验。业主或施工企业订货，交给生产企业组织生产后，是否允许这批货物出厂，需要验收检验；当货物运抵工地后，是否允许这批产品安装，也需要验收检验。因此，验收检验是最常用的一种抽样检验方法。

1. 采用《计数抽样检验程序 第 1 部分：按接收质量限（AQL）检索的逐批检验抽样计划》（GB/T 2828.1—2012）抽样检验程序

1）一般程序

一般程序包括以下方面：

（1）确定单位产品的质量特性；

（2）确定接收质量限；

（3）确定检验水平；

（4）规定检验严格程度；

（5）按组批原则组成批并提交；

（6）确定抽样方案；

（7）抽取样本；

（8）检验样本；

（9）判断批质量是否合格；

（10）批检验后的处置。

2）实施细则

（1）确定接收质量限 AQL（指百单位产品的不合格品数）≤4.0。

（2）确定检验水平：工厂验收时采用一般检验水平Ⅱ，工地抽验时采用一般检验水平Ⅰ。

（3）确定抽样方案类型：按一次抽样方案。

（4）规定检验严格程度：依据产品质量情况和批次大小，将严格程度分为正常检验、加严检验、放宽检验三个等级。三个转移规则转换的具体要求如下：

① 一般规定：当批次不大于10时采用正常检验；当批次大于10时，可以使用转移规则，根据批检验结果采用放宽检验或加严检验。

② 从正常检验转移到放宽检验的条件：正常检验条件下，连续10个批质量都合格接收，从第11个批次开始转入放宽检验。

③ 从放宽检验转移到正常检验的条件：在放宽检验条件下，出现不合格批被拒收，从下一个批次开始转入正常检验。

④ 从正常检验转移到加严检验的条件：正常检验条件下，出现连续5个批质量都不合格被拒收，从下一个批次开始转入加严检验。

⑤ 从加严检验转移到正常检验的条件：加严检验条件下，连续5个批质量都合格接收，从下一个批次开始转入正常检验。

（5）获得样本数与合格判定数组。

特殊样本数和特殊合格判定数按《公路交通安全设施质量检验抽样方法》（JT/T 495—2014）附录A的规定执行，其他检验项目根据批量、检验水平、检验严格程度、接收质量限和其他相关信息，查《计数抽样检验程序　第1部分：按接收质量限（AQL）检索的逐批检验抽样计划》（GB/T 2828.1—2012）的有关表格，得到样本数及合格判定数组。

工程实践中，交通工程产品的批次一般较小，用到转移规则的机会较少，本书只列出正常检验等级的常用数据，如表2-1所示。

表2-1　一次抽样、正常检验时的样本数及判定数组表

批量	AQL=4.0，一般检验水平Ⅰ			AQL=4.0，一般检验水平Ⅱ		
	样本量码	样本数	判定数组	样本量码	样本数	判定数组 $[A_c, R_e]$
2～8	A	2	[0，1]	A	2	[0，1]
9～15	A	2	[0，1]	B	3	[0，1]
16～25	B	3	[0，1]	C	5	[0，1]
26～50	C	5	[0，1]	D	8	[1，2]
51～90	C	5	[0，1]	E	13	[1，2]
91～150	D	8	[1，2]	F	20	[2，3]
151～280	E	13	[1，2]	G	32	[3，4]
281～500	F	20	[2，3]	H	50	[5，6]
501～1 200	G	32	[3，4]	J	80	[7，8]
1 201～3 200	H	50	[5，6]	K	125	[10，11]
3 201～10 000	J	80	[7，8]	L	200	[14，15]
10 001～35 000	K	125	[10，11]	M	315	[21，22]
35 001～150 000	L	200	[14，15]	N	500	[21，22]

（6）抽取样本。用《随机数的产生及其在产品质量抽样检验中的应用程序》（GB/T 10111—2008）规定的方法在待检批中进行简单随机抽样，也可视情况采用其他随机抽样方法。

（7）检验样本。对抽出的样本按《公路交通安全设施质量检验抽样方法》（JT/T 495—2014）附录 A 规定的检验项目，按相应产品技术标准中的检验方法及样品是否合格的判别准则，逐一检验样本中每一个样品，统计出被检样本中的不合格品数 A。

（8）判断受检批是否合格。当检验样本中的不合格品数 $A \leqslant A_c$，并且相关不合格数不大于《公路交通安全设施质量检验抽样方法》（JT/T 495—2014）附录 A 中特殊合格判定数 A_s 时，则判定该批为合格批；否则，为不合格批。

2. 采用《计数抽样检验程序　第 2 部分：按极限质量 LQ 检索的孤立批检验抽样方案》（GB/T 2828.2—2008）抽样检验程序

对于孤立批的验收检验按下列程序进行：

1）一般程序

一般程序包括以下方面：

（1）确定单位产品的质量特性；

（2）确定极限质量水平；

（3）确定检验模式；

（4）按组批原则组成批并提交；

（5）确定抽样方案；

（6）抽取样本；

（7）检验样本；

（8）判断批质量是否合格；

（9）批检验后的处置。

2）实施细则

（1）规定极限质量水平 L_Q：工厂验收时，$L_Q=2$；工地抽验时，$L_Q=3.15$。

（2）确定检验模式：采用模式 A。

（3）选择抽样方案：采用一次抽样方案。

（4）获得样本数 n 和合格判定数 A_c。

当 $L_Q=2$ 时，按表 2−2 规定选取。

表 2−2　孤立批 $L_Q=2$ 时的抽样方案表

批量 N	样本数 n	合格判定数 A_c
2～50	N	0
51～90	50	0
91～150	80	0
151～280	95	0
281～500	105	0
501～1 200	125	0

批量 N	样本数 n	合格判定数 A_c
1 201~3 200	200	1
3 201~10 000	200	1
10 001~35 000	315	3
35 001~150 000	500	5

注：$n=N$ 表示全部检验。

当 L_Q=3.15 时，按表 2-3 规定选取。

表 2-3　孤立批 L_Q=3.15 时的抽样方案表

批量 N	样本数 n	合格判定数 A_c
2~50	N	0
51~90	44	0
91~150	55	0
151~280	65	0
281~500	80	0
501~1 200	125	1
1 201~3 200	125	1
3 201~10 000	200	3
10 001~35 000	315	5
35 001~150 000	500	20

注：$n=N$ 表示全部检验。

（5）抽取样本。用《随机数的产生及其在产品质量抽样检验中的应用程序》（GB/T 10111—2008）规定的方法在待检批中进行简单随机抽样，也可视情况采用其他随机抽样方法。

（6）检验样本。对抽出的样本按《公路交通安全设施质量检验抽样方法》（JT/T 495—2014）附录 A 规定的检验项目，按相应产品技术标准中的检验方法及样品是否合格的判别准则，逐一检验样本中的每一个样品，统计出被检样本中的不合格品数 A。

（7）判断受检批是否合格。当不合格品数 $A \leqslant A_c$，并且相关不合格数不大于《公路交通安全设施质量检验抽样方法》（JT/T 495—2014）附录 A 中特殊合格判定数 A_s 时，则判定该孤立批为合格批；否则，为不合格批。

2.2.3　监督型抽样检验技术

监督型抽样检验一般应用于政府主管部门组织实施的监督抽查中，例如交通运输部组织的交通产品行业监督抽查，各省交通运输主管部门组织的行政区内的监督抽查等，检测机构一般是监督抽查的执行者，而不是组织者。

根据监督批的大小，监督型抽样检验分为小总体抽样程序和大总体抽样程序，小总体抽样程序适用于批量小于等于 250 的监督批，大总体抽样程序适用于批量大于 250 的监督批。

1. 小总体监督抽样程序（监督批小于等于 250）

1）监督抽样的一般程序

一般程序包括以下几个方面：

（1）确定监督总体；

（2）确定单位产品的质量特性；

（3）确定监督质量水平；

（4）确定监督检验水平；

（5）确定抽样方案；

（6）抽取样本；

（7）检验样本；

（8）判断监督总体是否合格；

（9）监督检验后的处置。

2）实施细则

（1）确定监督总体。

根据监督的需要确定监督总体，监督总体数量不大于 250。当大于 250 时，应采用《计数抽样检验程序　第 4 部分：声称质量水平的评定程序》（GB/T 2828.4—2008），不得将监督总体划分为小于 250 的若干批。监督总体中的产品可以是同厂家、同型号、同一生产周期生产的产品，也可以是不同厂家、不同生产周期生产的同类产品。

（2）选择监督质量水平 D_{QL}。

工厂监督抽样时 $D_{QL}=2$，即用监督总体中的不合格品数是否超过了 2 个的抽样方案。

工地监督抽样时 $D_{QL}=4$，即用监督总体中的不合格品数是否超过了 4 个的抽样方案。

当按上述监督质量水平检索抽样方案，抽出的样本数小于 10 时，《公路交通安全设施质量检验抽样方法》（JT/T 495—2014）规定 $D_{QL}=0$，即无论是在工厂还是工地监督抽样都采用 $(n，0)$ 抽样方案。

（3）确定监督检验水平。

当样本数小于 10 时，选用第 0 检验水平，即不合格限定数 $L=0$。

当样本数大于等于 10 时，选用第 Ⅰ 检验水平，即不合格限定数 $L=1$。

（4）获得样本数。

特殊样本数和特殊合格判定数按《公路交通安全设施质量检验抽样方法》（JT/T 495—2014）附录 A 的规定执行，其他性能指标的样本数根据批量大小和监督质量水平 D_{QL} 查表 2-4 得出样本数 n。

表2-4 小总体监督抽样样本数表

批量 N		3～10	15	20	25	30	35	40	45	50	60	70	80
样本数 n	$D_{QL}=2$	3	4	5	6	7	8	9	10	11	14	16	18
	$D_{QL}=4$	3	3	3	3	3	4	4	5	5	6	7	8
批量 N		90	100	110	120	130	140	150	170	190	210	230	250
样本数 n	$D_{QL}=2$	19	21	25	25	30	30	35	35	40	45	50	60
	$D_{QL}=4$	9	10	11	12	13	14	15	17	19	20	25	25

（5）抽取样本。

用《随机数的产生及其在产品质量抽样检验中的应用程序》（GB/T 10111—2008）规定的方法在整个监督总体中进行简单随机抽样，也可视情况采用其他随机抽样方法。

（6）检验样本。

对《公路交通安全设施质量检验抽样方法》（JT/T 495—2014）附录 A 规定的检验项目，按相关的产品技术标准中规定的检验方法及样品是否合格的判别准则，逐一检验样本中的每一个样品，统计出被检样本中的不合格品数 A。

（7）当不合格品数 A 小于等于不合格限定数 L，并且相关不合格数不大于《公路交通安全设施质量检验抽样方法》（JT/T 495—2014）附录 A 中特殊合格判定数 A_s 时，则判定该监督总体为监督抽样合格；当 $A>L$ 时，则判定该监督总体为监督抽样不合格。

2. 大总体监督抽样程序（监督批大于 250）

1）监督抽样的一般程序

一般程序包括以下方面：

（1）确定监督总体；

（2）确定单位产品的质量特性；

（3）确定监督质量水平，即监督批中允许的不合格品数；

（4）确定错判风险；

（5）确定抽样方案；

（6）抽取样本；

（7）检验样本；

（8）判断监督总体是否通过；

（9）监督检验后的处置。

2）实施细则

（1）确定监督总体。

根据监督的需要确定监督总体，一般总体量应大于 250，但对于波形梁等大件产品不大于 1 000，对于螺栓、突起路标等小件产品不大于 10 000。当超过时，宜将监督总体划分为多个监督批。样本应在监督总体中随机抽取，且总体量与样本量之比大于 10。

（2）选择监督质量水平 D_{QL}。

在工厂监督抽样时 $D_{QL}=2.5$；在工地监督抽样时 $D_{QL}=4.0$。

（3）规定错判风险 α 。

标准取 α 为 0.05。

（4）获得监督抽样方案。

监督抽样方案由样本数 n 和不合格限定数 L 组成，用 (n,L) 表示。n 和 L 取值见表 2-5。

表 2-5　大总体监督抽样样本数表

D_{QL}	对于钢护栏板等大件产品		对于螺栓等小件产品	
	2.5	4.0	2.5	4.0
n	32	20	50	32
L	2	2	3	3

（5）抽取样本。

用《随机数的产生及其在产品质量抽样检验中的应用程序》（GB/T 10111—2008）规定的方法在整个监督总体中进行简单随机抽样，也可视情况采用其他随机抽样方法。

（6）检验样本。

对《公路交通安全设施质量检验抽样方法》（JT/T 495—2014）附录 A 规定的检验项目，按相关的产品技术标准中规定的检验方法及样品是否合格的判别准则，逐一检验样本中的每一个样品，统计出被检样本中的不合格品数 A 。

（7）判断监督总体是否合格：当检验样本中的不合格品数 A 小于等于不合格限定数 L ，并且相关不合格数不大于《公路交通安全设施质量检验抽样方法》（JT/T 495—2014）附录 A 中特殊合格判定数 A_s 时，则判定该监督总体合格；当 $A>L$ 时，则判定该监督总体不合格。

任务 2.3　交通安全设施检验程序与工程评定标准

知识目标

1. 掌握公路交通安全设施质量检测一般流程；
2. 掌握工程质量评定基本概念；
3. 掌握分项工程、分部工程、单位工程的概念及交通安全设施一般建设项目的工程划分。

能力目标

1. 能够正确划分交通安全设施一般建设项目的分项工程、分部工程、单位工程；
2. 能够进行交通安全设施工程质量评定。

作为交通工程检测技术人员，除了掌握试验室内产品检测技术外，还应对安装施工后的工程质量做出准确的评定，这种评定要严格按照《公路工程质量检验评定标准　第一册　土建工程》（JTG F80/1—2017）中的相关内容及要求进行。

2.3.1　公路交通安全设施质量检测一般流程

公路交通安全设施质量检测分为试验室检测和工程现场检测，试验室检测一般为送样检测，工程现场检测一般为抽样检测。抽样是检测的第一步，抽样应依据《公路交通安全设施质量检验抽样方法》（JT/T 495—2014）进行。接下来，依次为样品试验状态调节、制样、试样状态调节（视标准要求可删减）、检测仪器设备准备、检测、原始数据记录、数据处理、恢复仪器设备安全状态、编制检测报告。下面以工程现场对 DB2 类热浸镀锌波形梁钢护栏板镀锌层厚度的检测步骤为例进行说明。

（1）抽样：依据《公路交通安全设施质量检验抽样方法》（JT/T 495—2014）对波形梁钢护栏板产品批进行抽样，并为样品编号。

（2）准备好测量原始记录表，记录样品编号、生产施工单位、必要的天气状况、检测位置桩号等信息。

（3）打开检测仪器并预热：打开磁性测厚仪开关，直至显示稳定。

（4）检测仪器调零及自校准：用给定的校准片，按规定程序对测厚仪调零、校准。

（5）在原始记录表上记录测量前仪器状态：记录测厚仪状态。

（6）选择测量点 1：在被测护栏板样品两端和中间选定 3 个截面，在截面的波峰波谷及板侧平面部位各测 3 个数据，共 9 个数据，记录在原始记录表中。测量时，应避开镀层表面的滴瘤、锌渣等突起缺陷处。

（7）选择测量点 2：在同一样品的另一面，重复步骤（6）获得另外 9 个数据。

（8）数据处理，获得处理结果：取这 18 个数据的算术平均值作为测量结果。

（9）在原始记录表上签字和填写必要的时间等信息。

（10）测量的仪器再校核：选定一个与被测镀锌层厚度接近的校准片校验磁性测厚仪，校验结果应在仪器的重复性误差之内。

（11）关闭测量仪器（收起测厚仪），整理数据，编制检测报告。

2.3.2　工程质量评定基本概念

1. 检验
对被检查的项目的特征和性能进行检查、检测、试验等，并将结果与标准规定的要求进行比较，以判定其是否合格所进行的活动。

2. 评定
对分项工程、分部工程、单位工程和合同段的质量进行检验，并确定其质量等级的活动。

3. 关键项目
分项工程中对结构安全、耐久性和主要使用功能起决定性作用的检查项目。

4. 一般项目
分项工程中除关键项目以外的检查项目。

5. 外观质量
通过观察和必要的量测所反映的工程外在质量及功能状态。

2.3.3　基本规定

1. 一般规定

公路工程质量检验评定应按分项工程、分部工程、单位工程逐级进行，并应符合下列规定：

（1）在合同段中，具有独立施工条件和结构功能的工程为单位工程。

（2）在单位工程中，按路段长度、结构部位及施工特点等划分的工程为分部工程。

（3）在分部工程中，根据施工工序、工艺或材料等划分的工程为分项工程。

交通安全设施单位工程、分部工程和分项工程应在施工准备阶段按表 2-6 进行划分。

表 2-6　交通安全设施一般建设项目的工程划分

交通安全设施（每 20 km 或每标段）	标志、标线、突起路标、轮廓标（5～10 km 路段）[①]	标志、标线、突起路标、轮廓标
	护栏（5～10 km 路段）[①]	波形梁护栏、缆索护栏、混凝土护栏、中央分隔带开口护栏
	防眩设施、隔离栅、防落物网（5～10 km 路段）[①]	防眩板、防眩网、隔离栅、防落物网等
	里程碑和百米桩（5 km 路段）	里程碑、百米桩
	避险车道（每处）	避险车道
交通机电工程	其分部、分项工程划分见《公路工程质量检验评定标准　第二册　机电工程》（JTG 2182—2020）	

注：① 按路段长度划分的分部工程，高速公路、一级公路宜取低值，二级及二级以下公路可取高值。

公路工程质量检验评定应符合下列规定：

（1）分项工程完工后，应根据本标准进行检验，对工程质量进行评定。隐蔽工程在隐蔽前应检查合格。

（2）分部工程、单位工程完工后，应汇总评定所属分项工程、分部工程质量资料，检查外观质量，对工程质量进行评定。

2. 工程质量检验

分项工程应按基本要求、外观质量、质量保证资料和实测项目等检验项目分别检查。分项工程质量应在所使用的原材料、半成品、成品及施工控制要点等符合基本要求的规定，无外观质量限制缺陷且质量保证资料真实齐全时，方可进行检验评定。

基本要求检查应符合下列规定：

（1）分项工程应对所列基本要求逐项检查，经检查不符合规定时，不得进行工程质量的检验评定。

（2）分项工程所用的各种原材料的品种、规格、质量及混合料配合比和半成品、成品应符合有关技术标准规定并满足设计要求。

实测项目检验应符合下列规定：

（1）对检查项目按规定的检查方法和频率进行随机抽样检验并计算合格率。

（2）《公路工程质量检验评定标准　第一册　土建工程》（JTG F80/1—2017）规定的检查方法为标准方法，采用其他高效检测方法应经比对确认。

（3）《公路工程质量检验评定标准　第一册　土建工程》（JTG F80/1—2017）中以路段长度规定的检查频率为双车道路段的最低检查频率，对多车道应按车道数与双车道之比相应增加检查数量。

（4）应按式（2-3）计算检查项目合格率（%）：

$$检查项目合格率 = \frac{合格的点（组）数}{该检查项目的全部检查点（组）数} \times 100\% \qquad (2-3)$$

检查项目合格判定应符合下列规定：

（1）关键项目的合格率应不低于95%（机电工程关键项目的合格率应为100%），否则该检查项目为不合格。

（2）一般项目的合格率应不低于80%（机电工程一般项目的合格率应为90%），否则该检查项目为不合格。

（3）有规定极值的检查项目，任一单个检测值不应突破规定极值，否则该检查项目为不合格。

（4）采用《公路工程质量检验评定标准　第一册　土建工程》（JTG F80/1—2017）附录B至附录S所列方法进行检验评定的检查项目，不满足要求时，该检查项目为不合格。

外观质量应进行全面检查，并满足规定要求，否则该检验项目为不合格。工程应有真实、准确、齐全、完整的施工原始记录、试验检测数据、质量检验结果等质量保证资料。质量保证资料应包括下列内容：

（1）所用原材料、半成品和成品质量检验结果。

（2）材料配合比、拌和加工控制检验和试验数据。

（3）地基处理、隐蔽工程施工记录和桥梁、隧道施工监控资料。

（4）质量控制指标的试验记录和质量检验汇总图表。

（5）施工过程中遇到的非正常情况记录及其对工程质量影响分析评价资料。

（6）施工过程中如发生质量事故，经处理补救后达到设计要求的认可证明文件等。

检验项目评为不合格的，应进行整修或返工处理，直至合格。

3. 工程质量评定

工程质量等级分为合格与不合格。分项工程、分部工程、单位工程质量评定应有符合《公路工程质量检验评定标准　第一册　土建工程》（JTG F80/1—2017）附录K规定的质量检验评定表。

分项工程质量评定合格应符合下列规定：

（1）检验记录应完整。

（2）实测项目应合格。

（3）外观质量应满足要求。

分部工程质量评定合格应符合下列规定：

（1）评定资料应完整。

（2）所含分项工程及实测项目应合格。

（3）外观质量应满足要求。

单位工程质量评定合格应符合下列规定：

（1）评定资料应完整。

（2）所含分部工程应合格。

（3）外观质量应满足要求。

评定为不合格的分项工程、分部工程，经返工加固、补强或调测，满足设计要求后，可重新进行检验评定。所含单位工程合格，该合同段评定为合格；所含合同段合格，该建设项目评定为合格。

练习题

1. 简述检验的类型。

2. 简述抽样检验的两类风险。

3. 简述交通安全设施抽样检验的分类。

4. 简述公路工程质量检验评定的基本概念和基本规定。

学习情境 3

数据处理与通用试验方法

任务 3.1　数据处理基础

知识目标

1. 熟悉误差的定义、分类；
2. 掌握近似数的概念、数据修约；
3. 了解测量不确定度。

能力目标

能够按修约规则修约。

3.1.1　测量误差

1. 误差的定义

测量结果减去被测量的真值所得的差，称为测量误差，简称误差。测量误差也称测量的绝对误差，用公式可表示为：

$$误差=测量结果-真值$$
$$=（测量结果-总体均值）+（总体均值-真值）$$
$$=随机误差+系统误差 \tag{3-1}$$

测量结果是由测量所得到的赋予被测量的值，是客观存在的量的试验表现，是对测量所得被测量之值的近似或估计，不仅与量的本身有关，还与测量程序、测量仪器、测量环境及测量人员等有关。真值是量的定义的完整体现，是与给定的特定量的定义完全一致的值，是通过完美无缺的测量才能获得的。所以真值反映了人们力求接近的理想目标或客观真理，实际上是不能确定的。

2. 误差的分类

测量误差由随机误差和系统误差构成。

1）随机误差

在重复性条件下，对同一被测量进行无限次测量所得结果与其平均值之差称为随机误差。

随机误差在测量过程中是不可避免的，由一些独立的、微小的、偶然的因素引起，影响量的变化，这种变化在时间上和空间上是不可预知的或随机的，会引起被测量重复观测值的变化，故也称之为"随机效应"。

随机误差的统计规律性，主要包括对称性、有界性和单峰性。对称性是指绝对值相等而符号相反的误差，出现的次数大致相等，即测得值是以其算术平均值为中心对称分布的。有界性是指测量值误差的绝对值不会超过一定的界限，即不会出现绝对值很大的误差。单峰性是指绝对值小的误差比绝对值大的误差数量多，即测得值以其算术平均值为中心相对集中地分布。

2）系统误差

在重复性条件下，对同一被测量进行无限多次测量所得结果的平均值与被测量的真值之差，称为系统误差。由于只能进行有限次的重复测量，真值也只能用约定真值代替，因此可能确定的系统误差也只能是估计值。系统误差大多来源于影响量，对测量结果的影响若已识别并可定量表述，则也称之为"系统效应"。

系统效应的大小若是显著的，可通过估计的修正值或修正因子予以补偿。

3.1.2　数据处理

1. 近似数的概念

人们日常生活中接触到的数，分为准确数和近似数。对于任何数，包括无限不循环小数和循环小数，截取一定位数后所得的即是近似数。根据误差公理，测量总是存在误差的，测量结果只能是一个接近于真值的估计值，其数字也是近似数。

任何一个数最末一位数字所对应的单位量值，称为该数的（末）。例如：用分度值为 1 mm 的钢卷尺测量某物体的长度，测量结果为 15.6 mm，最末一位的量值 0.6 mm，即为最末一位数字 6 与其所对应的单位量值 0.1 mm 的乘积，故 15.6 mm 的（末）为 0.1 mm。

在计量学中将绝对误差的绝对值称为模，当近似数的绝对误差的模小于 0.5 倍的该近似数的（末）时，从左边的第一个非零数字算起，直到最末一位数字为止的所有数字，为该近似数的有效数字。例如：将无限不循环小数 $\pi = 3.141\,59\cdots$ 截取到百分位，可得到近似数 3.14，此时引起的绝对误差的模为：

$$|3.14 - 3.141\,59\cdots| = 0.001\,59\cdots$$

而近似数 3.14 的（末）为 0.01，$0.5 \times 0.01 = 0.005 > 0.001\,59$。

根据近似数的定义，3.14 有 3 位有效数字。

2. 近似数的加、减运算

若参与运算的数不超过 10 个，运算时以各数中（末）最后的数为准，其余的数均比它多保留一位，多余位数应舍去。计算结果的（末），应与参与运算的数中（末）最大的数相同。若计算结果需参与下一步运算，可多保留一位有效数字。

例如：$18.3 + 1.454\,6 + 0.876 \approx 18.3 + 1.45 + 0.88 = 20.63 \approx 20.6$。若参与下一步运算，结果取 20.63。

3. 近似数的乘、除（或乘方、开方）运算

在进行数的乘、除运算时，以有效数字位数最少的数为准，其余数的有效数字均比该数

多保留一位。运算结果（积或商）的有效数字位数，应与参与运算的有效数字最少的数相同。若计算结果参与下一步运算，则有效数字可多取一位。

例如：1.1×0.326 8×0.103 00≈1.1×0.327×0.103≈0.037 0≈0.037。若参与下一步运算，结果取 0.037 0。

4. 数据修约

为了简化运算，准确表达测量结果，必须对有关数据进行修约。

数据修约是根据保留位数要求，对某一拟修约数多余位数的数字进行取舍，按照一定的规则，选取一个修约间隔整数倍的数值来代替该拟修约数。

修约间隔又称为修约区间或化整间隔，用于确定修约保留位数。修约间隔一般以 $k×10^n$（$k=1$，2，5；n 为正、负间隔）的形式表示。同一 k 值的修约间隔简称为 k 间隔。修约间隔一经确定，修约数只能是修约间隔的整数倍。如指定修约间隔为 0.1，修约数应为 0.1 的整数倍；指定修约间隔为 $2×10^n$，修约数的末位应为 2 的整数倍，即 0、2、4、6、8；指定修约间隔为 $5×10^n$，修约数的末位应为 5 的整数倍，即 0 或 5。

《数值修约规则与极限数值的表示和判定》（GB/T 8170—2008）中，对 1、2、5 间隔的修约方法做了规定，用以下方法也可进行直观判断。

在为修约间隔整数倍的一系列数中，最接近拟修约数者即为该修约数。如对 1.150 001 按 0.1 修约间隔进行修约时，最接近 1.150 001 的 0.1 的整数倍的数有 1.1 和 1.2，1.2 最接近 1.150 001，修约数即为 1.2；对 1.015 修约至十分位的 0.2 个单位时，修约间隔为 0.02，最接近 1.015 的 0.02 的整数倍的数有 1.00 和 1.02，1.02 最接近 1.015，修约数即为 1.02；同样，对 1.250 5 按 5 间隔修约至十分位时，修约间隔为 0.5，修约数在 1.0 和 1.5 中选择，应取 1.5。

在为修约间隔整数倍的一系列数中，若有连续的两个数同等地接近拟修约数，则取修约间隔偶数倍的数为修约间隔。如对 1 150 按 100 修约间隔进行修约，有两个连续的为 100 的整数倍的数 $1.1×10^3$ 和 $1.2×10^3$ 同等接近拟修约数 1 150，$1.1×10^3$ 为 100 的奇数倍（11 倍），$1.2×10^3$ 为 100 的偶数倍（12 倍），则取 $1.2×10^3$ 为修约数；对 1.500 按 0.2 修约间隔进行修约时，有两个连续的为 0.2 的整数倍的数 1.4 和 1.6，1.4 为 0.2 的奇数倍（7 倍），1.6 为 0.2 的偶数倍（8 倍），则取 1.6 为修约数；同样，对 1.250 5 按 5 间隔修约到 3 位有效数字时，修约间隔为 0.05，修约数在 1.00 和 1.05 中选择，应取 1.00（0.05 的 20 倍）。

修约时应注意：应按照要求一次修约完成，不能连续修约。如对 12.251 按 0.1 修约间隔进行修约时，不应 12.251→12.25→12.2，而应直接修约为 12.30。

3.1.3 测量不确定度

1. 测量不确定度的概念

测量不确定度是指表征合理地赋予被测量之值的分散性、与测量结果相联系的参数。

为表征其分散性，以标准差表示的测量不确定度，称为标准不确定度 u。当对同一被测量作 n 次测量，表征测量结果分散性的量称为试验标准差，按式（3-2）计算：

$$s(x)=\sqrt{\frac{\sum_{k=1}^{n}(x_k-\overline{x})^2}{n-1}} \quad （贝塞尔公式） \tag{3-2}$$

式中：x_k——第 k 次测量的结果；

　　$\overline{x}$——n 次测量结果的算术平均值。

通常以独立观测列的算术平均值作为测量结果，测量结果的标准不确定度为：

$$s(\overline{x}) = \frac{s(x_k)}{\sqrt{n}} = u(\overline{x}) \tag{3-3}$$

当测量结果是由若干个其他量的值求得时，按其他各量的方差和协方差算得的标准不确定度，称为合成标准不确定度。

确定测量结果区间的量，合理赋予被测量之值分布的大部分可望含于此区间时，称此为扩展不确定度。为求得扩展不确定度，对合成标准不确定度所乘之数称为包含因子 k（一般取 2～3）。

测量不确定度可能来源于人、机、料、法、环、测、抽、样等方面，具体如下：

（1）被测量的定义不完整或不完善，数学模型的近似和假设。

（2）测量方法不理想。

（3）取样的代表性不够。

（4）环境影响。

（5）读数误差的影响。

（6）仪器设备的分辨率或鉴别力不够。

（7）测量标准或标准物质的不确定度。

（8）引用数据或参数的不确定度。

（9）重复测量时被测量的变化。

2. 随机变量及其分布

在相同条件下重复进行多次试验，所观测到的结果具有很大的不确定性，称为随机试验。生活中典型的随机试验有：抛硬币、掷骰子。

将随机试验的结果量化，即为随机变量。随机变量分为离散型和连续型。随机变量是用来表示随机现象结果的，单个的随机变量无规律可循，大量的随机变量是有规律的，即统计规律。

随机变量的统计规律可利用分布函数或分布密度函数表示。进行测量不确定度评定时常见的几种分布有正态分布、均匀分布、t 分布等。

正态分布函数最为常用，其公式为：

$$f(x) = \frac{1}{\sqrt{2\pi}\sigma} e^{-\frac{(x-\mu)^2}{2\sigma^2}} \quad (\sigma > 0, -\infty < \mu < +\infty) \tag{3-4}$$

以下测量结果可以认为近似服从正态分布：

（1）无限多次独立重复测量的结果。

（2）有限次独立重复测量的算术平均值。

（3）由很多相互独立大小相近的分量合成的量。

标准偏差是分布函数曲线横坐标的某个特定位置（随机变量的某个特征值），反映分布曲线起决定作用部分的宽度，反映随机变量的分散性。标准偏差越小，分布曲线越陡峭，随机变量的分散性越小；标准偏差越大，分布曲线越平缓，随机变量的分散性越大。

① 随机变量 x 在 $-s$ 到 s 区间出现的概率：

$$\frac{\int_{-s}^{s} p(x)\mathrm{d}x}{\int_{-\infty}^{+\infty} p(x)\mathrm{d}x} = 68.27\% \tag{3-5}$$

② 随机变量 x 在 $-2s$ 到 $2s$ 区间出现的概率：

$$\frac{\int_{-2s}^{2s} p(x)\mathrm{d}x}{\int_{-\infty}^{+\infty} p(x)\mathrm{d}x} = 95.45\% \tag{3-6}$$

③ 随机变量 x 在 $-3s$ 到 $3s$ 区间出现的概率：

$$\frac{\int_{-3s}^{3s} p(x)\mathrm{d}x}{\int_{-\infty}^{\infty} p(x)\mathrm{d}x} = 99.73\% \tag{3-7}$$

3. 测量不确定度的评定方法

测量不确定度评定是将测量结果或测量误差作为随机变量，研究分析其统计规律，并计算其范围的一项活动。

不确定度评定分为标准不确定度的 A 类评定和 B 类评定。

A 类评定是用对观测列进行统计分析的方法来评定标准不确定度。A 类标准不确定度的评定方法有多种，如贝塞尔法、最大极差法、彼得斯法、最大误差法、极差法等，常用贝塞尔法，即使用贝塞尔公式计算试验标准差。

B 类评定是用不同于对观测列进行统计分析的方法来评定标准不确定度，即使用以前的测量数据、有关材料及特点性能的经验、制造说明书、校准/检定等证书提供的数据进行评定。

A 类评定和 B 类评定都是求标准不确定度。A 类评定是通过观测列数据求得标准偏差，继而算出标准不确定度；B 类评定则是先估计被评定的量的变化范围（$\pm a$），再按变量可能的分布情况反算标准偏差（即标准不确定度）。

测量不确定度的评定步骤如下：

（1）产生测量不确定度的原因分析和测量模型化。

（2）标准不确定度分量的逐项评定（A 类评定或 B 类评定）。

（3）计算合成标准不确定度。

（4）计算扩展不确定度。

（5）不确定度报告。

任务 3.2 通用试验方法

知识目标

掌握低温试验、高温试验、恒温湿热试验、中性盐雾试验、耐候性试验对产品的影响及试验方法。

能力目标

能够正确选用试验设备并采用正确的试验方法进行低温试验、高温试验、恒温湿热试验、中性盐雾试验、耐候性试验。

在交通安全设施和机电设施检测工作中，有一些试验方法是两个科目的检测人员所共同掌握的，这些方法有低温试验、高温试验、恒温湿热试验、中性盐雾试验、耐候性试验等。这些都属环境试验的内容，环境试验的目的是通过模拟真实的环境条件或再现环境条件的影响，在一定程度上证明样品在特定条件下其性能保持完好或工作正常。

一般环境试验有几个共同点：一是设备要求，即试验采用什么样的设备，一般设备都有设备的产品标准，试验中常说"要采用符合某某标准的设备"；二是严酷等级，即试验的强度，例如在 −40 ℃条件下，连续试验 48 h；三是试验程序或方法，先做什么，后做什么，或者是如何放置试样等，试验过程一般有预处理、初始检测、条件试验、恢复、最后检测 5 步。不同的设施对严酷等级（持续时间）是变化的，试验设备和方法步骤是一样的。

3.2.1　低温试验

1. 低温对产品的影响

低温对产品产生的影响有脆化、结冰、黏度增大和固化、物理性收缩、机械强度降低等。导致的后果是绝缘损坏，开裂，机械故障，由于收缩、机械强度降低及润滑性能的减弱增大了运动磨损，密封和密封片失效损坏等。

2. 低温试验设备与方法

低温试验使用的设备应符合《低温试验箱技术条件》（GB/T 10589—2008）或《高低温试验箱技术条件》（GB/T 10592—2008）的要求。

低温试验方法一般采用《电工电子产品环境试验　第 2 部分：试验方法　试验 A：低温》（GB/T 2423.1—2008）。该试验用来确定样品在低温环境下使用、运输及储存的能力。

3. 低温试验的种类

《电工电子产品环境试验　第 2 部分：试验方法　试验 A：低温》（GB/T 2423.1—2008）涉及的低温试验适用于非散热和散热两类试验样品，而且仅限于用来考核或确定电工电子产品在低温环境条件下储存和（或）使用的适应性。交通安全设施产品的低温试验，例如反光膜的温度试验，可以按非散热样品参照使用。

《电工电子产品环境试验　第 2 部分：试验方法　试验 A：低温》（GB/T 2423.1—2008）规定的低温试验方法分为三类：

（1）非散热试验样品低温试验，试验 A_b——温度渐变。

（2）散热试验样品低温试验，试验 A_d——温度渐变。

（3）散热试验样品低温试验，试验 A_e——温度渐变，在试验过程中样品通电。

试验样品温度稳定后，在自由空气条件下（例如低气流速度循环）测量的试验样品表面上最热点的温度超过试验样品周围空气温度 5 ℃以上，认为样品是散热的。一般散热试验采用低气流速度循环试验箱，防止试样因试验损坏；非散热试验采用低气流速度循环试验箱，以缩短试验时间。

实际上，2008 版的低温试验方法规定的这三种试验方法是近似的，要求基本一致，无实质性差异，大大方便了实际检测工作。

4. 低温试验的严酷等级

《电工电子产品环境试验　第 2 部分：试验方法　试验 A：低温》（GB/T 2423.1—2008）中规定的低温试验严酷等级如表 3-1 所示。

表 3-1　低温试验严酷等级

温度/℃	持续时间/h
−65，−55，−50，−40，−33，−25，−20，−10，−5，+5	2，16，72，96

对于在交通行业中使用的机电产品，按照产品使用环境温度选用了 −5 ℃、−20 ℃、−40 ℃、−55 ℃四个等级，持续时间视产品应用情况分为 8 h 和 16 h。试验种类一般选用渐变试验，即将样品从室温放入试验箱，关闭箱门，开启试验，直到规定的试验温度。

5. 试验注意事项

（1）试验箱空间应足够大，样品周围 6 个方向距离试验箱内壁不小于 200 mm。

（2）样品的放置应与实际安装（放）方向一致。

（3）试验箱密封性能要好，能确保在试验过程中不会出现结霜结冰的现象，而且试验过程中试验箱内壁各部分温度和规定试验温度之差不应超过 3%。

（4）试验箱内试验开始时温度从室温降到试验温度，以及试验周期结束后温度从试验温度升高到室温的过程中，温度变化速率不大于 1 ℃/min。

（5）试验箱要留出足够多的观察窗和走线孔，保证在试验过程中能够观察样品，并进行功能验证，观察窗上不能结霜结冰。

（6）低温试验需开启压缩机，试验过程中应注意压缩机的声音是否异常。

（7）注意低温，防止冻伤。

3.2.2　高温试验

1. 高温对产品的影响

高温对产品产生的影响有热老化（包括氧化、开裂、化学反应）、软化、融化和升华、黏度降低、蒸发、膨胀等。导致的后果是绝缘损坏、机械故障机械应力增加，以及由于膨胀丧失润滑性能或运动部件磨损增大。

2. 高温试验设备与方法

高温试验使用的设备应符合《高温试验箱技术条件》（GB/T 11158—2008）或《高低温试验箱技术条件》（GB/T 10592—2008）的要求。

高温试验方法一般采用《电工电子产品环境试验　第 2 部分：试验方法　试验 B：高温》（GB/T 2423.2—2008）中的方法。

3. 高温试验的种类

《电工电子产品环境试验　第 2 部分：试验方法　试验 B：高温》（GB/T 2423.2—2008）

规定的高温试验方法分为三类：

（1）非散热试验样品高温试验，试验 B_b——温度渐变。

（2）散热试验样品高温试验，试验 B_d——温度渐变，非通电试验。

（3）散热试验样品高温试验，试验 B_e——温度渐变，通电试验。

4. 高温试验的严酷等级

《电工电子产品环境试验   第 2 部分：试验方法   试验 B：高温》（GB/T 2423.2—2008）中规定的高温试验严酷等级如表 3-2 所示。

表 3-2   高温试验严酷等级

温度/℃	持续时间/h
30，35，40，45，50，55，60，65，70，85，100，125，155，175，200 315，400，500，630，800，1 000	2，16，72，96

对于在交通行业中使用的机电产品，按照产品使用环境温度选用了 45 ℃、50 ℃、55 ℃、85 ℃四个等级，持续时间视产品应用情况分为 8 h 和 16 h。试验种类一般选用渐变试验，即将样品从室温放入试验箱，关闭箱门，开启试验，直到规定的试验温度。

5. 试验注意事项

（1）试验箱空间应足够大，样品周围 6 个方向距离试验箱内壁不小于 200 mm。

（2）样品的放置应与实际安装（放）方向一致。

（3）试验箱密封性能要好，温度均匀，能确保在试验过程中不会出现结雾结水的现象，而且试验过程中试验箱内壁各部分温度和规定试验温度之差不应超过 3%。

（4）试验箱内试验温度低于 35 ℃时，相对湿度不应超过 50%RH。

（5）试验箱内试验开始时温度从室温升高到试验温度，以及试验周期结束后温度从试验温度降低到室温的过程中，温度变化速率在 5 min 内平均不能超过 1 ℃/min；恢复时间至少 1 h。

（6）试验箱要留出足够多的观察窗和走线孔，保证在试验过程中能够观察样品，并进行功能验证，观察窗上不能结雾结水。

（7）高温试验注意防止烫伤或空气灼伤。

3.2.3   恒温湿热试验

1. 湿度对产品的影响

湿度分为高湿和低湿，高湿即常说的潮湿，低湿是指干燥。高湿和低湿对产品都会产生不利影响，导致产品功能或技能失效。

高湿对产品产生的影响有潮气吸收或吸附、膨胀、机械强度降低、化学反应、腐蚀、电蚀、绝缘体的导电率增加等。导致的后果是绝缘损坏、物理性能降低、机械故障等。

低湿对产品产生的影响有干燥、收缩、脆化、动触点摩擦增大、机械强度降低等。导致的后果是开裂、机械故障等。

相对来说，高湿的危害要比低湿大一些。所以，一般产品标准中都规定高温湿热试验，

33

一般采用恒温湿热。

2. 恒温湿热试验设备与方法

恒温湿热试验使用的设备应符合《湿热试验箱技术条件》（GB/T 10586—2006）的要求。

试验方法一般采用《环境试验　第2部分：试验方法　试验Cab：恒定湿热试验》（GB/T 2423.3—2016）中的方法。

《环境试验　第2部分：试验方法　试验Cab：恒定湿热试验》（GB/T 2423.3—2016）适用于非散热和散热两类试验样品，而且仅限于用来考核或确定电工电子产品在湿热环境条件下储存和（或）使用的适应性。交通安全设施产品的高温试验，例如突起路标的温度试验可以按非散热样品参照使用。

试验时，将无包装、不通电的样品，在"准备使用"状态下，放入试验箱内，样品和试验箱均处于标准大气环境条件下。

3. 恒温湿热试验的严酷等级

《环境试验　第2部分：试验方法　试验Cab：恒定湿热试验》（GB/T 2423.3—2016）规定了试验的严酷等级，由试验持续时间、温度、相对湿度共同决定。表3-3为标准规定的试验的温度和相对湿度的组合选项。

表3-3　试验的温度、相对湿度表

温度	相对湿度	温度	相对湿度
（30±2）℃	（93±3）%RH	（40±2）℃	（93±3）%RH
（30±2）℃	（85±3）%RH	（40±2）℃	（85±3）%RH

《环境试验　第2部分：试验方法　试验Cab：恒定湿热试验》（GB/T 2423.3—2016）推荐的持续时间为：12 h、16 h、24 h和2 d、4 d、10 d、21 d或56 d。

对于在交通行业中使用的机电产品，按照产品使用环境选用了 40 ℃/93% RH、40 ℃/95% RH、40 ℃/98% RH 三个等级，持续时间为 48 h。试验一般选用渐变试验，即将样品从室温放入试验箱，关闭箱门，开启试验，直到规定的严酷等级。

4. 试验注意事项

（1）试验箱空间应足够大，其中散热样品在试验时的试验箱的容积至少为散热样品体积的5倍。样品周围6个方向距离试验箱内壁不小于200 mm。

（2）样品的放置应与实际安装（放）方向一致。

（3）试验箱密封性能要好，凝结水应连续排出试验箱外；试验箱内壁和顶部的凝结水不应滴落到试验样品上；而且试验过程中试验箱内壁各部分温度和规定试验温度之差不应超过8%；试验样品应远离喷雾系统。

（4）试验箱内试验开始时温度从室温升高到试验温度，以及试验周期结束后温度从试验温度降低到室温的过程中，温度变化速率不大于1 ℃/min，达到温度稳定的平均时间不超过5 min，而且这一过程中不应产生凝露现象。

（5）试验箱要留出足够多的观察窗和走线孔，保证在试验过程中能够观察样品，并进行功能验证。

3.2.4 中性盐雾试验

1. 盐雾试验的基本概念

盐雾腐蚀是一种常见和最有破坏性的大气腐蚀。这里讲的盐雾是指氯化物的大气，它的主要腐蚀成分是海洋中的氯化物盐——氯化钠，它主要来源于海洋和内地盐碱地区。盐雾对金属材料表面的腐蚀是由于含有的氯离子穿透金属表面的氧化层和防护层，与内部金属发生电化学反应引起的。同时，氯离子含有一定的水合能，易被吸附在金属表面的孔隙、裂缝中，排挤并取代氯化层中的氧，把不溶性的氧化物变成可溶性的氯化物，使钝化态表面变成活泼表面，进一步加快了金属产品的腐蚀速度。

盐雾试验是一种利用盐雾试验设备所创造的人工模拟盐雾环境条件来考核产品或金属材料耐腐蚀性能的环境试验方法。

2. 盐雾试验的种类

盐雾试验分为一般盐雾试验和循环盐雾试验（也称交变盐雾试验），一般盐雾试验分为中性盐雾试验、醋酸盐雾试验、铜盐加速醋酸盐雾试验。

（1）中性盐雾试验（NSS 试验）是出现最早、目前应用领域最广的一种加速腐蚀试验方法。它采用 5%的氯化钠盐水溶液，溶液 pH 值调在中性范围（6.5～7.2）作为喷雾用的溶液。试验温度均取 35 ℃，要求 1 h 的盐雾沉降率在 1～2 mL/80 cm^2。

（2）醋酸盐雾试验（ASS 试验）是在中性盐雾试验的基础上发展起来的。它是在 5%氯化钠溶液中加入一些冰醋酸，使溶液的 pH 值降为 3.1～3.3，溶液变成酸性，最后形成的盐雾也由中性盐雾变成酸性。它的腐蚀速度要比 NSS 试验快 3 倍左右。

（3）铜盐加速醋酸盐雾试验（CASS 试验）是国外新近发展起来的一种快速盐雾腐蚀试验，试验温度为 50 ℃，盐溶液中加入少量铜盐——氯化铜，强烈诱发腐蚀。它的腐蚀速度大约是 NSS 试验的 8 倍。

（4）循环盐雾试验是一种综合盐雾试验，它实际上是中性盐雾试验加恒定湿热试验。它主要用于空腔型的整机产品，通过潮态环境的渗透，使盐雾腐蚀不但在产品表面产生，也在产品内部产生。它是将产品在盐雾和湿热两种环境条件下交替转换，最后考核整机产品的电性能和机械性能有无变化。循环盐雾试验比一般盐雾试验更接近实际腐蚀情况，但是试验设备昂贵，试验周期也长，一般产品标准中都不采用。但是，发展趋势都倾向于循环盐雾试验。

3. 盐雾试验结果的评价方法

盐雾试验结果的评价方法有：评级判定法、称重判定法、腐蚀物出现判定法、腐蚀数据统计分析法四种。

4. 中性盐雾试验的标准

交通工程设施用中性盐雾试验采用的标准有两个，一个是《人造气氛腐蚀试验　盐雾试验》（GB/T 10125—2021），另一个是《电工电子产品环境试验　第 2 部分：试验方法　试验 Ka：盐雾》（GB/T 2423.17—2008），前者适用于交通安全设施和防腐涂层的试验，后者适用于电子产品的试验。

5. 中性盐雾试验用设备

中性盐雾试验使用的设备应符合《盐雾试验箱技术条件》（GB/T 10587—2006）的要求。

中性盐雾试验设备一般采用气流式喷雾，所以也叫"气流式盐雾试验箱"。盐雾腐蚀试验箱一般由内胆、外壳、透明顶盖、加热系统、储液罐、喷雾系统、控制单元等构成，喷雾系统依次由气源、调压阀、油水分滤器、电磁阀、减压阀、饱和器、喷嘴等构成。

6. 中性盐雾试验步骤

1）准备试样

（1）试样的类型、数量、形状和尺寸，应根据被试材料或产品有关标准选择，若无标准，有关各方应协商决定。

（2）试验前试样必须清洗干净，清洗方法取决于试样材料性质，试样表面及其污物清洗不应采用可能侵蚀试样表面的磨料或溶剂。试验前不应洗去试样上有意涂覆的保护性有机膜。

（3）如果试样是从工件上切割下来的，不能损坏切割区附近的覆盖层，除另有规定外，必须用适当的覆盖层如油漆、石蜡或胶带等对切割区进行保护。

2）配置溶液

（1）溶液初配。试验用溶液应采用氯化钠溶液，试验所用试剂采用化学纯或化学纯以上的试剂，将氯化钠溶于电导率不超过 20 μS/cm 的蒸馏水或去离子水中，其浓度为（50±5）g/L。在 25 ℃时，配制的溶液密度在 1.025～1.040 g/cm³ 范围内。

（2）调整 pH 值。根据收集的喷雾溶液的 pH 值调整初配溶液到规定的 pH 值（6.5～7.2）。pH 值的测量可使用酸度计，作为日常检测也可用测量精度为 0.3 的精密 pH 试纸。溶液的 pH 值可用盐酸或氢氧化钠调整。喷雾时溶液中二氧化碳损失可能导致 pH 值变化，应采取相应措施，例如：将溶液加热到超过 35 ℃才送入仪器或由新的沸腾水配制溶液，以降低溶液中的二氧化碳含量，可避免 pH 值的变化。

（3）过滤。为避免堵塞喷嘴，溶液在使用之前必须过滤。

3）放置试样

（1）试样放在盐雾箱内且被试面朝上，使盐雾自由沉降在被试表面上，被试表面不能受到盐雾的直接喷射。

（2）试样原则上应放平在盐雾箱中，被试表面与垂直方向成 15°～25°角，并尽可能成 20°角，对于不规则的试样（如整个工件），也应尽可能接近上述规定。

（3）试样可以放置在箱内不同水平面上，但不得接触箱体，也不能相互接触。试样之间的距离应不影响盐雾自由降落在被试表面上，试样上的液滴不得落在其他试样上。对总的试验周期超过 96 h 的新检验或试验，可允许试样移位。

（4）试样支架用玻璃、塑料等材料制造，悬挂试样的材料不能用金属，而应用人造纤维、棉纤维或其他绝缘材料。

4）设置试验条件

（1）盐雾箱内温度为（35±2）℃，整个盐雾箱内的温度波动应尽可能小。

（2）在盐雾箱内已按计划放置好试样，并确认盐雾收集速度和条件在规定范围内后，才开始进行试验。

（3）盐雾沉降的速度，经 24 h 喷雾后，每 80 cm² 面积上为 1～2 mL/h，氯化钠浓度为（50±5）g/L，pH 值的范围是 6.5～7.2。

（4）用过的喷雾溶液不得再用。

（5）试验期间的温度和压力应稳定在规定范围内。

5）试验周期及试验观察

（1）试验周期应根据被试材料或产品的有关标准选择。若无标准，可经有关方面协商决定。推荐的试验周期为 2 h、4 h、6 h、8 h、24 h、48 h、72 h、96 h、144 h、168 h、240 h、480 h、720 h、1 000 h。

（2）在规定的试验周期内喷雾不得中断，只有当需要短期观察试样时才能打开盐雾箱。

（3）如果试验终点取决于开始出现腐蚀的时间，应经常检查试样。因此，这些试样不能同要求预定试验周期的试样放在一起进行试验。

（4）定期目视检查预定试验周期的试样，但是在检查过程中不能破坏被试表面。开箱检查的时间与次数应尽可能少。

6）试样恢复

试验结束后取出试样，为减少腐蚀物的脱落，试样在清洗前应放在室内自然干燥 0.5～1 h，然后用温度不高于 40 ℃的清洁流动水轻轻清洗以除去试样表面残留的盐雾溶液，再立即用吹风机吹干。

7）试验结果评定

试验结束后，按照产品标准进行评定，一般采用前面说的四种方法。交通工程设施通常用外观评定方法，定量指标一般用力学性能变化率表示。

7. 中性盐雾试验机一般操作步骤

（1）工作室底部应加入蒸馏水，以不超过箱底部溢水孔橡皮的高度为准，以防箱体老化。

（2）箱体上部四周的密封槽试验前加入蒸馏水，不宜过满，以关闭箱盖后盐雾不外溢为佳。

（3）给空气饱和器（不锈钢圆筒）内加入蒸馏水或去离子水，水位高度为液面计玻璃管上部 4/5 位置。加蒸馏水时，应打开饱和器上部的进水阀，当加到规定水位时，必须关闭阀门。长时间的试验后，饱和器的水分会消耗，水位降低至下部 1/5 位置时，应及时补水，防止缺水后，烧坏饱和器内的加热元件。

（4）用橡胶管把盐雾箱和工作室内喷雾塔底部的进水口连接好，把配制好的盐溶液（按5%浓度）放入盐雾箱背后的储液箱内，盐水由于大气压的作用靠平衡自动流入喷雾塔内，盐水不能低于储水箱的下限标记（即出水口）。

（5）箱体后部的排雾管排出的盐雾对室内设施有影响，允许加长排雾管，使盐雾排出室外，但排雾管不能堵塞，以免影响盐雾的排放。排雾管下方有一排水管，也应把它接到室外。

（6）气压的调节：根据喷雾量大小，按使用说明书调节进气阀的压力。

（7）把箱体里面的漏斗架放好，集雾器上的橡胶管分别和相对应的漏斗连接好，这样在试验中，无须打开箱盖，可以从外面集雾器上读出里面的盐雾沉降量。

（8）设定所需做试验的时间（定时）。

（9）接通电源，设定好试验温度和饱和器温度的值。

（10）设定保护温度，超温保护时自动切断总电源，不要随便拔保护器。

（11）开启试验。

（12）整个试验结束后，应先关掉空气压缩机及出气阀开关，待试验机压力表指针回转到

"0"的状态，便可关掉面板上的喷雾开关和电源开关。

8. 两个标准的主要区别

两个标准无实质性差别，《电工电子产品环境试验　第 2 部分：试验方法　试验 Ka：盐雾》（GB/T 2423.17—2008）中明确规定试验用溶液的浓度为（5±1）%（质量比），试验用试剂使用高品质的氯化钠，碘化钠的含量不超过 0.1%，杂质含量不超过 0.3%。另外，试验后恢复时所用流动水的温度是 35 ℃，清洗时间规定 5 min（使用自来水），然后用蒸馏水或去离子水冲洗，甩干或气流吹干。

3.2.5　耐候性试验

耐候性试验主要考核产品在太阳辐射条件下的耐久性，耐候性试验有自然暴晒和人工加速试验两类，人工加速试验有氙弧灯、紫外灯、碳弧灯三种。氙弧灯可模拟太阳光所有光谱的辐射；紫外灯只模拟 280～440 nm 段；碳弧灯虽然与太阳光谱接近，但是现在很少使用。

交通工程设施常用的是氙弧灯人工加速老化试验方法。试验方法采用《塑料　实验室光源暴露试验方法　第 2 部分：氙弧灯》（GB/T 16422.2—2022），主要试验方法如下。

1. 试样的大小和数量

试样大小一般由试验设备的试验架决定，交通工程产品推荐的试样大小为 142 mm×65 mm。样品数量一般由产品标准规定。当无规定时，取试验总数量为 20 件，10 件作为测试样，10 件用作参比样，避光保存。

2. 试验设备

试验设备应符合《塑料　实验室光源暴露试验方法　第 2 部分：氙弧灯》（GB/T 16422.2—2022）的要求，光源采用水冷氙弧灯并经日光滤光器进行光过滤。

3. 试验条件

（1）辐照度：波长 290～800 nm 之间的光源辐照度为 550 W/m^2，在平行于灯轴的试样架平面上的试样，其表面上任意两点之间的辐照度差别不应大于 10%。

（2）辐照度控制：在光谱波长 340 nm 处光谱辐照度选择（0.51±0.02）W/（m^2·nm）。

（3）黑板温度设定：（65±3）℃。

（4）喷水周期：试验过程中采用连续照射，周期性喷水，喷水周期为 18 min/120 min（喷水时间/不喷水时间），即每 120 min，喷水 18 min。

（5）水质要求：喷淋和氙灯冷却用水为导电电阻大于 1 MΩ·cm 的纯净水。

（6）辐射能量：

累积辐射能量按式（3−8）计算：

$$Q = Et \times 10^{-3} \tag{3−8}$$

式中：Q——累积辐射能量，kJ/m^2；

　　　E——平均辐射照度，W/m^2；

　　　t——总的照射时间，s。

有的标准只规定辐射时间，例如 600 h、1 200 h、2 500 h 等。

4. 其他规定

其他规定按《塑料　实验室光源暴露试验方法　第 2 部分：氙弧灯》（GB/T 16422.2—2022）

执行。

5. 试验结果的评定

交通工程设施一般从外观质量进行评定，例如：人工加速老化试验后，无龟裂、粉化、皱缩等缺陷，颜色无明显失光，经测量后其色品坐标仍在标准规定的范围。

任务 3.3　通用仪器设备

知识目标

掌握游标卡尺、螺旋千分尺、涂层厚度用仪器、超声波测厚仪、力学用仪器设备、光学用仪器的原理、组成和使用（操作）方法。

能力目标

能够正确使用（操作）游标卡尺、螺旋千分尺、涂层厚度用仪器、超声波测厚仪、力学用仪器设备、光学用仪器。

3.3.1　几何尺寸用仪器

1. 游标卡尺

尺身和游标尺上面都有刻度。以精确到 0.1 mm 的游标卡尺为例，尺身上的最小分度是 1 mm，游标尺上有 10 个小的等分刻度，总长 9 mm，每一分度为 0.9 mm，与主尺上的最小分度相差 0.1 mm。量爪并拢时，尺身和游标的零刻度线对齐，它们的第 1 条刻度线相差 0.1 mm，第 2 条刻度线相差 0.2 mm……第 10 条刻度线相差 1 mm，即游标的第 10 条刻度线恰好与主尺的 9 mm 刻度线对齐。

当量爪间所量物体的线度为 0.1 mm 时，游标尺向右应移动 0.1 mm。这时它的第 1 条刻度线恰好与尺身的 1 mm 刻度线对齐。同样，当游标的第 5 条刻度线跟尺身的 5 mm 刻度线对齐时，说明两量爪之间有 0.5 mm 的宽度，以此类推。

在测量大于 1 mm 的长度时，整的毫米数要从游标"0"线与尺身相对的刻度线读出。

游标卡尺有 0.1 mm、0.05 mm 和 0.02 mm 三种最小读数值。

1）游标卡尺的使用

用软布将量爪擦干净，使其并拢，查看游标和主尺身的零刻度线是否对齐。如果对齐就可以进行测量；如果没有对齐则要记取零误差。游标的零刻度线在尺身零刻度线右侧的叫正零误差，在尺身零刻度线左侧的叫负零误差（这种规定方法与数轴的规定一致，原点以右为正，原点以左为负）。

测量时，右手拿住尺身，大拇指移动游标，左手拿待测外径（或内径）的物体，使待测物位于外测量爪之间，当与量爪紧紧相贴时，即可读数。

2）游标卡尺的读数

读数时首先以游标零刻度线为准，在尺身上读取毫米整数，即以毫米为单位的整数部分。

然后看游标上第几条刻度线与尺身的刻度线对齐，如第 6 条刻度线与尺身刻度线对齐，则小数部分即为 0.6 mm（若没有正好对齐的线，则取最接近对齐的线进行读数）。如有零误差，则一律用上述结果减去零误差（零误差为负，相当于加上相同大小的零误差），读数结果为：

$$L=整数部分+小数部分-零误差$$

判断游标上哪条刻度线与尺身刻度线对准，可用下述方法：选定相邻的三条线，如左侧的线在尺身对应线之右，右侧的线在尺身对应线之左，中间那条线便可以认为是对准了。

如果需测量几次取平均值，不需每次都减去零误差，只要从最后结果减去零误差即可。

3）游标卡尺的保管

游标卡尺使用完毕，应用棉纱擦拭干净。长期不用时应在其上涂黄油或机油，两量爪合拢并拧紧紧固螺钉，放入卡尺盒内盖好。

4）注意事项

（1）游标卡尺是比较精密的测量工具，要轻拿轻放，不得碰撞或跌落地下。使用时不要用来测量粗糙的物体，以免损坏量爪；不用时应置于干燥处所防止锈蚀。

（2）测量时，应先拧松紧固螺钉，移动游标不能用力过猛。两量爪与待测物的接触不宜过紧。不能使被夹紧的物体在量爪内挪动。

（3）读数时，视线应与尺面垂直。如需固定读数，可用紧固螺钉将游标固定在尺身上，防止滑动。

（4）实际测量时，对同一长度应多测几次，取其平均值来消除偶然误差。

2. 钢卷尺

钢卷尺用于测量长度，主要规格有1 m、2 m、3 m、5 m、10 m、15 m、30 m、50 m 等系列，分度值为1 mm。

1）主要用法

（1）直接读数法。

测量时钢卷尺零刻度对准测量起始点，施以适当拉力（拉尺力以钢卷尺鉴定拉力或尺上标定拉力为准，用弹簧秤衡量），直接读取测量终止点所对应的尺上刻度。

（2）间接读数法。

在一些无法直接使用钢卷尺的部位，可以用钢尺或直角尺，使零刻度对准测量点，尺身与测量方向一致；用钢卷尺量取到钢尺或直角尺上某一整刻度的距离，余长用读数法量出。

2）钢卷尺测量中的几点注意事项

精确的钢卷尺出厂时和使用一段时间后都必须经过检定并注明检定时的温度、拉力与尺长。尺上标注的长度为名义长度，其与实际长度的差值称为尺长改正 ΔL，钢卷尺受到不同的拉力时会使尺长改变。为避免这项改变，要求使用钢卷尺时按照尺上标注拉力进行。钢卷尺在不同温度下，其尺长也会变化。因此，必须采用以温度 t 为变量的函数来表示尺长，这就是尺长方程式，其一般形式为：

$$L_t=L+\Delta L+\alpha \cdot L(t-t_0) \tag{3-9}$$

式中：L_t——钢卷尺在温度 t 时的实际长度；

L——钢卷尺名义长度；

ΔL——尺长改正数，即钢卷尺在温度 t_0 时实际长度与名义长度之差；

α——钢卷尺线膨胀系数；

t_0——钢卷尺检定时的温度；

t——钢卷尺使用时的温度。

3）钢卷尺在使用中产生误差的主要原因

（1）温度变化的误差。

一般钢卷尺的线膨胀系数为$\alpha = 1.25 \times 10^{-5} \text{K}^{-1}$，每米每摄氏度温差变化仅八万分之一，但相同的钢卷尺在温差较大的环境下还是会产生较大的长度变化，影响测量结果。温度变化的误差在尺长方程式中已考虑了。

（2）拉力误差。

拉力大小会影响钢卷尺的长度，在测量时如果不用弹簧秤衡量拉力，会产生误差。钢的弹性模量$E = 2 \times 10^6 \text{kg/cm}^2$，根据胡克定律，30 m 的尺长在$\pm 5$ kg 拉力误差时会产生± 1.8 mm 的长度误差。

（3）钢卷尺不水平的误差。

测量水平距离时钢卷尺应尽量保持水平，否则会产生距离增长的误差。对于 30 m 的尺长，尺的两端高差达 0.4 m 时会产生约 2.6 mm 的误差，相对误差为 1/11 200。

3. 钢直尺

钢直尺是最简单的长度量具，它的长度有 150 mm、300 mm、500 mm 和 1 000 mm 四种规格。钢直尺用于测量零件的长度尺寸，它的测量结果不太准确。这是由于钢直尺的刻线间距为 1 mm，而刻线本身的宽度就有 0.1～0.2 mm，所以测量时读数误差比较大，只能读出毫米数，即它的最小读数值为 1 mm，比 1 mm 小的数值，只能估计而得。

4. 螺旋千分尺

螺旋千分尺主要用于板厚的精确测量。螺旋千分尺是依据螺旋放大的原理制成的，即螺杆在螺母中旋转一周，螺杆便沿着旋转轴线方向前进或后退一个螺距的距离。因此，沿轴线方向移动的微小距离，就能用圆周上的读数表示出来。螺旋千分尺的精密螺纹的螺距是 0.5 mm，可动刻度有 50 个等分刻度，可动刻度旋转一周，测微螺杆前进或后退 0.5 mm，因此旋转每个小分度，相当于测微螺杆前进或后退 0.5/50=0.01 mm。可见，可动刻度每一小分度表示 0.01 mm，所以螺旋千分尺可精确到 0.01 mm。由于还能再估读一位，可读到毫米的千分位，故又名千分尺。

3.3.2　涂层厚度用仪器

涂层厚度是金属构件防腐层的重要指标。常用防腐层有镀锌层、镀铝层、高分子涂层、金属加高分子复合涂层。

1. 磁性测厚仪

采用磁感应原理，通过从测头经过非铁磁覆层而流入铁磁基体的磁通的大小，来测定覆层厚度，也可以测定与之对应的磁阻的大小，来表示其覆层厚度。覆层越厚，则磁阻越大，磁通越小。利用磁感应原理的测厚仪，原则上可以有导磁基体上的非导磁覆层厚度。一般要求基材磁导率在 500 以上。如果覆层材料也有磁性，则要求与基材的磁导率之差足够大（如钢上镀镍）。当软芯上绕着线圈的测头放在被测样本上时，仪器自动输出测试电流或测试信号。

早期的产品采用指针式表头，测量感应电动势的大小，仪器将该信号放大后来指示覆层厚度。近年来的电路设计引入稳频、锁相、温度补偿等新技术，利用磁阻来调制测量信号。还采用专利设计的集成电路，引入微机，使测量精度和重现性有了大幅度的提高（几乎达一个数量级）。现代的磁感应测厚仪、磁吸力测厚仪、电涡流测厚仪的分辨率达 0.1 μm，允许误差达 1%，量程达 10 mm。

磁吸力测厚仪可用来精确测量钢铁表面的油漆层，瓷、搪瓷防护层，塑料、橡胶覆层，包括镍铬在内的各种有色金属电镀层，以及化工石油行业的各种防腐涂层。

2. 电涡流测厚仪

高频交流信号在测头线圈中产生电磁场，测头靠近导体时，就在其中形成涡流。测头离导电基体越近，则涡流越大，反射阻抗也越大，这个反馈作用量表征了测头与导电基体之间距离的大小，也就是导电基体上非导电覆层厚度的大小。由于这类测头专门测量非铁磁金属基材上的覆层厚度，所以通常称之为非磁性测头。非磁性测头采用高频材料做线圈铁芯，例如铂镍合金或其他新材料。与磁感应原理比较，主要区别是测头不同，信号的频率不同，信号的大小、标度关系不同。与磁感应测厚仪一样，电涡流测厚仪也达到了分辨率 0.1 μm、允许误差 1%、量程 10 mm 的高水平。

采用电涡流原理的涂层测厚仪，原则上对所有导电体上的非导电体覆层均可测量，如航天航空器表面，车辆、家电、铝合金门窗及其他铝制品表面的漆，塑料涂层及阳极氧化膜。覆层材料有一定的导电性，通过校准同样也可测量，但要求两者的导电率之比至少相差 3～5 倍（如铜上镀铬）。虽然钢铁基体亦为导电体，但这类任务还是采用磁性原理测量较为合适。

3. 超声波测厚仪

超声波测厚仪是根据超声波脉冲反射原理来进行厚度测量的，当探头发射的超声波脉冲通过被测物体到达材料分界面时，脉冲被反射回探头，通过精确测量超声波在材料中传播的时间来确定被测材料的厚度。凡能使超声波以一恒定速度在其内部传播的各种材料均可采用此原理测量。按此原理设计的测厚仪可对各种板材和各种加工零件进行精确测量，也可以对生产设备中各种管道和压力容器进行监测，监测它们在使用过程中受腐蚀后的减薄程度，可广泛应用于石油、化工、冶金、造船、航空、航天等领域。

1）超声波测厚仪一般测量方法

（1）在一点处用探头进行两次测厚，在超声波测厚仪两次测量中，探头的分割面要互成 90°，取较小值为被测工件厚度值。

（2）30 mm 多点测量法：当测量值不稳定时，以一个测定点为中心，在直径约为 30 mm 的圆内进行多次测量，取最小值为被测工件厚度值。

（3）精确测量法：在规定的测量点周围增加测量数目，厚度变化用等厚线表示。

（4）连续测量法：用单点测量法沿指定路线连续测量，间隔不大于 5 mm。

（5）网格测量法：在指定区域画上网格，按点测厚记录。此方法在高压设备、不锈钢衬里腐蚀监测中广泛使用。

2）影响超声波测厚仪示值的因素

（1）工件表面粗糙度过大，造成探头与接触面耦合效果差，反射回波低，甚至无法接收到回波信号。对于表面锈蚀、耦合效果极差的在役设备、管道等，可通过砂、磨、锉等方法対表面进行处理，降低粗糙度，同时也可以将氧化物及油漆层去掉，露出金属光泽，使探头与被检物通过耦合剂达到很好的耦合效果。

（2）工件曲率半径太小，尤其是用小径管超声波测厚仪测厚时，因常用探头表面为平面，与曲面接触为点接触或线接触，声强透射率低（耦合不好）。可选用小管径专用探头（6 mm），较精确地测量管道等曲面材料。

（3）检测面与底面不平行，声波遇到底面产生散射，探头无法接收到底波信号。

（4）铸件、奥氏体钢因组织不均匀或晶粒粗大，超声波在其中穿过时产生严重的散射衰减，被散射的超声波沿着复杂的路径传播，有可能使回波湮没，造成不显示。超声波测厚仪可选用频率较低的粗晶专用探头（2.5 MHz）。

（5）常用测厚探头表面为丙烯树脂，长期使用会使其表面粗糙度增加，导致灵敏度下降，从而造成显示不正确。可选用 500 号砂纸打磨，使其平滑并保证平行度。如仍不稳定，则考虑更换探头。

（6）被测物背面有大量腐蚀坑。由于被测物另一面有锈斑、腐蚀凹坑，造成声波衰减，导致读数无规则变化，在极端情况下甚至无读数。

（7）被测物体（如管道）内有沉积物，当沉积物与工件声阻抗相差不大时，超声波测厚仪显示值为壁厚加沉积物厚度。

（8）当材料内部存在缺陷（如夹杂、夹层等）时，显示值约为公称厚度的 70%，此时可用超声波探伤仪进一步进行缺陷检测。

（9）温度的影响。一般固体材料中的声速随其温度升高而降低，有试验数据表明，热态材料每增加 100 ℃，声速下降 1%。对于高温在役设备常常碰到这种情况，应选用高温专用探头（300～600 ℃），切勿使用普通探头。

（10）层叠材料、复合（非均质）材料。要测量未经耦合的层叠材料是不可能的，因超声波无法穿透未经耦合的空间，而且不能在复合（非均质）材料中匀速传播。对于由多层材料包扎制成的设备（像尿素高压设备），测厚时要特别注意，测厚仪的示值仅表示与探头接触的那层材料厚度。

（11）耦合剂的影响。耦合剂是用来排除探头和被测物体之间的空气，使超声波能有效地穿入工件达到检测目的。如果选择种类或使用方法不当，将造成误差或耦合标志闪烁，无法测量，应根据使用情况选择合适的种类。当在光滑材料表面施测时，可以使用低黏度耦合剂；当在粗糙表面、垂直表面及顶表面施测时，应使用高黏度耦合剂。高温工件应选用高温耦合剂。其次，耦合剂应适量使用，涂抹均匀，一般应将耦合剂涂在被测材料的表面，但当测量温度较高时，耦合剂应涂在探头上。

（12）声速选择错误。测量工件前，根据材料种类预置其声速或根据标准块反测出声速。当用一种材料校正仪器后（常用试块为钢）又去测量另一种材料时，将产生错误的结果。要求在测量前一定要正确识别材料，选择合适声速。

（13）应力的影响。在役设备、管道，大部分有应力存在，固体材料的应力状况对声速有一定的影响，当应力方向与传播方向一致时，若应力为压应力，则应力作用使工件弹性增加，声速加快；反之，若应力为拉应力，则声速减慢。当应力与波的传播方向不一致时，波动过程中点振动轨迹受应力干扰，波的传播方向产生偏离。根据资料表明，一般应力增加，声速

学习情境 3　数据处理与通用试验方法

缓慢增加。

（14）金属表面氧化物或油漆覆盖层的影响。金属表面产生的致密氧化物或油漆防腐层，虽与基体材料结合紧密，无明显界面，但声速在两种物质中的传播速度是不同的，从而造成误差，且随覆盖物厚度不同，误差大小也不同。

3.3.3 力学用仪器设备

交通工程设施力学性能测量精度较高，因材料要求不同，控制方式不同，拉伸速度范围很宽，为 1～500 mm/min。一般要求配置电子万能材料试验机才能完成试验任务。

电子万能试验机一般由驱动单元（电动机等）、传动单元（滚珠丝杠、减速机等）、控制单元（测控软件、硬件等）和测量单元（力值传感器）构成。

选用注意事项如下：

1）量程范围

拉力范围不同，决定了所使用传感器的不同，也就决定了拉力机结构的不同，但此项对价格的影响不大(门式除外)。交通工程试验用小力值的拉力约为 100 N，大力值约为 1 000 kN。

2）试验行程的问题

行程在 600～1 500 mm 即可。材料伸长率超过 1 000%的，可以选用行程为 1 000 mm 或 1 200 mm 的。

3）标准配置问题

智能化的三种基本配置：主机、传感器、微机、打印机。如果微机功能强，可以直接打印，另外也可配备普通计算机，进行复杂的数据分析，如数据编辑、局部放大、可调整报告形式、进行成组式样的统计分析等。传感器配光电感应是其中比较先进的技术，一般可用十万次以上。

4）输出结果

试验结果输出可任意设置为最大力值、伸长率、抗拉强度、定力伸长、定伸长力值、屈服强度、弹性模量、最大试验力 8 项。这可以说是微机操作时，输出的最全面的结果。国外一些厂家的产品，一般可以输出这 8 项。国内有的厂家可以输出 5、6 项，有的厂家就只能输出最大力值、平均值、最小值 3 项。

5）可做测量项目

拉力机一般要求一机多用，即在配备不同夹具的基础上，可做拉伸、压缩、弯曲、撕裂、剪切、180°剥离、90°剥离试验。

市场上有一些高档拉力机除以上项目外，因其传感器精度高（有的达到三十五万分之一）还可以测试摩擦系数。

6）产品机械装置主要配置

传动有丝杠传动和齿条传动。前者昂贵，用于高精度、测试重复性高的传动；后者便宜，用于低精度、测试重复性低的传动。

丝杠对精度测量具有决定作用。常用的有滚珠丝杠、梯形丝杠、一般丝杠。其中，滚珠丝杠的精确度最高，但是其性能的发挥要靠计算机伺服系统操作，整套价格也比较昂贵。采用一般丝杠和梯形丝杠就可以达到 0.1%～1%的精度。

7）试验速度

一般配置电子拉力机或选用伺服系统，调速范围在 1～500 mm/min 就足够了，这样既不影响精度，价格又在合理范围之内。

8）测量精度

精度包括测力精度、速度精度、变形精度、位移精度。精度值一般指负荷传感器的精度达到±0.5%或1%，即达到 0.5 级或 1 级。

3.3.4　光学用仪器

1. 逆反射测量仪

工程中常用的是便携式逆反射测量仪，主要有交通标志、突起路标、反光标线逆反射测量仪。仪器的技术要求和校准要分别符合《逆反射测量仪》（GB/T 26377—2010）和《逆反射测量仪检定规程》（JJG 059—2004）的要求。

2. 色度测量仪

色度测量仪器分为表面色、逆反射色和光源色。表面色一般用色差计，逆反射色和光源色一般用非接触式色度计。逆反射色还需要有光源在逆反射条件下做照明辅助。由于设施的尺寸范围有限，所以视场角用 2° 小视场。

3.3.5　电工用仪器仪表

交通安全设施和机电工程通用的电工测量设备是万用表。万用表主要用于测量电压、电流、电阻，有的还带有测量电感、电容的功能。此外，测量电力质量的综合型仪器还有电能质量分析仪。

任务 3.4　常用防腐处理技术及质量要求

知识目标

1. 掌握防腐层的质量要求和检测方法；
2. 了解公路交通安全设施金属防腐处理主要使用的工艺。

能力目标

能够根据防腐目的区分防腐方法。

3.4.1　概述

金属材料的腐蚀，是指金属材料和周围介质接触时发生化学或电化学作用而引起的一种破坏现象。对于金属而言，在自然界大多是以金属化合物的形态存在。从热力学的观点来看，除了少数贵金属（如金、铂等）外，各种金属都有转变成离子的趋势。因此，金属元素比它们的化合物具有更高的自由能，必然有自发地转回到热力学上更稳定的自然形态——氧化物的趋势，所以说金属腐蚀是自发的、普遍存在的一种现象，是不可避免的。腐蚀给人类带来的损失是巨大的。据有关资料统计，世界上每年因腐蚀而报废的金属材料和设备约相当于生产量的20%以上，一些发达国家由于金属腐蚀而造成的经济损失大约占国民经济总产值的2%～4%。钢铁腐蚀后的影响，除了直接损耗以外，在受力情况下钢结构被腐蚀后，若腐蚀1%，其强度下降10%～15%；若双面腐蚀各达5%，其结构将报废。随着全球工业的发展，腐蚀的问题日趋严重。因此，世界各国对防腐技术措施非常重视，将金属防腐技术上升到工程的角度进行研究实施，成为表面工程的一个重要领域。通过不断的研究与发展，发明了多种防腐处理工艺，使腐蚀问题得到了明显缓解，但总的来说，金属的腐蚀现象仍十分严重。

在交通安全设施中，钢铁腐蚀是主要的，而在钢铁腐蚀中，海洋条件、潮湿气氛和工业密集地区的大气腐蚀占重要位置。和很多强介质腐蚀相比，虽然这类弱介质腐蚀的腐蚀强度相对较低，但因其量大面广，致使造成的损失和影响更为突出。仅以高速公路波形梁钢护栏为例，1 km高速公路约使用80 t的钢材，7万km则使用560万t。如不进行防腐处理，1年腐蚀约60万t，直接损失30亿元；5年后，腐蚀后的钢护栏不仅外观难看，还将失去防护功能。可见防腐处理对公路交通安全设施是非常重要的。

3.4.2　常用防腐处理技术

金属材料的防腐蚀方法很多，主要有改善金属的本质，形成保护层，改善腐蚀环境，以及电化学保护等。

1. 改善金属的本质

根据不同的用途，选择不同的材料组成耐腐蚀合金，或在金属中添加合金元素，提高其耐腐蚀性，可以防止或减缓金属的腐蚀。例如，在钢中加入镍制成不锈钢可以增强防腐蚀能力。

2. 形成保护层

在金属表面覆盖各种保护层，把被保护金属与腐蚀介质隔开，是防止金属腐蚀的有效方法。工业上普遍使用的保护层有非金属保护层和金属保护层两大类，通常采用以下方法形成保护层：

（1）金属的磷化处理：钢铁制品去油、除锈后，放入特定组成的磷酸盐溶液中浸泡，即可在金属表面形成一层不溶于水的磷酸盐薄膜，这种过程叫作磷化处理。磷化膜呈暗灰色至黑灰色，厚度一般为5～20 μm，在大气中有较好的耐腐蚀性。膜是微孔结构，对油漆等的吸附能力强，如用作油漆底层，耐腐蚀性可进一步提高。

（2）金属的氧化处理：将钢铁制品加到NaOH和$NaNO_2$的混合溶液中，加热处理，其表面即可形成一层厚度为0.5～1.5 μm的蓝色氧化膜（主要成分为Fe_3O_4），以达到钢铁防腐蚀的目的，此过程称为发蓝处理，简称发蓝。这种氧化膜具有较大的弹性和润滑性，不影响零件的精度。故精密仪器和光学仪器的部件，如弹簧钢、薄钢片、细钢丝等常用发蓝处理。

（3）非金属涂层：一般用液体、固体或多组分涂料（如聚乙烯、聚氯乙烯、聚氨酯材料等）涂覆在金属表面，形成的金属材料覆盖层致密光洁、色泽艳丽，兼具防腐蚀与装饰的双重功能。搪瓷是含SiO_2量较高的玻璃瓷釉，有极好的耐腐蚀性能，因此作为耐腐蚀非金属涂层，广泛用于石油化工、医药、仪器等工业部门和日常生活用品中。

（4）金属保护层：这是以一种金属镀在被保护的另一种金属制品表面上所形成的保护镀层，前一种金属称为镀层金属。金属镀层的形成，除电镀、化学镀外，还有热浸镀、热喷镀、渗镀、真空镀等方法。热浸镀是将金属制件浸入熔融的金属中以获得金属涂层的方法，作为浸涂层的金属通常采用低熔点金属，如锌、锡、铅和铝等。热镀锌主要用于钢管、钢板、钢带和钢丝，应用最广；热镀锡主要用于薄钢板和食品加工等的储存容器；热镀铅主要用于化工防蚀和包覆电缆；热镀铝则主要用于钢铁零件的抗高温氧化等。

3. 改善腐蚀环境

改善腐蚀环境对减少和防止金属腐蚀有重要作用。例如，减少腐蚀介质的浓度，除去介质中的氧，控制环境温度、湿度等都可以减少和防止金属腐蚀。也可以采用在腐蚀介质中添加能降低腐蚀速率的物质（缓蚀剂）来减少和防止金属腐蚀。

4. 电化学保护

电化学保护是根据电化学原理在金属设备上采取措施，使之成为腐蚀电池中的阴极，从而防止或减轻金属腐蚀的方法，主要有以下两种。

（1）牺牲阳极保护法：该方法是用电极电势比被保护金属更低的金属或合金作为阳极，固定在被保护金属上，形成腐蚀电极，被保护金属作为阴极而得到保护。牺牲阳极一般常用的材料有铝、锌及其合金。此法常用于保护海船外壳、海水中的各种金属设备、构件和防止巨型设备（如储油罐）及石油管路的腐蚀。

（2）外加电流法：将被保护金属与另一附加电极作为电池的两个极，使被保护的金属作为阴极，在外如直流电的作用下使阴极得到保护。此法主要用于防止土壤、海水及河水中金属设备的腐蚀。

在公路交通安全设施中应用最多的是金属和非金属涂层保护法，常用工艺有热浸镀锌、热浸镀铝、聚酯静电喷涂、流化床浸塑，近几年金属和非金属复合涂层也以优越的防腐性能和良好的装饰性能得到广泛应用。

3.4.3　公路交通安全设施防腐层质量要求

公路交通安全设施金属防腐处理主要使用的工艺是在金属构件表面涂覆一层保护层，在工程中通常叫防腐层，只有符合要求的防腐层才能起到保护作用。我国早在 2000 年就颁布实施了《高速路交通工程钢构件防腐技术条件》（GB/T 18226—2000），该标准已更新为《公路交通工程钢构件防腐技术条件》（GB/T 18226—2015），新版本与老版本相比做了较大变动，原则上适用于所有公路交通工程各种钢构件的防腐。

任务 3.5　公路交通安全设施钢构件的防腐技术要求

知识目标

1. 了解《公路交通工程钢构件防腐技术条件》（GB/T 18226—2015）中防腐形式分类；
2. 熟悉防腐层的技术要求；
3. 掌握防腐层的检测方法。

能力目标

能够按照正确的方法进行防腐层厚度、均匀性、附着性等技术要求的检测。

本任务主要介绍《公路交通工程钢构件防腐技术条件》(GB/T 18226—2015)的相关内容。

3.5.1 概述

如前所述，腐蚀是金属钢构件失效的主要致因和形式，由此而产生的经济损失十分惊人。因而采取各种措施减少和延缓腐蚀，提高钢构件的安全可靠性、美观性及延长使用寿命显得日益重要。我国经过几十年的发展，在防腐处理技术领域取得了显著成绩，如热浸镀锌、热浸镀铝等工艺已非常普及。但随着时代的进步，"绿色环保"的理念逐渐被人们所认知，国外先进国家已认识到不成规模的开放式热浸镀是一种高能耗、高污染的工业，从20世纪80年代初就淘汰了这种作坊式工艺，转而开发"环保节能"的新工艺，在生产上发挥规模效应，实现了既质量稳定可靠，又绿色环保的目标。近几年，我国产业界也取得了实用化的成果，例如环氧锌基聚酯粉末复合涂层，采用喷丸工艺作前处理，避免了酸碱污染，采用静电喷涂工艺降低了熔融锌锭、铝锭所需的高温和热损失，采用自动化生产线提高了产品质量和功效，减少了碳排放，对建设资源节约、环境友好型交通事业具有十分重要的经济效益和社会效益。本标准的目的在于积极引导，逐步淘汰落后及污染严重的防腐处理技术生产工艺。使用者应结合使用环境、车辆构成、工程建设规模和投资，合理选用防腐形式。

3.5.2 防腐形式分类

本标准按防腐工艺，共分为17种防腐类型。

1) 热浸镀锌涂层

采用热镀的方法，将被镀金属钢构件浸入熔融的金属锌液中，使得钢铁基体与熔融锌液之间发生溶解、化学反应和扩散而形成的涂层。

2) 热浸镀铝涂层

采用热镀的方法，将被镀金属钢构件浸入熔融的金属铝液中，使得钢铁基体与熔融铝液之间发生溶解、化学反应和扩散而形成的涂层。

3) 热浸镀锌铝合金涂层

采用热镀的方法，将被镀金属钢构件浸入熔融的金属锌-(5%)铝稀土合金液中，使得钢铁基体与熔融合金液之间发生溶解、化学反应和扩散而形成的涂层。

4) 热浸镀铝锌合金涂层

采用热镀的方法，将被镀金属钢构件浸入熔融的(55%)金属铝-锌合金液中，使得钢铁基体与熔融合金液之间发生溶解、化学反应和扩散而形成的涂层。

5) 静电喷涂聚酯涂层

静电喷涂是利用高压静电电场使带负电的纯聚酯粉末微粒沿着电场相反的方向定向运动，并将粉末微粒吸附在工件表面形成粉状涂层，粉状涂层经过高温烘烤、流平、固化，变成涂膜稳定的一种涂层。

6）流化床浸塑涂层

采用流化床工艺将预热的金属构件浸入沸腾的热塑性粉末涂料中，在构件表面上形成粉状涂层，粉状涂层经过高温烘烤、流平、固化，变成涂膜稳定的一种涂层。

7）热浸镀锌聚酯复合涂层

利用静电喷涂工艺在热镀锌构件上再喷上一层聚酯涂层，对金属钢构件来说有内层的热镀锌涂层和外层的聚酯涂层而形成的双涂层。

8）热浸镀锌浸塑复合涂层

利用流化床工艺在热镀锌构件上再覆盖上一层热塑性粉末涂层，对金属钢构件来说有内层的热镀锌涂层和外层的塑料涂层而形成的双涂层。

9）热浸镀铝聚酯复合涂层

利用静电喷涂工艺在热镀铝构件上再喷上一层聚酯涂层，对金属钢构件来说有内层的热镀铝涂层和外层的聚酯涂层而形成的双涂层。

10）热浸镀铝浸塑复合涂层

利用流化床工艺在热镀铝构件上再覆盖上一层热塑性粉末涂层，对金属钢构件来说有内层的热镀铝涂层和外层的塑料涂层而形成的双涂层。

11）热浸镀锌铝合金聚酯复合涂层

利用静电喷涂工艺在热镀锌（5%）铝稀土合金钢构件上再喷上一层聚酯涂层，对金属钢构件来说有内层的热镀锌铝稀土合金涂层和外层的聚酯涂层而形成的双涂层。

12）热浸镀锌铝合金浸塑复合涂层

利用流化床工艺在热镀锌（5%）铝稀土合金钢构件上再覆盖上一层热塑性粉末涂层，对金属钢构件来说有内层的热镀锌铝稀土合金涂层和外层的塑料涂层而形成的双涂层。

13）热浸镀铝锌合金聚酯复合涂层

利用静电喷涂工艺在热镀（55%）铝－锌合金钢构件上再喷上一层聚酯涂层，对金属钢构件来说有内层的热镀铝锌合金涂层和外层的聚酯涂层而形成的双涂层。

14）热浸镀铝锌合金浸塑复合涂层

利用流化床工艺在热镀（55%）铝－锌合金钢构件上再覆盖上一层热塑性粉末涂层，对金属钢构件来说有内层的热镀铝锌合金涂层和外层的塑料涂层而形成的双涂层。

15）环氧锌基聚酯复合涂层

在抛丸（或喷丸）处理形成的清洁金属表面上，经粉末涂料静电涂装形成底层为环氧锌基粉末涂层、面层为纯聚酯涂层的熔结涂层体系。

16）锌铬涂层（达克罗）

将水基锌铬涂料浸涂、刷涂或者喷涂于钢铁零件或构件表面，经烘烤形成的以鳞片状锌和锌的铬酸盐为主要成分的无机防腐蚀涂层。

17）粉末镀锌涂层

通过机械设备，在化学物质和冲击介质作用下，将锌粉镀到钢构件表面，形成的光滑、均匀并具有一定厚度的涂层。

上述 17 种类型，基本涂层有 4 种金属涂层，即热浸镀锌、热浸镀铝、热浸镀锌铝合金、热浸镀铝锌合金；2 种非金属涂层，即静电喷涂聚酯、流化床浸塑；共 6 种。金属涂层和非金属涂层可以组合成复合涂层，则形成 8 种复合涂层。这样就有 14 种涂层，加上环氧锌基聚酯复合涂层、锌铬涂层、粉镀锌涂层 3 种其他涂层，就有 17 种涂层。

3.5.3 技术要求

1. 金属涂层

金属涂层有 4 种，要求的项目基本是一样的，主要有涂层用材质、涂层外观、涂层厚度或附着量、均匀性、附着性、抗弯曲性能、耐盐雾腐蚀性能。

2. 非金属涂层

非金属涂层有 2 种，2 种涂层都要求的有涂层用材质、涂层外观、涂层厚度、均匀性、附着性、抗弯曲性能、耐冲击性能、耐磨性能、耐化学溶剂、耐湿热性能、耐盐雾腐蚀性能、耐候性能，共 12 项。对于流化床浸塑涂层还要增加耐低温脆化性能，共 13 项。

3. 复合涂层

复合涂层由金属内涂层和非金属外涂层组成，其要求也是 2 种涂层都要满足，区别主要是厚度不同，镀铝和镀锌相比复合涂层增加了耐循环盐雾性能。复合涂层的要求有内外涂层厚度、外观、内涂层性能（材质、均匀性、附着性、抗弯曲性能、耐盐雾腐蚀性能）、外涂层性能（涂层用材质、涂层外观、涂层厚度、均匀性、附着性、抗弯曲性能、耐冲击性能、耐磨性能、耐化学溶剂、耐湿热性能、耐盐雾腐蚀性能、耐候性能等 12 项，对于流化床浸塑涂层还要增加耐低温脆化性能共 13 项）、复合涂层性能综合指标耐温度交变性能、热浸镀铝复合涂层增加耐循环盐雾性能。

4. 环氧锌基聚酯复合涂层

环氧锌基聚酯复合涂层的内涂层是由掺加了一定比例片状锌粉的环氧树脂组成，外涂层为工程级纯聚酯高分子材料，其技术要求也包含了 2 种涂层的项目。内涂层有：外观、厚度（均匀性）、附着性、抗弯曲性能、耐冲击性能、耐盐雾腐蚀性能、耐湿热性能，共 7 项。复合涂层有：外观、厚度（均匀性）、附着性、耐湿附着性、抗弯曲性能、耐磨性能、耐冲击性能、耐化学溶剂、抗阴极剥离性能、耐循环盐雾性能、耐湿热性能、耐低温性能、耐候性能，共 13 项。

5. 锌铬涂层

锌铬涂层由于含有重金属铬，生产或使用过程中容易导致环境污染，不宜大量使用，标准中只规定了用于螺栓等小件防腐。其技术要求主要有：外观、涂层厚度、附着强度、耐盐雾腐蚀性能、耐水性能、耐湿热性能，共 6 项。

6. 粉末镀锌涂层

用于螺栓、螺母等紧固件的粉末镀锌涂层，其性能要求与热浸镀锌相同。

3.5.4 试验方法

1. 一般规定

一般情况下，试样制备和试样数量在具体产品标准中详细规定。试样尺寸符合相关标准要求的条件下，用于性能试验的试样在成形产品上截取。比对试验所需样品应尽可能在相邻位置截取，并做好标记，以保证试验结果前后的可比性。在试样尺寸不符合相关标准的要求时，应依据标准要求选用与产品相同原材料及工艺制备所需试验样品。

2. 材料要求

（1）防腐涂层用材料主要核查原材料的材质证明单是否齐全有效，必要时可对原材料的主要性能指标（如化学成分）进行检验。

（2）锌铝或铝锌合金涂层的化学成分分析。《钢表面锌基和（或）铝基镀层　单位面积镀层质量和化学成分测定　重量法、电感耦合等离子体原子发射光谱法和火焰原子吸收光谱法》（GB/T 24514—2009）比较复杂，当发生争议时一般委托专业化学分析试验室执行。大致原理是用已知元素含量的标准溶液或标准物质的谱线强度与待测物质的谱线强度相比较，得到待测物质中元素的含量。

3. 外观质量

一般在正常光线下，直接目测或借助放大镜、几何量具观察。

4. 涂层厚度

1）钢构件基体上的单涂层厚度、复合涂层总厚度

钢构件基体上的单涂层及复合涂层总厚度用磁性测厚仪按《磁性基体上非磁性覆盖层　覆盖层厚度测量　磁性法》（GB/T 4956—2003）的规定进行测量，一般测点数不少于 5 个，以测量值的算术平均值表示测试结果。若测试值中 10%以上的值超出技术要求范围，即使算术平均值符合技术要求，但该结果仍为不符合本标准的技术要求。

2）复合涂层厚度

（1）显微镜法。

显微镜法属于较复杂的测量方法，主要原理是将涂层断面放大后用测量显微镜测量出断面的构造和厚度，比磁性测厚仪精确得多。一般经过切样、制样、镶嵌、研磨、断面化学处理、放大测量分析等步骤。对于环氧锌基聚酯复合涂层，因内涂层含有锌粉，为了观测锌粉的分布和减少测量误差，规定按照《金属和氧化物覆盖层厚度测量显微镜法》（GB/T 6462—2005）执行，即金相显微镜法。

（2）脱层法。

对于其他复合涂层，内、外层厚度按照以下步骤进行测量：

① 准备试验器具：磁性测厚仪、手术刀、划格器、竹片或硬塑料片、放大镜、记号笔、脱塑剂、无水酒精、清洁抹布。

② 测量涂层总厚度：用记号笔在被测试样上做好标记，用磁性测厚仪测量标记处的总厚度三次，取三次的算术平均值为该点的涂层总厚度，记为 T。

③ 脱塑：先用加热或机械法除去热塑性外涂层，或用脱塑剂除去热固性外涂层后，再用竹片或硬塑料片、无水酒精、清洁抹布对裸露出的内涂层作适当清洁。

④ 测量内涂层厚度：用磁性测厚仪按《磁性基体上非磁性覆盖层　覆盖层厚度测量　磁性法》（GB/T 4956—2003）的规定测量裸露出的内涂层厚度三次，取三次的算术平均值为该点的内涂层厚度，记为 T_1。

⑤ 计算外涂层厚度（单面）T_2：$T_2 = T - T_1$。

（3）换算法。

对于金属涂层厚度可按以下方法换算为厚度：

① 热浸镀锌涂层，涂层密度取 7.14 g/cm³，涂层厚度 T=单位面积附着量 M/7.14（μm）。

② 热浸镀铝涂层，涂层密度取 2.70 g/cm³，涂层厚度 T=单位面积附着量 M/2.70（μm）。

③ 热浸镀锌铝合金涂层，涂层平均密度取 6.60 g/cm³，涂层厚度 T=单位面积附着量 M/6.60（μm）。

④ 热浸镀铝锌合金涂层，涂层平均密度取 3.75 g/cm³，涂层厚度 T=单位面积附着量 M/3.75（μm）。

5. 金属涂层附着量

1）热镀锌、锌铝合金及铝锌合金金属涂层附着量试验方法

（1）试样的准备。

① 对于钢丝构件，截取三根，每根长度 300～600 mm。

② 对于钢管构件，在其两端及中部各截取 30～60 mm（视规格大小决定）长的管段作为试样。

③ 对于板状构件，截取三块，每块试样的测试面积不小于 10 000 mm²，试样表面不应有粗糙面和锌瘤存在。

④ 附着量采用三点法计算。三根（块）试样附着量的平均值为该试样的平均附着量。

⑤ 试样用四氯化碳、苯或三氯化烯等有机溶剂清除表面油污，然后以乙醇淋洗，清水冲净，净布擦干，充分干燥后称量，钢管和钢板试样精确到 0.01 g，钢丝试样精确到 0.001 g。

（2）试验溶液的配制。

将 3.5 g 六次甲基四胺（$C_6H_{12}N_4$）溶于 500 mL 的浓盐酸（ρ=1.19 g/mL）中，用蒸馏水稀释至 1 000 mL。

（3）试验方法。

试验溶液的数量，按试样表面每平方厘米不少于 10 mL 准备。将称量后的试样放入试验溶液中（保持试验溶液温度不高于 38 ℃），直至镀锌（锌铝合金）层完全溶解，氢气泡显著减少为止。将试样取出，以清水冲洗，同时用硬毛刷除去表面的附着物，用棉花或净布擦干，然后浸入乙醇中，取出后迅速干燥，以同一精确度重新称量。

对于钢丝试样，测量去掉锌层后的直径，两个相互垂直的部位各测一次，取平均值。对于钢管试样，测量去掉锌层后的三个壁厚，取平均值。对于钢板试样，测量去掉锌层后的三个板厚，取平均值。

（4）附着量计算。

锌铝合金钢丝试样附着量按式（3-10）计算：

$$A = \frac{G_1 - G_2}{G_2} d \times 1960 \tag{3-10}$$

式中：A——钢丝单位表面积上的镀锌（锌铝合金）层附着量，g/m²；

G_1——试验前试样质量，g；

G_2——试验后试样质量，g；

d——钢丝试样剥离锌层后的直径，mm。

镀锌钢管、钢板试样附着量按式（3-11）计算：

$$A = \frac{G_1 - G_2}{G_2} t \times 3\,920 \qquad (3-11)$$

式中：A——钢管、钢板单位表面积上的镀锌层附着量，g/m^2；

$\qquad G_1$——试验前试样质量，g；

$\qquad G_2$——试验后试样质量，g；

$\qquad t$——钢管试样剥离锌层后的壁厚，或钢板试样剥离锌层后的板厚，mm。

2）热镀铝涂层的附着量

（1）试样的准备。

① 试样。

钢丝：每根试样长度 300～600 mm。

钢管：每根试样长度 30～60 mm。

钢板：试样的面积不小于 4 000 mm^2。

对于不规则的样品，用一定直径的钢丝或一定厚度的钢板与被测样品在同一工艺条件下镀铝，钢丝、钢管长度或钢板面积满足上述要求。

② 用纯净的溶剂，如苯、石油苯、三氯乙烯或四氯化碳洗净表面，再用乙醇淋洗，清水洗净，然后充分干燥。

（2）试验溶液的配制。

将化学纯氢氧化钠 120 g 溶于水中，配制成 1 000 mL 的氢氧化钠溶液。溶液温度为 60～90 ℃。

（3）试验操作方法。

① 用天平称量清洗并干燥后的试样的质量，精确至 0.01 g。

② 将称量后的试样浸入试验溶液中，每次浸入一个试样，液面须高于试样。网片试样比容器长时，可将试样做适当弯曲或卷起来。试样不允许与试验容器壁接触。

③ 当试样于溶液中，氢的发生变得很少，镀铝层已消失时，取出试样。在清水中冲洗并用棉花或净布擦干。待干燥后再在天平上称质量，精确至 0.01 g。

④ 如果试样干燥后发热，将其重又浸入测试溶液中，溶解残留于金属层上的铝，重复上述操作，直至不再引起发热。

注 1：连续的气体发生减弱后，试样留在氢氧化钠溶液中的时间不应超过 10 min。

注 2：如果需要较长的时间来除去铝层，则需更新氢氧化钠溶液。

⑤ 对于钢丝试样，测量去掉铝层后的直径，两个相互垂直的部位各测一次，取平均值。对于钢管试样，测三个壁厚，取平均值。对于钢板试样，测三个板厚，取平均值。

（4）试验结果的计算。

① 镀铝钢丝试样附着量按式（3-12）计算：

$$m_A = \frac{m_1 - m_2}{m_2} d \times 1\,960 \qquad (3-12)$$

式中：m_A——钢丝单位表面上的铝层质量，g/m^2；

$\qquad m_1$——试样剥离铝层前的质量，g；

$\qquad m_2$——试样剥离铝层后的质量，g；

d——试样剥离铝层后的直径，mm。

② 镀铝钢管、钢板试样附着量按式（3-13）计算：

$$m_A = \frac{m_1 - m_2}{m_2} t \times 3\,920 \qquad (3-13)$$

式中：m_A——镀铝层的质量，g/m^2；

m_1——试样剥离铝层前的质量，g；

m_2——试样剥离铝层后的质量，g；

t——钢管剥离铝层后的壁厚，或钢板剥离铝层后的板厚，mm。

6. 涂层均匀性

1）金属涂层的均匀性

依据构件形状和成形工艺，在构件每一面的上中下、左中右各取一个点，单面 9 个点，双面共 18 个点，用磁性测厚仪测得各点的厚度，得到一个测量列，分别求出测量列的平均值、最小值和最大值，按式（3-14）计算涂层的不均匀度：

$$P_u = \max\left\{\frac{|T_{\min} - T_a|}{T_a}, \frac{|T_{\max} - T_a|}{T_a}\right\} \times 100\% \qquad (3-14)$$

式中：P_u——涂层不均匀度，取最大不均匀度为测量结果，μm；

$T_{\min}$——测量列的最小值，μm；

$T_{\max}$——测量列的最大值，μm；

T_a——测量列的平均值，μm。

2）非金属涂层的均匀性

依据构件形状和成形工艺，在构件每一面的上中下、左中右各取一个点，单面 9 个点，双面共 18 个点，用磁性测厚仪测得各点的厚度，取最大厚度与最小厚度差为测量结果。

3）铝层有孔度试验方法

（1）试样的准备。

① 试样。

钢丝：每根试样长度不小于 150 mm。

钢管：每根试样长度不小于 150 mm。

钢板：每块试样任意一边长度不小于 150 mm。

对于不规则的样品，用一定直径的钢丝或一定厚度的钢板与被测样品在同一工艺条件下镀铝，钢丝、钢管或钢板的长度满足上述要求。

② 试验前试样应先用乙醇、汽油、乙醚或石油醚等擦洗（必要时再用氯化镁糊剂轻擦），除去所粘脏物及油脂，再用净水冲洗并用脱脂棉花或净布擦干。试样的截断部分应覆盖石蜡或涂漆。

（2）试验溶液。

试验溶液为自来水。

（3）试验用容器。

试验用容器采用聚乙烯容器或其他不产生铁锈的容器。

（4）试验步骤。

将清洁的试样缓慢地插入自来水中，放置 24 h 或更长时间，静置期间不能搅动溶液，也不能注入新的自来水或倒出自来水。放置规定时间后，观察其表面产生的红褐色的氢氧化铁沉积物的情况。

试样截断处周围 10 mm 以内产生的沉积物不计。

7. 涂层附着性

1）金属涂层对钢基体的附着性

（1）试样准备。

① 取三根钢丝试样，每根试样长度不小于表 3-4 中规定。试验前可对试样进行矫直，当用手不能矫直时，可将试样置于木材、塑料或铜的垫板上，以木槌或橡胶锤轻轻打直，矫直后试样表面不得有损伤。

② 对于板材、管材及连接件，同时镀三块。

表 3-4   芯棒直径及缠绕圈数

钢丝直径/mm	试样最小长度/mm	芯棒直径为钢丝直径倍数	缠绕圈数，不小于
2.0	350	5	6
>2.0~3.0	600	7	6
>3.0~4.0	800	7	6

注：芯棒直径不允许有正偏差。

（2）试验装置。

① 缠绕试验装置。

a. 缠绕试验装置如图 3-1 所示。

b. 试验机应符合缠绕松懈试验的技术要求。

c. 试验机应能保证试样围绕芯棒沿螺旋方向缠成紧密的螺旋圈。

d. 缠绕芯棒直径（自身缠绕除外）应符合表 3-4 的规定，但不允许有正偏差，芯棒应具有足够的硬度，其表面粗糙度 Ra 应不大于 6.3 μm。

e. 试验机应有对试样自由端施加张力的装置。

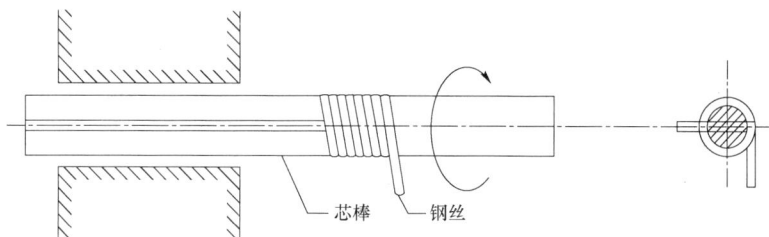

图 3-1   缠绕试验装置

② 锤击试验装置。

参照《钢构件镀锌层附着性能测定仪》（JJG 082—2007）使用镀锌层附着性能测定仪进

55

行锤击试验,镀锌层附着性能测定仪应稳固在木制台上,试验面应保持与锤底座同样高度并与其处于同一水平面上。

（3）试验步骤。

① 缠绕试验。

a. 将试样沿螺旋方向以紧密的螺旋圈缠绕在直径为 D 的芯棒上。

b. 一般情况下,试验应在 10～35 ℃的室温下进行,如有特殊要求,试验温度应为(23±5)℃。

c. 缠绕、松懈的速度应均匀一致,缠绕速度为 5～10 r/min,必要时可减慢试验速度,以防止温度升高而影响试验结果。

d. 为确保缠绕紧密,缠绕时应在试样自由端施加不大于线材公称抗拉强度相应试验力的 5%。

② 锤击试验。

试件应放置水平,锤头面向台架中心,锤柄与底座平面垂直后自由落下,以 4 mm 的间隔平行打击五点,检查锌(锌铝合金)层表面状态。打击点应离端部 10 mm 以外,同一点不得打击两次。

（4）试验结果的判定。

① 缠绕试验后,镀锌(铝)层不开裂或起层到用裸手指能够擦掉的程度。

② 锤击试验后,镀锌层不剥离,不凸起。

2）非金属涂层的附着性

（1）浸塑涂层采用剥离试验法。

用锋利的刀片在浸塑层上划出两条平行的长度为 5 cm 的切口,切入深度应达到涂层附着基底的表面,板状或柱状试样两条切口间距为 3 mm,丝状试样两条切口位于沿丝的轴向的 180°对称面。在切口的一端垂直于原切口作一竖直切口,用尖锐的器具将竖直切口挑起少许,用手指捏紧端头尽量将涂层扯起。以扯起涂层状态将涂层附着性能区分为 0 至 4 级,具体如下:

① 0 级:不能扯起或扯起点断裂口。

② 1 级:小于 1 cm 长的涂层能被扯起。

③ 2 级:非常仔细的情况下可将涂层扯起 1～2 cm。

④ 3 级:有一定程度附着,但比较容易可将涂层扯起 1～2 cm。

⑤ 4 级:切开后可轻易完全剥离。

（2）聚酯涂层采用划格试验法。

当涂层厚度小于 0.125 mm 时,按《色漆和清漆 划格试验》(GB/T 9286—2021)规定的方法进行试验,用专用工具将试样切割成间距为 2 mm 的网状方格。当涂层厚度不小于 0.125 mm 时,在试样上划两条长 40 mm 的线,两条线相交于中部成 30°～40°的锐角。所划线要直且划透涂层,如未划透涂层,则换一处重新进行,不应在原划痕上继续刻划。试验后,观察刻痕边缘涂层脱落情况。

（3）环氧锌基聚酯复合涂层的附着性。

按《色漆和清漆拉开法附着力试验》(GB/T 5210—2006)规定的拉开法执行,如图 3-2 所示。主要原理是用黏结强度比涂层结合强度大的黏结剂将涂层和拉拔器黏结在一起,拉拔器的直径规定为 20 mm，将黏结稳固的试样的拉拔器放置在试验机上，以不大于 1 MPa/s 匀速进行拉伸，记录试样破坏时的最大拉力 $F(N)$，按 $\sigma=(F/314)$ MPa 计算附着性。

（4）环氧锌基聚酯复合涂层湿状态附着性。

取 3 个试样，在沸腾的蒸馏水中煮 10 h 后，在（23±2）℃条件下恢复 2 h，按《色漆和清漆拉开法附着力试验》（GB/T 5210—2006）规定的拉开法执行，取 3 个试验的平均值为试验结果。

（5）环氧锌基聚酯复合涂层的阴极剥离试验。

① 试验设备。

试验配备以下器具：

a. 可调直流稳压电源。

b. 铂电极。

c. 内径（75±3）mm 的塑料圆筒。

d. 甘汞参比电极。

e. 多用小刀。

f. 盛有石英砂的钢制浅盘加热板或烘箱，温度可控制在 3 ℃范围内。

② 试验溶剂及试件。

a. 3% NaCl 的蒸馏水溶液。

b. 涂敷试件应约为 4 mm×100 mm×100 mm 的热轧钢板三块。

③ 试验步骤。

a. 在试件的中心钻一直径 3.0 mm 或 3.2 mm 的盲孔，盲孔透过涂层露出钢基材。

b. 将塑料圆筒中心对准盲孔放在试件上，并用密封胶粘好构成试验槽，使之不漏水。

c. 向筒内注入 300 mL 的 3%NaCl 的蒸馏水溶液，并在筒上做出液位标记，将电极插入溶液中与直流电源的正极相连，再将制备出盲孔的试件与直流电源的负极相连。

d. 在（23±2）℃的试验条件下，施加电压于试件和铂电极，用甘汞电极将蒸馏水溶液电位调整在 −3.5 V。试验过程中按需添加蒸馏水以保持液位不变。

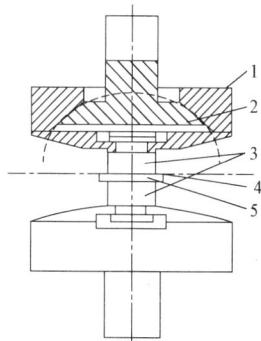

1—支柱；2—球节；3—试柱；4—涂层；5—底材

图 3-2　拉拔试验示意图

e. 试验结束后，拆除试验槽，取下试件，在 1 h 内对涂层表面进行评价。

f. 以盲孔为中心，用多用小刀划出放射线（如图 3-3 所示），这些线应划透涂层达到基材，延伸距离至少 20 mm。

g. 用小刀从盲孔开始撬剥涂层，检查涂层的抗剥离性能。

h. 从盲孔中心开始，测量各个撬剥距离，并求出平均值，即为试件抗阴极剥离试验剥离距离。

i. 三块试件中，至少两块符合检验指标要求判定为合格。

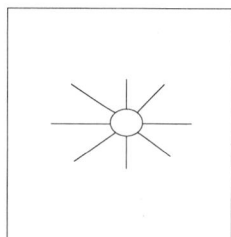

图 3-3　试件上划透涂层的放射线

8. 涂层抗弯曲性能

1）浸塑涂层抗弯曲性能

取 300 mm 长的试样，在 15 s 内以均一速度绕芯棒弯曲 180°，芯棒直径为试样基体直径或厚度的 4 倍。

2）金属涂层抗弯曲性能

取 300 mm 长的试样，在 15 s 内以均一速度绕芯棒弯曲 180°，芯棒直径为试样基体直径或厚度的 1 倍。

9. 非金属涂层耐磨性试验

在加载重为 1 kg 的条件下，按《色漆和清漆　耐磨性的测定　旋转橡胶砂轮法》（GB/T 1768—2006）的方法执行。

10. 非金属涂层耐冲击试验

试验温度为（24±2）℃，试样受的冲击能量是 9 J 条件下，按《漆膜耐冲击测定法》（GB/T 1732—2020）的试验方法执行。

11. 非金属涂层耐化学溶剂腐蚀试验

按照《塑料　耐液体化学试剂性能的测定》（GB/T 11547—2008）的方法进行，浸泡温度为（23±2）℃，试验试剂依据涂层使用环境及具体需求的不同分别选用或全部选用以下类型：

对于聚酯涂层用 30% 的 H_2SO_4 溶液浸泡 720 h，10% 的 NaCl 溶液浸泡 720 h，1% 的 NaOH 溶液浸泡 240 h。

对于浸塑涂层用 30% 的 H_2SO_4 溶液、10% 的 NaCl 溶液、40% 的 NaOH 溶液分别浸泡 720 h。

注：H_2SO_4、NaOH 和 NaCl 溶液浓度均为质量百分比浓度。

12. 非金属涂层耐中性盐雾腐蚀试验

1）丝状试样

取 300 mm 的钢丝试样三节，用锋利刀片刮掉钢丝一侧的涂层，划痕深至钢丝基体。划痕面朝上，置于盐雾试验箱中，参照中性盐雾试验方法规定执行。

2）板状试样

取 300 mm 的立柱试样三节，用 18 号缝纫机针，将涂层划成长 120 mm 的交叉对角线，划痕深至钢铁基体，对角线不贯穿对角，对角线端点与对角成等距离。划痕面朝上，置于盐雾试验箱中，参照中性盐雾试验方法规定执行。

13. 金属涂层耐中性盐雾腐蚀试验

参见中性盐雾试验方法。

14. 耐循环盐雾腐蚀试验

按《公路沿线设施塑料制品耐候性要求及测试方法》（GB/T 22040—2008）规定执行，参见循环盐雾试验方法。

15. 耐湿热试验

取三片试样，每片大小为 70 mm×150 mm。用 18 号缝纫机针，将涂层划成长 120 mm 的交叉对角线，划痕深至钢铁基体，对角线不贯穿对角，对角线端点与对角成等距离。划痕面朝上，置于恒温恒湿箱中，按《漆膜耐湿热测定法》（GB/T 1740—2007）的方法执行，参见恒定湿热试验方法。

16. 耐低温脆化试验

采用低温脆化温度试验箱，温度控制在（−60±5）℃，用 A 型试验箱按《漆膜耐湿热测定法》（GB/T 1740—2007）规定执行。主要步骤有用低温脆化温度试验箱配套的制样器制成条状试样，将试样夹持在试样夹上，放入低温脆化箱中，在规定温度下冲击，观察试样断裂情况，当破损率不大于 50%时为合格，试验过程中注意低温冻伤防护。

17. 耐低温性能试验

按《电工电子产品环境试验　第 2 部分：试验方法　试验 A：低温》（GB/T 2423.1—2008）规定执行，参见低温性能试验方法。

18. 耐温度交变试验

按《环境试验　第 2 部分：试验方法　试验 N：温度变化》（GB/T 2423.22—2012）的规定进行。试验箱可用温度交变试验箱进行，也可用一台高温试验箱和一台低温试验箱组合进行。试样在低温 −40 ℃的试验箱内保持 3 h 后，在 2 min 内转移到高温+70 ℃的试验箱保持 3 h，在 2 min 内再转移到低温试验箱为一个完整的试验周期。

19. 耐候性试验

按有关耐氙弧灯人工加速老化试验规定执行。

20. 锌铬涂层（达克罗）试验方法

1）外观

在自然散射光下，用肉眼进行观察。

2）涂敷量试验

（1）融解称量法。

称取质量大于 50 g 试样，采用精度为 1 mg 的天平称得原始质量 W_1（mg），将试样置入 70～80 ℃的 20%NaOH 水溶液中浸泡 10 min，使锌铬涂层全部融解，取出试样，充分水洗后立即烘干，再称取涂层融解后试样的质量 W_2（mg），量取并计算出工件的表面积 S（mm²），按下式计算出涂层的涂敷量（mg/mm²）：

$$涂敷量 = \frac{W_1 - W_2}{S}$$

（2）金相显微镜法。

参见复合涂层。

3）附着强度试验

采用胶带试验法检测锌铬层与基体的附着强度，胶带试验按《金属基体上的金属覆盖层电沉积和化学沉积层附着强度试验方法评述》（GB/T 5270—2005）的要求进行。

4）盐雾试验

参见中性盐雾试验方法。

5）耐水试验

将试样浸入（40±1）℃的去离子水中，连续浸泡 240 h，将试样取出后在室温干燥，再进行附着强度试验，涂层不得剥落和露底，但是允许胶带变色和黏着锌、铝粉粒。附着强度试验应在试样从去离子水中取出后的 2 h 内进行。

6）湿热试验

湿热试验在湿热试验箱中进行，湿热试验箱应能控制温度和湿度，将湿热试验箱温度设为（40±2）℃，相对湿度为（95±3）%，将样品垂直悬挂于湿热试验箱中，样品不应相互接触。当湿热试验箱达到设定的湿度和温度时，开始计算试验时间，连续试验 48 h 检查一次，检查样品是否出现红锈，两次检查后，每隔 72 h 检查一次，每次检查后，样品应变换位置。240 h 检查最后一次，不出现红锈为合格。

练习题

1. 简述修约基本知识。
2. 简述交通安全设施高低温试验常用温度。
3. 简述盐雾试验的种类。
4. 对游标卡尺、螺旋千分尺的读数情况进行测试。
5. 对涂层测厚仪进行校准。
6. 对镀锌层厚度与镀锌量的换算关系进行考核。

学习情境 4

道路交通标志

知识目标

掌握交通标志的分类、基本要求、设置原则，以及道路交通标志产品的组成、技术要求、试验方法、检验规则。

能力目标

能够按照现行检评标准对交通标志进行检验及评定。

任务 4.1 技 术 要 求

常规的道路交通标志产品包括标志板和支撑件两部分。其中，标志板是由标志底板、板面及滑槽、钥钉等构成的组件；支撑件是支撑和连接紧固标志板的构件，包括立柱、横梁、法兰盘、抱箍和紧固件等。道路交通标志产品质量技术要求包括上述两方面的内容，主要质量评定标准为《道路交通标志板及支撑件》（GB/T 23827—2021），具体包括结构尺寸、外观质量、钢构件防腐层质量、材料力学性能、标志板面色度性能、反光型标志板面光度性能、标志板抗冲击性能、耐盐雾腐蚀性能、标志板耐高低温性能、标志板耐候性能、标志板面与标志底板的附着性能、标志板面油墨与反光膜的附着性能十二项要求。近年来，LED 主动发光道路交通标志开始在道路上应用，2015 年颁布实施了《LED 主动发光道路交通标志》（GB/T 31446—2015），本任务对相关分类及组成、检验项目等内容进行介绍。

4.1.1 结构尺寸

道路交通标志的标志板及支撑件的形状、尺寸应符合《道路交通标志和标线 第 2 部分：道路交通标志》（GB 5768.2—2022）的要求。其中标志板的外形尺寸允许偏差为±5 mm，若外形尺寸大于 1.2 m 时，允许偏差为其外形尺寸的±0.5%。

根据标志板面是否具备逆反射性能，标志板分为反光型和非反光型。反光型标志板面应粘贴符合《道路交通反光膜》（GB/T 18833—2012）要求的反光膜，以及耐久性与反光膜相匹配的黑膜作为面膜，也可在反光膜上印刷油墨形成板面信息；非反光型标志板面应采用各类户外耐候型涂料涂敷制作。

标志底板可采用铝合金板、铝合金型材、钢板、合成树脂类板材等制作。标志立柱一般为钢管、型钢或八角形钢柱,也可根据需要采用铝合金型材、钢筋混凝土柱或木柱。采用铝合金板制作标志底板时,厚度不宜小于 1.5 mm,大型标志板的厚度应根据设计要求制定,在规定的宽度内,厚度允许偏差应符合《一般工业用铝及铝合金板、带材 第 3 部分:尺寸偏差》(GB/T 3880.3—2012)中表 4-1-1 规定的范围;采用挤压成形的铝合金型材制作标志底板时,型材宽度一般不小于 30 cm;使用薄钢板制作标志底板时,其厚度不宜小于 1.0 mm,允许偏差应符合《冷轧钢板和钢带的尺寸、外形、重量及允许偏差》(GB/T 708—2019)的要求;采用合成树脂类板材制作标志底板时,其厚度不宜小于 3.0 mm,允许偏差应符合相关标准规定;无缝钢管标志立柱的外径、厚度、弯曲度应符合《结构用无缝钢管》(GB/T 8162—2018)的要求;直缝电焊钢管标志立柱的外径、厚度、椭圆度应符合《直缝电焊钢管》(GB/T 13793—2016)的要求。铝合金标志底板厚度允许偏差如表 4-1 所示。

表 4-1 铝合金标志底板厚度允许偏差　　　　　　　　　　　单位:mm

厚度 H	规定的宽度 W		
	$W \leqslant 1\,000$	$1\,000 < W \leqslant 1\,600$	$1\,600 < W \leqslant 2\,500$
$1.2 < H \leqslant 2.0$	± 0.10	± 0.13	± 0.15
$2.0 < H \leqslant 2.5$	± 0.13	± 0.15	± 0.16
$2.5 < H \leqslant 3.0$	± 0.15	± 0.17	± 0.18

标志底板尽可能使用最大尺寸制作,减少接缝,边缘宜进行卷边加固,卷边形式如图 4-1 所示。对标志底板的边缘和尖角应适当倒棱,使之呈圆滑状。

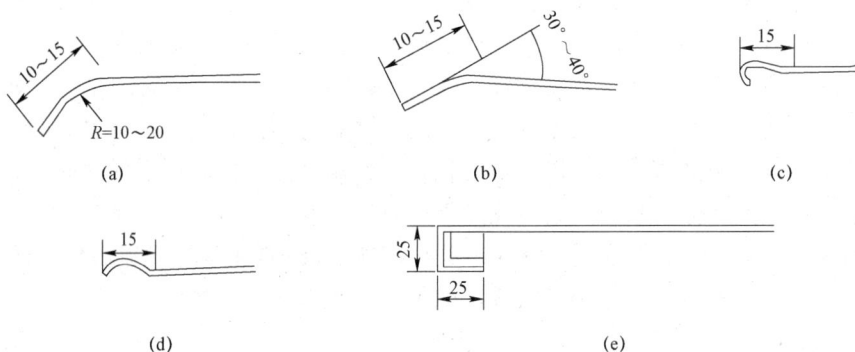

图 4-1 标志板卷边形式

可选用型铝、型钢等滑槽对标志底板进行加固,加固方式和滑槽尺寸应符合设计要求。标志底板与滑槽的加固连接可采用铆接、焊接或其他工艺方法。使用铝合金板制作标志底板时,应使用沉头铆钉连接,铆接间距应均匀一致,一般宜为(150±50)mm,且滑槽端部应加强铆接以分散应力,铆钉形状应符合《沉头铆钉》(GB 869—1986)的要求,直径不宜小于 4 mm,并与标志底板及滑槽相匹配;标志底板与滑槽的焊接工艺质量应稳定可靠,无漏焊、虚焊等现象,焊接强度应均匀,焊接强度值不低于同类材料采用铆钉连接时的强度要求;其他工艺连接方法应经证实安全可行,并提供相应的检测报告方可使用。

标志立柱为钢构件时，顶部应加盖柱帽，柱帽结构尺寸应符合设计要求。标志板与立柱的连接可采用抱箍夹紧式或钢带捆扎式，其结构尺寸应符合材料和设计要求。

4.1.2　外观质量

标志板的字符、图形等应符合《道路交通标志和标线　第 2 部分：道路交通标志》（GB 5768.2—2022）的规定。在同一块标志板上，标志底板和标志板面所采用的各种材料应具有相容性，不应因电化学作用、不同的线膨胀系数或其他化学反应等造成标志板的锈蚀或其他损坏。

标志板应平整，表面无明显凹痕或变形，板面不平度不应大于 7 mm/m。标志板面不应存在的缺陷包括裂纹、起皱、边缘剥离、颜色不均匀、逆反射性能不均匀和明显的气泡、划痕及各种损伤。支撑件应表面光洁，颜色均匀一致，不应有破损、变形、锈蚀、漏镀及各种焊缝缺陷。

反光型标志板的面膜应尽可能减少拼接，当标志板的长度（或宽度）、直径小于面膜产品最大宽度时，不应有拼接缝；当粘贴面膜无法避免接缝时，应使用面膜产品的最大宽度进行拼接；接缝以搭接为主，且应为上搭下，重叠部分不应小于 5 mm；当需要丝网印刷时，可采用平接，其间隙不应超过 1 mm；距标志板边缘 5 cm 之内，不得有贯通的拼接缝。

4.1.3　钢构件防腐层质量

对于钢构件制作的支撑件，其防腐层质量应符合《公路交通工程钢构件防腐技术条件》（GB/T 18226—2015）的要求，其中采用单一热浸镀锌处理时，标志底板、滑槽、立柱、横梁、法兰盘等大型构件，其镀锌量不低于 600 g/m²；抱箍、紧固件等小型构件，其镀锌量不低于 350 g/m²。

4.1.4　材料力学性能

制作标志底板的铝合金板材的力学性能应满足《一般工业用铝及铝合金板、带材　第 2 部分：力学性能》（GB/T 3880.2—2012）的规定。用于技术等级较高的道路时，标志底板宜采用牌号为 3003 的铝合金板材；大型标志板或用于沿海及多风地区的标志板，宜采用牌号 3004 或 3104 的铝合金板材。

制作标志底板及滑槽的挤压成形铝合金型材应满足《一般工业用铝及铝合金挤压型材》（GB/T 6892—2015）的规定，同时应具有轻质、高强、耐蚀、耐磨、刚度大等特点，经拼装后能满足大型标志板的性能要求，宜采用综合性能等于或优于牌号 2024 的铝合金型材。

标志底板采用碳素结构钢冷轧薄钢板、连续热镀锌钢板时，应满足《碳素结构钢冷轧钢板及钢带》（GB/T 11253—2019）、《连续热镀锌和锌合金镀层钢板及钢带》（GB/T 2518—2019）等有关标准的规定。合成树脂类板材用于标志底板时，其力学性能应符合相关标准要求。立柱、横梁、法兰盘、抱箍、紧固件等支撑件的力学性能应符合《结构用无缝钢管》（GB/T 8162—2018）、《直缝电焊钢管》（GB/T 13793—2016）、《碳素结构钢》（GB/T 700—2006）及有关设计要求。

4.1.5 标志板面色度性能

非反光型标志板面的普通材料色应符合《安全色》(GB 2893—2008)的要求,色品坐标和亮度因数应在表 4-2 和图 4-2 规定的范围内。反光型标志板面的逆反射材料色(包括丝网印刷后)应符合《道路交通反光膜》(GB/T 18833—2012)中表面色或逆反射色的要求。

表 4-2 标志板面的普通材料色

| 颜色 | 色品坐标光源为标准照明体 D_{65},观测条件为 45°/0° | | | | | | | | 亮度因数 |
| | 1 | | 2 | | 3 | | 4 | | |
	x	y	x	y	x	y	x	y	
白	0.350	0.360	0.300	0.310	0.290	0.320	0.340	0.370	≥0.75
黄	0.519	0.480	0.468	0.442	0.427	0.483	0.465	0.534	≥0.45
红	0.690	0.310	0.595	0.315	0.569	0.341	0.655	0.345	≥0.07
绿	0.230	0.754	0.291	0.438	0.248	0.409	0.007	0.703	≥0.12
蓝	0.078	0.171	0.150	0.220	0.210	0.160	0.137	0.038	≥0.05
黑	0.385	0.355	0.300	0.270	0.260	0.310	0.345	0.395	≥0.03

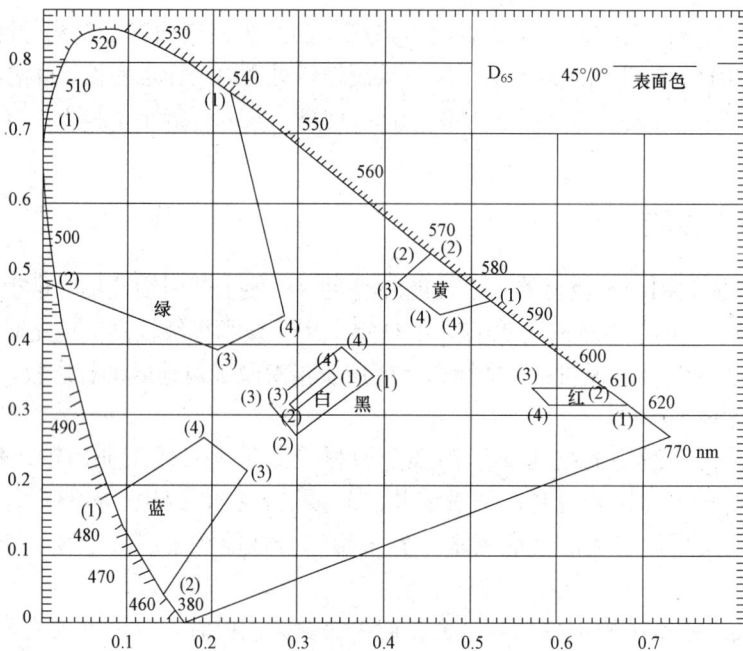

图 4-2 普通材料色各种颜色范围图

4.1.6 反光型标志板面光度性能

目前高等级公路和主要城市道路使用的标志多为反光型标志,其标志板面采用反光膜材料制作，标志板面光度性能取决于所使用的反光膜光度性能。反光膜的光度性能以逆反射系数来表示，一般情况下逆反射系数越高，表示光度性能越好，标志的发现距离越短；但过高的逆反射系数会造成字体的渗光和视认的眩目，反而对交通安全造成负面影响。

《道路交通标志板及支撑件》（GB/T 23827—2021）规定，标志板面为反光膜时，其板面逆反射系数值不应低于《道路交通反光膜》（GB/T 18833—2012）中的相应规定。

4.1.7　标志板抗冲击性能

标志板在生产、储存、运输、安装和使用过程中可能会受到冲击力的作用。若标志板的抗冲击性能差，则容易发生损坏。为此，《道路交通标志板及支撑件》（GB/T 23827—2021）规定，抗冲击试验后，标志板在冲击点以外，不应出现裂缝、层间脱落或其他损坏。

4.1.8　耐盐雾腐蚀性能

交通标志所使用的材料受到大气环境中盐分的腐蚀，会导致材料性能发生衰退，特别是在沿海地区，若发生此类腐蚀，将使标志外形损坏，严重时造成标志失效。为此，交通标志具有适宜的耐盐分腐蚀性能非常重要，此类性能一般通过耐盐雾腐蚀性能检验来考察。耐盐雾腐蚀试验后，标志板及支撑构件不应有变色或被侵蚀等破坏痕迹。

4.1.9　标志板耐高低温性能

标志板应具有适宜的耐高低温性能，这样可以使标志板在使用过程中不会由于温度的变化发生标志底板和板面材料破坏或失效。为此，在进行耐高低温试验后，标志板不应出现裂缝、软化、剥落、皱纹、起泡、翘曲或外观不均匀等痕迹。

4.1.10　标志板耐候性能

连续自然暴露或人工加速老化试验后，标志板应无裂缝、刻痕、凹陷、气泡、侵蚀、剥离、粉化、变形等破坏，任何一边不应出现超过 0.8 mm 的收缩，也不应出现反光膜从标志底板边缘翘曲或脱离的现象；标志板各种颜色的色品坐标及亮度因数应满足《道路交通反光膜》（GB/T 18833—2012）的规定；标志板面为反光膜时，在观测角为 0.2°、入射角为−4°的条件下，其逆反射系数值应符合《道路交通反光膜》（GB/T 18833—2012）的要求。

4.1.11　标志板面与标志底板的附着性能

此项性能主要考察标志板面材料与标志底板之间结合的牢固程度。原《公路交通标志板》（JT/T 279—2004）中只对反光膜对标志底板的附着性能进行了规定，《道路交通标志板及支撑件》（GB/T 23827—2021）则对反光型标志中普遍使用的黑膜的附着性能也提出了要求，规定反光膜及黑膜在 5 min 后的剥离长度不应大于 20 mm。另外，该标准规定涂料对标志底板的附着性能应达到《漆膜划圈试验》（GB/T 1720—2020）中三级以上的要求。

4.1.12　标志板面油墨与反光膜的附着性能

当标志板面采用丝网印刷的方式时，不同颜色的油墨与反光膜结合的紧密程度对于标志板面的耐久性非常重要，这一指标可以通过附着牢度检验来进行考察。标志板面上油墨与反光膜的附着牢度应大于或等于95%。

4.1.13 LED主动发光道路交通标志

《LED主动发光道路交通标志》（GB/T 31446—2015）规定了LED主动发光道路交通标志（简称"发光标志"）产品的分类及组成、技术要求、试验方法、检验规则及标识、包装、运输与储存。该标准适用于采用电网或太阳能供电的LED主动发光道路交通标志，其他发光标志可参照使用。

有关LED主动发光道路交通标志的分类，按供电形式分为电网供电型、太阳能供电型发光标志。按结构形式分为单一式发光标志和组合式发光标志两种。按环境温度适用等级分为A型、B型、C型三种，其中A型：−20～+55 ℃；B型：−40～+50 ℃；C型：−55～+45 ℃。

单一式发光标志由底板、主动发光单元、壳体、驱动控制电路等组成。组合式发光标志由底板、主动发光单元、壳体、逆反射材料、驱动控制电路等组成。太阳能供电的标志还应包括太阳电池组件、蓄电池组、充放电控制电路等。

LED主动发光道路交通标志的检验项目包括：材料要求、基本要求、外观质量、色度性能、调光功能、视认性能、绝缘电阻、电气强度、安全接地、电源适应性、电气指标要求、结构稳定性、耐低温性能、耐高温性能、耐湿热性能、耐机械振动性能、耐盐雾腐蚀性能、耐候性能、防护等级、可靠性。型式检验和出厂检验的具体检验项目参见《LED主动发光道路交通标志》（GB/T 31446—2015）。

任务4.2 检 测 方 法

4.2.1 道路交通标志产品的检验方法

道路交通标志产品的检验方法主要依据标准为《道路交通标志板及支撑件》（GB/T 23827—2021）。

1. 测试准备

测试准备包括试样的制备和测试环境条件的保证两方面的内容。

试样的制备有两种方式，一是可以通过随机抽取标志生产厂商制作的标志板及支撑件，或从其中截取相应尺寸作为试样；二是随机抽取生产厂商使用的原材料，将反光膜及黑膜粘贴到标志底板上，制成标志板试样。

为了保证测试环境条件，要求试样测试前，应在温度（23±2）℃、相对湿度（50±10）%的环境中放置24 h，然后再进行各种测试工作。同时，一般的测试工作宜在温度（23±2）℃、相对湿度（50±10）%的环境中进行。

2. 结构尺寸

结构组成采用目测的方式，外形尺寸、铆接间距、板厚、外径、壁厚等采用精度和量程满足要求的直尺、卷尺、板厚千分尺等工具测量。

3. 外观质量

外观质量包括缺陷检查、板面不平度测量、板面拼接缝检查三部分内容。

对于逆反射性能不均匀缺陷的检查，是在夜间黑暗空旷的环境中，距离标志板面 10 m 处，以汽车前照灯远光为光源，垂直照射标志板面的条件下进行的。如果在此条件下，通过目测能辨别出标志板面同种材料、同一颜色、不同区域的逆反射性能有明显差异，则认为存在逆反射性能不均匀缺陷。而其余缺陷是在白天环境中通过目测或用四倍放大镜来进行检查。

板面不平度是将标志板面朝上自由放置于一平台上，将 1 m 的直尺放置于标志板面上，用钢板尺等量具测量板面任意处与直尺之间的最大间隙。

板面拼接缝是在白天环境中，面对标志板面，目测并用直尺测量检查。

4. 钢构件防腐层质量

钢构件防腐层质量参照《公路交通工程钢构件防腐技术条件》（GB/T 18226—2015）规定的方法来进行测试，使用的设备主要包括磁性测厚仪、电涡流测厚仪、超声波测厚仪等。

磁性测厚仪用于磁性基体以上涂层厚度的测量。对于镀锌构件，由于存在锌铁合金层，该设备存在一定的测量误差，当需要对镀锌层厚度进行仲裁检验时，不能采用该方法，而应采用氯化铸法。

电涡流测厚仪用于测量非磁性金属基体上的涂层厚度。超声波测厚仪用来测量标志构件的总厚度，使用该设备时应注意根据不同的材质进行声速设置，同时在仪器测头和被测构件间加入适量的耦合剂，以免产生测量误差。

5. 材料力学性能

金属材料按《金属材料　拉伸试验　第 1 部分：室温试验方法》（GB/T 228.1—2021）、塑料按《塑料　拉伸性能的测定　第 1 部分：总则》（GB/T 1040.1—2018）、玻璃钢材料按《纤维增强塑料性能试验方法总则》（GB/T 1446—2005）、焊接接头强度按《焊接接头拉伸试验方法》（GB/T 2651—2008）、铆钉强度按《铝及铝合金铆钉用线材和棒材剪切与铆接试验方法》（GB/T 3250—2017）的要求进行测试。其余材料按有关标准的要求进行测试。

其中对于金属材料，材料性能测试所测试的量值主要有屈服强度、伸长率、抗拉强度等。屈服强度是当金属材料呈现屈服现象时，在试验期间达到塑性变形发生而力不增加的应力点，应区分上屈服强度和下屈服强度，如图 4-3 所示。上屈服强度是试样发生屈服而力首次下降前的最高应力；而下屈服强度是在屈服瞬间，不计初始瞬时效应时的最低应力。

伸长率分为断后伸长率（A）、断裂总伸长率（A_t）、最大力伸长率三类。断后伸长率是指断后标距的残余伸长与原始标距之比的百分率；而断裂总伸长率是断裂时刻原始标距的总伸长（弹性伸长加塑性伸长）与原始标距之比的百分率；最大力伸长率是最大力（相应的应力为抗拉强度 R_m）时原始标距的伸长与原始标距之比的百分率，应区分最大力总伸长率（A_{gt}）和最大力非比例伸长率（A_g），如图 4-4 所示。

金属材料力学性能测试结果应按相关产品标准的要求进行修约，如未规定具体要求，应按以下要求进行修约。

强度性能值修约至 1 MPa；屈服点延伸率修约至 0.1%；其他延伸率和断后伸长率修约至 0.5%；断面收缩率修约至 1%。

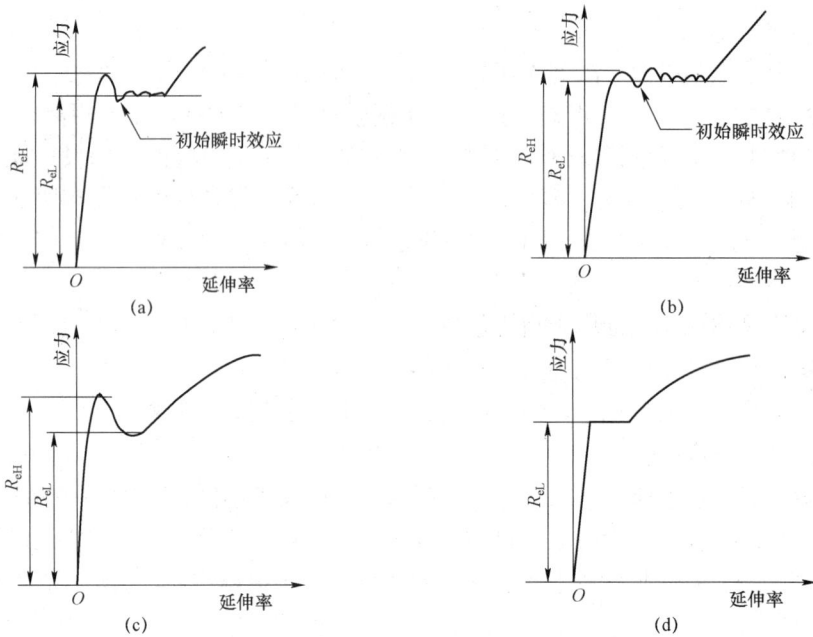

图4-3 不同类型曲线的上屈服强度（R_{eH}）和下屈服强度（R_{eL}）

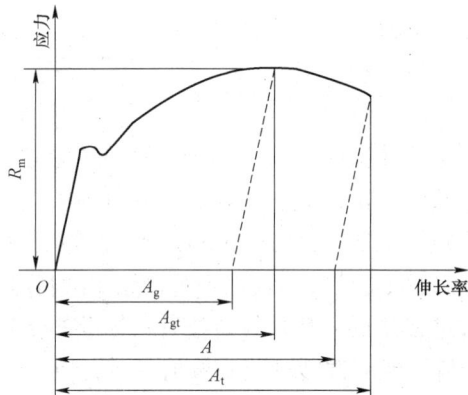

图4-4 伸长率的定义

对于玻璃钢材料，测试拉伸强度、压缩强度、弯曲强度、冲击强度四项材料力学性能指标，并依次分别按《纤维增强塑料拉伸性能试验方法》（GB/T 1447—2005）、《纤维增强塑料压缩性能试验方法》（GB/T 1448—2005）、《纤维增强塑料弯曲性能试验方法》（GB/T 1449—2005）、《纤维增强塑料简支梁式冲击韧性试验方法》（GB/T 1451—2005）的规定实施。

6. 标志板面色度性能

测试标志板面色度性能时，需制取 150 mm×150 mm 的单色标志板面试样，或直接在需进行测试的标志板面上，按《道路交通反光膜》（GB/T 18833—2012）的方法使用色彩色差计进行测试，获取色品坐标和亮度因数值。

7. 反光型标志板面光度性能

制取 150 mm×150 mm 的单色标志板面试样，或直接在需进行测试的标志板面上，按照

《道路交通反光膜》（GB/T 18833—2012）的方法进行测试，读取逆反射系数值。

8. 标志板抗冲击性能

将 150 mm×150 mm 的试样标志板面朝上，或直接在需进行测试的标志板面上，按照《道路交通反光膜》（GB/T 18833—2012）的方法进行测试。

9. 耐盐雾腐蚀性能

按照《人造气氛腐蚀试验　盐雾试验》（GB/T 10125—2021），把化学纯的氯化钠溶于蒸馏水，配制成质量比（5±0.1）%的盐溶液，使该盐溶液在盐雾箱内连续雾化，箱内温度保持（35±2）℃。

将 150 mm×150 mm 的试样放入盐雾箱内，其受试面与垂直方向成 30°角，相邻两样板保持一定的间隙，行间距不少于 75 mm。试样在盐雾箱内连续暴露 120 h 后取出，用流动水轻轻洗掉试样表面的盐沉积物，再用蒸馏水漂洗，然后置于标准环境条件下恢复 2 h，对试样进行全面检查。

10. 标志板耐高低温性能

试验时，将 150 mm×150 mm 的试样放入试验箱内，开动冷源，使箱内温度逐渐降至（−40±3）℃，并在该温度下保持 72 h。之后关闭电源，使试验箱自然升至室温，在约 12 h 后，再将试验箱升温至（70±3）℃，并在该温度下保持 24 h。最后关闭电源，使试验箱自然冷却至室温，取出试样，在标准测试条件下放置 2 h，检查其表面的变化。

11. 标志板耐候性能

标志板耐候性能试验分为自然暴露试验和人工加速老化试验两种类型。

自然暴露试验是按照《塑料　太阳辐射暴露试验方法》（GB/T 3681—2021）的规定，试样尺寸取 150 mm×250 mm，面朝正南方，与水平面成当地的纬度角或（45±1）°进行曝晒。试验开始之后，每一个月作一次表面检查；半年后，每三个月检查一次。反光膜应达到《道路交通反光膜》（GB/T 18833—2012）规定的曝晒期限，合成树脂类板材的标志底板曝晒两年后，作最终检查，并进行有关性能测试。

人工加速老化试验是按照《塑料　实验室光源暴露试验方法　第 2 部分：氙弧灯》（GB/T 16422.2—2022）的规定，试样的尺寸取 65 mm×142 mm。反光膜应达到《道路交通反光膜》（GB/T 18833—2012）规定的试验时间，合成树脂类板材经过 1 200 h 试验后，用清水彻底冲洗，用软布擦干后进行各种检查及有关性能测试。

12. 标志板面与标志底板的附着性能

该项试验包括反光膜及黑膜与标志底板的附着性能测试和涂料对标志底板的附着性能测试两项内容。前者是裁取 200 mm×25 mm 的反光膜及黑膜，将反光膜及黑膜粘贴到标志底板上制成附着性能试样，标志底板尺寸为 200 mm×50 mm，按照《道路交通反光膜》（GB/T 18833—2012）的方法进行测试；后者是由涂料涂敷到标志底板上制成试样，按《漆膜划圈试验》（GB/T 1720—2020）的方法进行测试。

13. 标志板面油墨与反光膜的附着性能

该项试验是用丝网印刷的方法，将不同颜色的油墨分别印刷在尺寸不小于 200 mm×300 mm 的标志板面反光膜上，按《液体油墨附着牢度检验方法》（GB/T 13217.7—2009）中规定的方法进行测试。

4.2.2 道路交通标志产品的检验规则

道路交通标志产品检验规则包括出厂检验、型式检验、抽样方法、判定规则四部分内容。

1. 出厂检验

产品出厂前，应随机抽样，对结构尺寸、外观质量、标志板面色度性能、反光型标志板面光度性能、标志板抗冲击性能各项性能进行自检，合格者附合格证才可出厂。

2. 型式检验

当出现老产品转厂生产、停产一年或一年以上的产品再生产、正常生产的产品经历两年生产、合同规定、国家授权的质量监督部门提出质量抽查，以及产品结构、材料、工艺有较大改变任意一种情况时，应按《道路交通标志板及支撑件》（GB/T 23827—2021）的要求，对产品全项性能进行型式检验。

3. 抽样方法

对每批产品进行随机抽样或依据《公路交通安全设施质量检验抽样方法》（JT/T 495—2014）进行抽样检测。《道路交通标志板及支撑件》（GB/T 23827—2021）要求的各项试验，宜抽样三个或以上。

4. 判定规则

交通标志产品的各项试验，其检测频率及结果判定应符合的规定包括三方面的内容：

（1）每项试验至少检测三个数据（宜在不同试样上进行），取其平均值为检测结果。

（2）检测数据全部符合标准要求，则判定该批产品合格。

（3）检测数据有一项不符合标准要求，抽取双倍数量的产品对该项指标进行复检。若复检合格，则判定该批产品合格；若复检不合格，则判定该批产品不合格。

练习题

1. 对标志板面色度性能进行测试并判断是否合格。

2. 简述交通标志的组成。

3. 施工过程中，个别标志板面过大，不能按一个整体面板制作，如何分割板面制作使其在结构上更加稳定？（按单悬臂和双柱式分别画图说明）

学习情境 5

道路交通标志反光材料

知识目标

掌握反光膜的作用原理、生产工艺，以及反光膜产品的结构、分类、技术要求、试验方法、检验规则。

能力目标

能够按照现行检评标准对交通标志反光膜进行检验。

任务 5.1 技 术 要 求

反光膜的技术要求包括一般要求、外观质量、光度性能、色度性能、抗冲击性能、耐弯曲性能、附着性能、收缩性能、防粘纸可剥离性能、抗拉荷载、耐溶剂性能、耐盐雾腐蚀性能、耐高低温性能、耐候性能十四项要求，主要质量评定标准为《道路交通反光膜》（GB/T 18833—2012）。

5.1.1 一般要求

反光膜通常应以成卷的形式供货。反光膜应均匀、平整、紧密地缠绕在一刚性的圆芯上，不应有变形、缺损、边缘不齐或夹杂无关材料等缺陷。

每卷反光膜长度一般不应少于 45.72 m。整卷反光膜宽度方向不能拼接，长度方向的接头不应超过三处，并在成卷膜的边缘应可看到拼接处。每拼接一处应留出 0.5 m 反光膜的富余量。每段反光膜的连续长度不应小于 10 m。

反光膜应具有颜色的可印刷性能，常温环境下采用与反光膜相匹配的油墨及印刷方式，可对反光膜进行各种颜色的印刷。

除白色以外的其他各种颜色的反光膜，也可通过将彩色透明面膜（称"电刻膜"）贴覆在白色反光膜上的方式形成。

5.1.2 外观质量

反光膜应有平滑、洁净的外表面，不应有明显的划痕、条纹、气泡、颜色及逆反射不均匀等缺陷，其防粘纸不应有气泡、皱褶、污点或杂物等缺陷。

5.1.3 光度性能

反光膜的光度性能以逆反射系数表述，各类反光膜（包括丝网印刷和贴覆电刻膜后的反光膜，下同），其逆反射系数取值不应低于表5-1～表5-7给出的相应类别的规定。

反光膜如不具备旋转均匀性，即在不同旋转角条件下的光度性能存在差异时，制造商应沿其逆反射系数值较大方向做出基准标记。

表5-1　I类反光膜

观测角	入射角	最小逆反射系数 $R_A/$ [cd/ (lx · m²)]							
		白色	黄色	橙色	红色	绿色	蓝色	棕色	灰色
0.2°	-4°	70	50	25	14	9.0	4.0	1.0	42
	15°	50	35	16	11	7.0	3.0	0.6	30
	30°	30	22	7.0	6.0	3.5	1.7	0.3	18
0.5°	-4°	30	25	13	7.5	4.5	2.0	0.3	18
	15°	23	19	8.5	5.3	3.4	1.4	0.2	14
	30°	15	13	4.0	3.0	2.2	0.8	0.2	9.0
1°	-4°	5.0	3.0	1.8	2.0	1.0	0.6	0.2	3.0
	15°	3.0	2.0	1.1	1.0	0.8	0.3	0.2	2.1
	30°	2.0	1.5	0.7	0.6	0.4	0.2	0.1	1.2

表5-2　II类反光膜

观测角	入射角	最小逆反射系数 $R_A/$ [cd/ (lx · m²)]						
		白色	黄色	橙色	红色	绿色	蓝色	棕色
0.2°	-4°	140	100	60	30	30	10	5.0
	15°	110	80	41	22	22	8.0	3.5
	30°	60	36	22	12	12	4.0	2.0
0.5°	-4°	50	33	20	10	9.0	3.0	2.0
	15°	39	27	16	8.0	7.5	2.5	1.5
	30°	28	20	12	6.0	6.0	2.0	1.0
1°	-4°	11	6.0	3.9	2.5	2.5	0.8	0.6
	15°	9.0	4.0	3.2	1.6	1.6	0.6	0.4
	30°	5.0	2.0	1.8	0.8	0.8	0.3	0.2

表 5-3　Ⅲ类反光膜

观测角	入射角	最小逆反射系数 R_A/[cd/(lx·m²)]										
		白色	黄色	橙色	红色	绿色	蓝色	棕色	灰色	荧光黄绿	荧光黄	荧光橙
0.2°	-4°	250	175	100	50	45	20	12	125	200	150	75
	15°	210	145	84	42	35	16	10	100	170	125	65
	30°	175	120	70	35	25	11	8.5	75	140	105	50
0.5°	-4°	95	66	38	19	15	7.5	5.0	48	75	55	30
	15°	90	62	36	18	13	6.3	4.3	40	70	55	25
	30°	70	50	28	14	10	5.0	3.5	32	55	40	20
1°	-4°	10	7.0	4.0	3.0	3.0	1.0	0.8	5.0	8.0	6.0	3.0
	15°	10	7.0	4.5	2.0	2.0	0.7	0.6	4.8	8.0	6.0	3.0
	30°	9.0	6.0	3.0	1.0	1.0	0.4	0.3	4.5	7.0	5.0	2.0

表 5-4　Ⅳ类反光膜

观测角	入射角	最小逆反射系数 R_A/[cd/(lx·m²)]									
		白色	黄色	橙色	红色	绿色	蓝色	棕色	荧光黄绿	荧光黄	荧光橙
0.2°	-4°	360	270	145	65	50	30	18	290	220	105
	15°	265	202	106	48	38	22	13	212	160	78
	30°	170	135	68	30	25	14	8.5	135	100	50
0.5°	-4°	150	110	60	27	21	13	7.5	120	90	45
	15°	111	82	44	20	16	9.5	5.5	88	65	34
	30°	72	54	28	13	10	6.0	3.5	55	40	22
1°	-4°	35	26	12	5.2	4.0	2.0	1.0	28	22	11
	15°	28	20	9.4	4.1	3.0	1.5	0.8	22	17	8.5
	30°	20	15	6.8	3.0	2.0	1.0	0.6	16	12	6.0

表 5-5　Ⅴ类反光膜

观测角	入射角	最小逆反射系数 R_A/[cd/(lx·m²)]									
		白色	黄色	橙色	红色	绿色	蓝色	棕色	荧光黄绿	荧光黄	荧光橙
0.2°	-4°	580	435	200	87	58	26	17	460	350	175
	15°	348	261	120	52	35	16	10	276	210	105
	30°	220	165	77	33	22	10	7.0	180	130	66

观测角	入射角	最小逆反射系数 R_A/[cd/(lx·m²)]									
		白色	黄色	橙色	红色	绿色	蓝色	棕色	荧光黄绿	荧光黄	荧光橙
0.5°	−4°	420	315	150	63	42	19	13	340	250	125
	15°	252	189	90	38	25	11	7.8	204	150	75
	30°	150	110	53	23	15	7.0	5.0	120	90	45
1°	−4°	120	90	42	18	12	5.0	4.0	96	72	36
	15°	72	54	25	11	7.2	3.0	2.4	58	43	22
	30°	45	34	16	7.0	5.0	2.0	1.0	36	27	14

表 5-6　Ⅵ类反光膜

观测角	入射角	最小逆反射系数 R_A/[cd/(lx·m²)]					
		白色	黄色	橙色	红色	绿色	蓝色
0.2°	−4°	700	470	280	120	120	56
	15°	550	370	220	96	96	44
	30°	400	270	160	72	72	32
0.5°	−4°	160	110	64	28	28	13
	15°	118	81	47	21	21	10
	30°	75	51	30	13	13	6.0

表 5-7　Ⅶ类反光膜

观测角	入射角	最小逆反射系数 R_A/[cd/(lx·m²)]								
		白色	黄色	橙色	红色	绿色	蓝色	荧光黄绿	荧光黄	荧光橙
0.2°	−4°	500	350	125	70	60	45	400	300	200
	15°	350	245	88	49	42	32	280	210	140
	30°	200	140	50	28	24	15	160	120	80
0.5°	−4°	225	160	56	32	27	20	180	135	90
	15°	155	110	38	22	19	14	124	93	62
	30°	85	60	21	12	10	7.7	68	51	34

5.1.4　色度性能

反光膜在白天表现的各种颜色，即昼间色或表面色，其色品坐标和亮度因数应在表 5-8 规定的范围内，色品图如图 5-1 所示。

表 5-8　反光膜颜色（昼间色）

颜色	色品坐标								亮度因数	
	1		2		3		4		无金属镀层	有金属镀层
	x	y	x	y	x	y	x	y		
白	0.350	0.360	0.305	0.315	0.295	0.325	0.340	0.370	≥0.27	≥0.15
黄	0.545	0.454	0.494	0.426	0.444	0.476	0.481	0.518	0.15～0.45	0.12～0.30
橙	0.558	0.352	0.636	0.364	0.570	0.429	0.506	0.404	0.10～0.30	0.07～0.25
红	0.735	0.265	0.681	0.239	0.579	0.341	0.655	0.345	0.02～0.15	0.02～0.11
绿	0.201	0.776	0.285	0.441	0.170	0.364	0.026	0.399	0.03～0.12	0.02～0.11
蓝	0.049	0.125	0.172	0.198	0.210	0.160	0.137	0.038	0.01～0.10	0.01～0.10
棕	0.430	0.340	0.610	0.390	0.550	0.450	0.430	0.390	0.01～0.09	0.01～0.09
灰	0.305	0.315	0.335	0.345	0.325	0.355	0.295	0.325	0.12～0.18	—
荧光黄绿	0.387	0.610	0.369	0.546	0.428	0.496	0.460	0.540	≥0.60	—
荧光黄	0.479	0.520	0.446	0.483	0.512	0.421	0.557	0.442	≥0.40	—
荧光橙	0.583	0.416	0.535	0.400	0.595	0.351	0.645	0.355	≥0.20	—

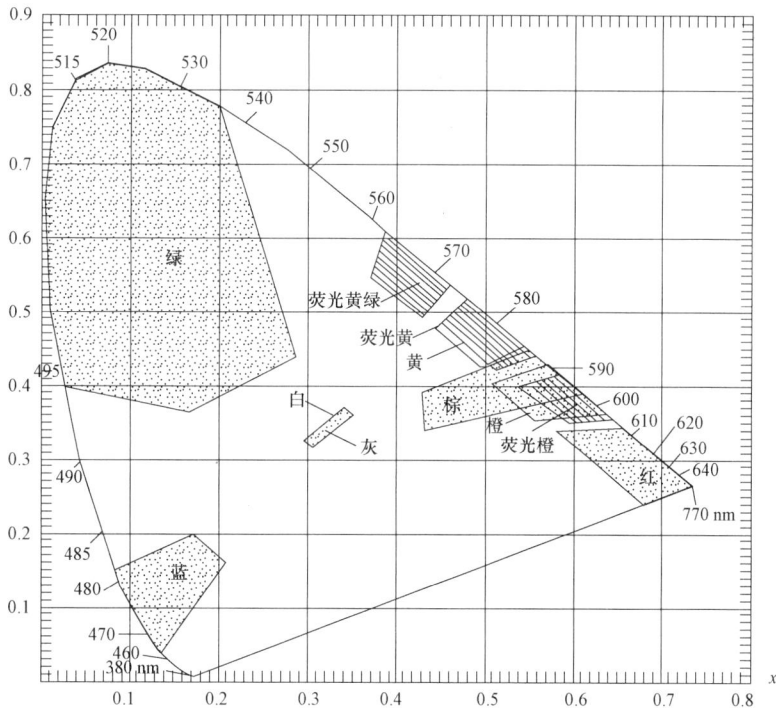

图例：

白、黄、橙、红、绿、蓝、棕、灰的色品坐标填充区域

荧光黄绿、荧光黄、荧光橙的色品坐标填充区域

图 5-1　反光膜各种颜色色品图（昼间色）

反光膜在夜间表现的各种颜色，即夜间色或逆反射色，其色品坐标应在表5-9规定的范围内，色品图如图5-2所示。

表5-9 反光膜颜色（夜间色）

颜色	色品坐标							
	1		2		3		4	
	x	y	x	y	x	y	x	y
黄	0.513	0.487	0.500	0.470	0.545	0.425	0.572	0.425
橙	0.595	0.405	0.565	0.405	0.613	0.355	0.643	0.355
红	0.650	0.348	0.620	0.348	0.712	0.255	0.735	0.265
绿	0.007	0.570	0.200	0.500	0.322	0.590	0.193	0.782
蓝	0.033	0.370	0.180	0.370	0.230	0.240	0.091	0.133
棕	0.595	0.405	0.540	0.405	0.570	0.365	0.643	0.355
荧光黄绿	0.480	0.520	0.473	0.490	0.523	0.440	0.550	0.449
荧光黄	0.554	0.445	0.526	0.437	0.569	0.394	0.610	0.390
荧光橙	0.625	0.375	0.589	0.376	0.636	0.330	0.669	0.331

注：对白色和灰色的夜间色不作要求。

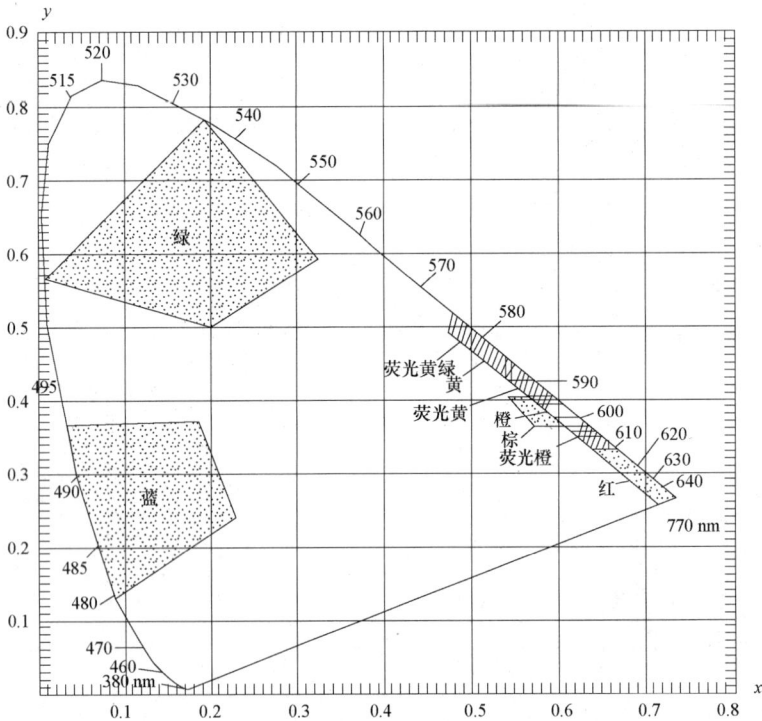

图例：

▦ 黄、橙、红、绿、蓝、棕的色品坐标填充区域

▨ 荧光黄绿、荧光黄、荧光橙的色品坐标填充区域

图5-2 反光膜各种颜色色品图（夜间色）

5.1.5　抗冲击性能

反光膜应具备抗冲击性能，抗冲击性能试验后，在受到冲击的表面以外，不应出现裂缝、层间脱离或其他损坏。

5.1.6　耐弯曲性能

反光膜应能承受适度弯曲，耐弯曲性能试验后，表面不应出现裂缝、剥落或层间分离等损坏。

5.1.7　附着性能

反光膜背胶应有足够的附着力，且各结构层间结合牢固，附着性能试验后，在 5 min 后的剥离长度不应大于 20 mm。

5.1.8　收缩性能

收缩性能试验后，反光膜不应出现明显收缩，任何一边的尺寸在 10 min 内，其收缩不应超过 0.8 mm；在 24 h 内，其收缩不应超过 3.2 mm。

5.1.9　防粘纸可剥离性能

防粘纸可剥离性能试验后，反光膜无须用水或其他溶剂浸湿，防粘纸即可方便地手工剥下，且无破损、撕裂或从反光膜上带下黏合剂等损坏出现。

5.1.10　抗拉荷载

抗拉荷载试验后，Ⅰ类和Ⅱ类反光膜的抗拉荷载值不应小于 24 N。

5.1.11　耐溶剂性能

经汽油和乙醇浸泡后，反光膜表面不应出现软化、皱纹、渗漏、起泡、开裂或被溶解等损坏。

5.1.12　耐盐雾腐蚀性能

盐雾试验后，反光膜表面不应有变色、渗漏、起泡或被侵蚀等损坏。

5.1.13　耐高低温性能

高低温试验后，反光膜表面不应出现裂缝、软化、剥落、皱纹、起泡、翘曲或外观不均匀等损坏。

5.1.14　耐候性能

自然暴露或人工加速老化试验后，反光膜应无明显的裂缝、皱褶、刻痕、凹陷、气泡、侵蚀、剥离、粉化或变形等损坏；从任何一边均不应出现超过 0.8 mm 的收缩，也不应出现反光膜从底板边缘翘曲或脱离的痕迹；在观测角为 0.2°、入射角为 -4°、15° 和 30° 时，各类反光膜的逆反射系数 R_A 值不应低于表 5-10 中的数值，反光膜各种颜色的色品坐标及亮度因数应保持在表 5-8 或表 5-9 规定的范围内。

表 5-10　耐候性能试验后光度性能要求

反光膜级别	最小逆反射系数 R_A	反光膜级别	最小逆反射系数 R_A
Ⅰ类	表 5-1 数据的 50%	Ⅴ类	表 5-5 数据的 80%
Ⅱ类	表 5-2 数据的 65%	Ⅵ类	表 5-6 数据的 50%
Ⅲ类	表 5-3 数据的 80%	Ⅶ类	表 5-7 数据的 50%
Ⅳ类	表 5-4 数据的 80%		

任务 5.2　检　测　方　法

5.2.1　反光膜产品的检验方法

反光膜产品的检验方法主要依据《道路交通反光膜》（GB/T 18833—2012），具体如下。

1. 试样

按以下方法抽取和准备试样：

（1）随机抽取整卷反光膜试样。

（2）从整卷反光膜试样中，随机沿幅宽裁取 1 m 反光膜，沿对角线从其左、中、右位置分别裁取反光膜试样，并按生产厂商提示在背面做出基准标记。

（3）按本标准规定的方法制备试样。

2. 测试条件

试样测试前，应按《塑料　试样状态调节和试验的标准环境》（GB/T 2918—2018）的规定，在温度为（23±2）℃、相对湿度为（50±10）% 的环境中放置 24 h 以上，然后进行各项测试工作。测试工作宜在温度为（23±2）℃，相对湿度为（50±10）% 的环境中进行。

3. 外观质量

在光照度不少于 150 lx 的环境中，将反光膜自由平放在一平台上，在 1 m 的距离内，面对反光膜或防粘纸进行目测检查。

4. 光度性能

裁取 150 mm×150 mm 的单色反光膜试样，按《逆反射体光度性能测试方法》（JT/T 690—2022）规定的比率法、替代法或直接发光强度法，测试反光膜的逆反射系数。仲裁试验时，反光膜的逆反射系数按《逆反射体光度性能测试方法》（JT/T 690—2022）规定的方法进行测试。一般情况下，测试时的旋转角 ε 取 0° 或 90°。也可按生产厂商或委托方的要求，选取不同的旋转角进行测试。

5. 色度性能

裁取 150 mm×150 mm 的单色反光膜试样，采用《标准照明体和几何条件》（GB/T 3978—

2008）规定的 CIE 标准照明体 D_{65} 光源，测量的几何条件取 45°和 0°，分别按《物体色的测量方法》（GB/T 3979—2008）和《逆反射材料色度性能测试方法　第 2 部分：荧光反光膜和荧光反光标记材料昼间色》（JT/T 692.2—2022）规定的方法，测得各种反光膜昼间色的色品坐标和亮度因数。裁取 150 mm×150 mm 的单色反光膜试样，采用《标准照明体和几何条件》（GB/T 3978—2008）规定的 CIE 标准照明体 A 光源，入射角 0°、观测角 0.2°的照明观测条件，按《逆反射材料色度性能测试方法　第 1 部分：逆反射体夜间色》（JT/T 692.1—2022）规定的方法，测得各种反光膜夜间色的色品坐标。

6. 抗冲击性能

裁取 150 mm×150 mm 的反光膜试样，将反光面朝上，水平放置在符合《反光膜耐冲击性能测定仪》（JT/T 686—2007）要求的仪器钢板上。在试样上方 250 mm 处，用一个质量为（450.0±4.5）g 的实心钢球自由落下，冲击试样中心部位，然后检查被冲击表面的变化。

7. 耐弯曲性能

裁取 230 mm×70 mm 的反光膜试样，使用符合《反光膜耐弯曲性能测定器》（JT/T 762—2009）要求的测试仪器，在 1 s 内，将试样防粘纸朝里，沿长度方向绕直径（3.20±0.05）mm 的圆棒进行对折弯曲。如需要，可在试样黏结剂表面撒上适量的滑石粉进行测试。然后放开试样，检查其表面的变化。

8. 附着性能

裁取 25 mm×200 mm 的反光膜试样，从一端去除 100 mm 长的防粘纸露出背胶，按生产厂商的使用说明，将其粘贴在 50 mm×200 mm、1.0～2.0 mm 厚并经适当打磨清洗过的铝合金板上，其余 100 mm 余留，制成附着性能试样，尺寸如图 5-3 所示。

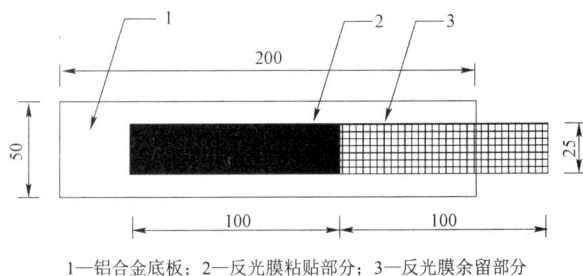

1—铝合金底板；2—反光膜粘贴部分；3—反光膜余留部分

图 5-3　附着性能试样

将试样反光膜朝下，平放在符合《反光膜附着性能测试仪》（JT/T 685—2007）要求的仪器上，如图 5-4 所示。反光膜的余留端上悬挂（800±4）g 的重锤，与试样板面成 90°下垂。5 min 后，测出反光膜被剥离的长度 L。

9. 收缩性能

裁取 230 mm×230 mm 的反光膜试样，去除防粘纸，将试样黏结面朝上，水平放置在一平台表面。在防粘纸去除后 10 min 和 24 h 时，分别测出反光膜试样的尺寸变化。

10. 防粘纸可剥离性能

裁取 25 mm×150 mm 的反光膜试样，在其上放置符合《反光膜防粘纸可剥离性能测试仪》（JT/T 687—2007）要求的（6 600±33）g 重物，使反光膜受到 17.2 kPa 的压力，然后置

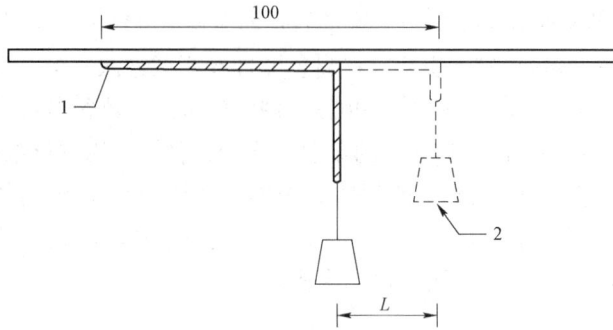

1—反光膜试样；2—重锤

图 5-4　附着性能试验

于（70±2）℃的空间里放置 4 h。取出反光膜，在标准测试条件下使之冷却到室温。用手剥去防粘纸，并进行检查。

11. 抗拉荷载

裁取 25 mm×150 mm 的反光膜试样，撕去中间 100 mm 的防粘纸，装入精度为 0.5 级的万能材料试验机夹紧装置中，在试样宽度上负荷应均匀分布。开启试验机，以 300 mm/min 的速度拉伸，分别记录断裂时的抗拉荷载值。

12. 耐溶剂性能

裁取 25 mm×150 mm 的反光膜试样，按生产厂商的使用说明，粘贴在 1.0～2.0 mm 厚的铝合金板上，制成耐溶剂性能试样。将试样分别浸没在表 5-11 所示的溶剂中，到规定的时间后取出。室温下在通风橱内干燥，检查其表面变化。

表 5-11　溶剂试验

溶剂	浸渍时间/min	备注
汽油	10	标准车用汽油
乙醇	1	

13. 耐盐雾腐蚀性能

按《人造气氛腐蚀试验　盐雾试验》（GB/T 10125—2021），把化学纯的氯化钠溶于蒸馏水配制成（5.0±0.1）%（质量比）的盐溶液（pH 值在 6.5～7.2 之间），使该盐溶液在盐雾试验箱内连续雾化，箱内温度保持（35±2）℃。裁取 150 mm×150 mm 的反光膜试样，按生产厂商的使用说明，粘贴在 1.0～2.0 mm 厚的铝合金板上，制成盐雾腐蚀试样。将试样放入试验箱内，其受试面与垂直方向成 30°角，相邻两样板保持一定的间隙，行间距不少于 75 mm，试样在盐雾空间连续暴露 120 h。试验结束后，用清水洗掉试样表面的盐沉积物，然后置于标准环境条件下恢复 2 h，进行全面检查。

14. 耐高低温性能

耐高低温性能考核的是反光膜在温度冲击条件下的质量特性，应先做低温后做高温，具体要求是：裁取 150 mm×150 mm 的反光膜试样，按生产厂商的使用说明，粘贴在 1.0～2.0 mm

厚的铝合金板上，制成高低温试样。将试样放入试验箱内，开动冷源，将箱内温度逐渐降至（-40±3）℃，使试样在该温度下保持 72 h。关闭电源，使试验箱自然升至室温后，再将试验箱升温至（70±3）℃，并在该温度下保持 24 h。最后关闭电源，使试验箱自然冷却至室温。取出试样，在标准测试条件下放置 2 h 后，检查其表面的变化。

15. 耐候性能

1）试验时间

反光膜各类别的自然暴露试验和人工加速老化试验时间如表 5-12 所示。

表 5-12　耐候性能试验时间

反光膜级别	自然暴露试验/月	人工加速老化试验/h
Ⅰ 类	24	1 200
Ⅱ 类	36	1 800
Ⅲ 类	36	1 800
Ⅳ 类	36	1 800
Ⅴ 类	36	1 800
Ⅵ 类	12	600
Ⅶ 类	12	600

注：各类反光膜仅用于临时性交通标志和作业设施时，自然暴露试验时间一般为 12 个月，人工加速老化试验时间一般为 600 h。

2）自然暴露试验

按《塑料　太阳辐射暴露试验方法》（GB/T 3681—2021），将尺寸不小于 150 mm×250 mm 的试样安装在至少高于地面 0.8 m 的曝晒架面上，试样面朝正南方，与水平面成当地的纬度角或 45°±1%，试样表面不应被其他物体遮挡阳光，不得积水。暴露地点的选择尽可能近似实际使用环境或代表某一气候类型最严酷的地方。试样开始曝晒后，每一个月做一次表面检查，半年后，每三个月检查一次，直至达到规定的曝晒期限，进行最终检查，并进行有关性能测试。以自然暴露试验为仲裁试验。

3）人工加速老化试验

按《塑料　实验室光源暴露试验方法　第 2 部分：氙弧灯》（GB/T 16422.2—2022），老化试验箱采用氙弧灯作为光源，箱内黑板温度选择（65±3）℃，相对湿度选择（50±5）%。试样的尺寸可根据试验箱的要求来选定，一般为 65 mm×142 mm。

老化试验箱在光谱波长 290～800 nm 之间的辐照度为 550 W/m²，在光谱波长 290～2 450 nm 之间的总辐照度不超过（1 000±100）W/m²。试样表面任意两点之间的辐照度差别不应大于 10%。试验过程采用连续光照，周期性喷水，喷水周期为 120 min，其中 18 min 喷水、102 min 不喷水。经过规定时间老化试验后的试样，用清水彻底冲洗，用软布擦干后进行各种检查及有关性能测试。

5.2.2 反光膜产品检验规则

对反光膜质量的检验分出厂检验和型式检验两部分。

1. 出厂检验

每批反光膜产品出厂前，应随机抽取样品，对外观质量、光度性能、色度性能、抗冲击性能、耐弯曲性能、附着性能、收缩性能、防粘纸可剥离性能、耐溶剂性能进行自检，以保证出厂产品质量符合标准的要求。每批产品的数量不得超过 3 000 m^2。

2. 型式检验

反光膜生产厂在发生以下情况之一时，应进行型式检验：

（1）新产品投入批量生产前；

（2）老产品转厂生产时；

（3）停产一年或一年以上的产品再生产时；

（4）正常生产的产品每经历一年生产时；

（5）产品的设计、工艺或材料的改变影响产品性能时；

（6）需方或质量监督检验部门提出要求时。

型式检验应随机抽取样品，进行全部性能试验（耐候性能试验可每四年进行一次）。

3. 判定规则

每项性能试验，至少取样三个，在试样测试结果全部合格的基础上，以三个（或三个以上）试样测试结果的算术平均值为试验结果。若某一试样的测试结果不符合标准要求，则应从同一批产品中再抽取双倍数量的试样进行该不合格项目的复测，若复测结果全部合格，则整批产品合格；若复测结果（包括该项试验所要求的任一指标）有不合格项，则整批产品为不合格产品。

练习题

1. 简述反光膜的技术要求。
2. 详述反光膜的附着性能试验方法。

学习情境 6

道路交通标线

知识目标

掌握道路交通标线分类及颜色、形状，道路交通标线的作用、施划原则、施工工艺，道路交通标线检测的抽样方法，道路交通标线工程质量要求、检验评定标准及检测方法。

能力目标

能够按照现行检评标准对交通标线进行检验及评定。

任务 6.1 技 术 要 求

6.1.1 道路交通标线相关标准

目前，对于道路交通标线相关技术要求、质量要求和评定标准的依据主要包括以下几个标准:《道路交通标志和标线》(GB 5768 系列)、《道路交通标线质量要求和检测方法》(GB/T 16311—2009)和《公路工程质量检验评定标准 第一册 土建工程》(JTG F80/1—2017)。由于标准的编制年代和编制目的不同，其相关技术要求、质量要求和评定标准也有所区别。因此，充分理解标准间的区别将有利于合理使用各标准及控制道路交通标线质量。

6.1.2 术语和定义

1. 逆反射

这是指反射光从接近入射光的反方向返回的一种反射。当入射光方向在较大范围内变化时，仍能保持这种性质。

2. 逆反射材料

这是指在暴露的表面或接近表面有一薄层连续的微小逆反射元的材料（如反光膜、含玻璃珠的涂料、路面标线或标线带）。

3. 逆反射色

这是指逆反射材料或逆反射体在夜间条件下，即采用标准 A 光源照射时，从接近入射光方向所观测到的逆反射光的颜色。

4. 光亮度因数

这是指非自发辐射的媒质面元在给定方向上的光亮度与相同照明条件下理想漫反射（或透射）体的光亮度之比，它的符号是 β_v。遇到光致发光媒质时，该光亮度因数是反射光亮度因数 β_S 和发光光亮度因数 β_L 这两部分之和，即 $\beta_v=\beta_S+\beta_L$。

5. 逆反射亮度系数

这是指观测方向的（光）亮度与垂直于入射光方向的平面上的法向照度之比，以坎德拉每平方米每勒克斯表示（$cd \cdot m^{-2} \cdot lx^{-1}$）。

6. 抗滑值

这是指用摆式摩擦系数仪测定的表面抗滑能力，单位是英式抗滑摆值 BPN〔British Pendulum（tester）Number〕。

6.1.3 道路交通标线的质量要求和评定标准

《道路交通标线质量要求和检测方法》（GB/T 16311—2005）中提出了包括基本要求、标线形状位置允许偏差、标线涂层厚度、标线涂层的色度性能、反光标线要求和标线抗滑性能六项道路交通标线的质量要求。2009 年对 2005 版的国标进行了修订，新标准《道路交通标线质量要求和检测方法》（GB/T 16311—2009）于 2010 年 4 月 1 日起实施，该标准制定了包括基本要求、外观质量、外形尺寸、标线厚度、色度性能、光度性能和抗滑性能七项质量要求。2009 年新版国标与 2005 年版在名称术语上最大的不同是将原来的"逆反射系数"用"逆反射亮度系数"代替，单位也由"$mcd \cdot lx^{-1} \cdot m^{-2}$"改为"$mcd \cdot m^{-2} \cdot lx^{-1}$"。下面以 2005 版国标中质量要求为基础，并对比 2009 版国标和《公路工程质量检验评定标准　第一册　土建工程》（JTG F80/1—2017）进行具体内容说明。

1. 基本要求和外观质量要求

1）《道路交通标线质量要求和检测方法》（GB/T 16311—2005）的要求

该版国标规定了以下四个方面的内容：

（1）标线设计应符合《道路交通标志和标线》（GB 5768—1999）的规定。

（2）使用的标线材料应符合有关国家标准或行业标准的要求，并应具有与路面附着力强、干燥迅速，以及良好的耐磨性、耐候性、不黏污性、抗滑性等特性。

（3）标线应具有良好的视认性，宽度一致、边缘整齐、线形规则、线条流畅。

（4）新划制的标线涂层厚度应均匀，无起泡、皱纹、斑点、开裂、发黏、脱落、泛花等现象。标线内的有缺陷面积应小于 3%。

2）《道路交通标线质量要求和检测方法》（GB/T 16311—2009）的要求

新版国标对上述内容细化为基本要求和外观质量两项要求，修订后的规定如下：

（1）基本要求。

标线设计应符合《道路交通标志和标线》（GB 5768—2009）的规定。

使用的标线材料应符合《道路预成形标线带》（GB/T 24717—2009）、《路面标线涂料》（JT/T 280—2004）、《路面防滑涂料》（JT/T 712—2008）等相关标准的要求。

（2）外观质量要求。

标线应具有良好的视认性，颜色均匀、边缘整齐、线型规则、线条流畅。

标线涂层厚度应均匀，无明显起泡、皱纹、斑点、开裂、发黏、脱落、泛花等缺陷。

反光标线的面撒玻璃珠应均匀，其性能和粒径分布符合《路面标线用玻璃珠》（GB/T 24722—2009）的要求。

3）《公路工程质量检验评定标准 第一册 土建工程》（JTG F80/1—2017）的要求

本标准中规定的基本要求和外观质量评判标准如下：

（1）基本要求。

交通标线施划前路面应清洁、干燥、无起灰。

交通标线用涂料产品应符合《路面标线涂料》（JT/T 280—2004）及《路面标线用玻璃珠》（GB/T 24722—2009）的规定，防滑涂料产品应符合《路面防滑涂料》（JT/T 712—2008）的规定。

交通标线的颜色、形状和位置应符合《道路交通标志和标线》（GB 5768—2009）的规定并满足设计要求。

反光标线玻璃珠应撒布均匀，施划后标线无起泡、剥落现象。

（2）外观质量。

交通标线线形不得出现设计要求以外的弯折。

2. 标线形状位置允许偏差

1）《道路交通标线质量要求和检测方法》（GB/T 16311—2005）的要求

该版国标中规定了以下四个方面的内容：

（1）标线的位置与设计位置横向允许偏差为±30 mm。复划标线时，新标线与原旧标线应基本重合，位置偏差范围为±5 mm。

（2）纵向标线和横向标线的长度、宽度和间断线的纵向间距偏差应符合表6-1的规定。

表6-1 标线尺寸允许偏差表　　　　　　　　　单位：mm

项目	尺寸	允许误差
长度	6 000	0～30
	5 000	0～25
	4 000	0～20
	3 000	0～15
	2 000	0～10
	1 000	0～10
宽度	450	0～10
	400	0～10
	300	0～10
	200	0～8
	150	0～8
	100	0～8

续表

项目	尺寸	允许误差
间断线的纵向间距	9 000	±30
	6 000	±20
	4 000	±20
	3 000	±15
	2 000	±15
	1 000	±10

（3）其他标线的尺寸允许偏差不大于 5%。其他标线设置角度的允许偏差为 ±3°。

（4）标线的端线与边线应垂直，其允许偏差为 ±5°。

2）《道路交通标线质量要求和检测方法》（GB/T 16311—2009）的要求

新版国标中对标线尺寸的允许误差进行了调整，修订后的规定如下：

（1）标线实际位置与设计位置的横向允许误差为 ±30 mm。

（2）标线的宽度允许误差为 0～5 mm。

（3）线长度以及间断线纵向间距的允许误差见表 6-2。

（4）其他标线尺寸的允许误差不超过 ±5%。

（5）标线设置角度的允许误差为 ±3°。

表 6-2　标线尺寸允许偏差表　　　　　　　　　　单位：mm

项目	尺寸	允许误差
长度	6 000	±30
	5 000	±25
	4 000	±20
	3 000	±15
	2 000	±10
	1 000	±10
间断线的纵向间距	9 000	±45
	6 000	±30
	4 000	±20
	3 000	±15
	2 000	±10
	1 000	±10

3）《公路工程质量检验评定标准　第一册　土建工程》（JTG F80/1—2017）的要求

本标准中规定的相关实测检查项目如表 6-3 所示。

表 6-3　标线尺寸允许偏差表　　　　　　　　　单位：mm

检查项目	规定值及允许偏差
标线线段长度	6 000，±30
	4 000，±20
	3 000，±15
	2 000，±10
	1 000，±10
标线纵向间距	9 000，±45
	6 000，±30
	4 000，±20
	3 000，±15
标线横向偏位	<30
标线宽度	+5，0

3. 标线涂层厚度

1）《道路交通标线质量要求和检测方法》（GB/T 16311—2005）的要求

该版国际中规定了以下两方面内容：

（1）一般标线的厚度范围见表 6-4。

表 6-4　标线的厚度范围表　　　　　　　　　单位：mm

序号	标线种类	标线厚度范围	备注
1	溶剂型涂料标线	0.3～0.8	湿膜
2	热熔型涂料标线	0.7～2.5	干膜
3	水性涂料标线	0.3～0.8	湿膜
4	双组分涂料标线	0.4～2.5	干膜
5	预成形标线带标线	0.3～2.5	干膜

（2）突起结构型振动反光标线涂层突起部分的高度为 3～7 mm，若有基线，基线的厚度为 1～2 mm。

2）《道路交通标线质量要求和检测方法》（GB/T 16311—2009）的要求

新版国际将上述内容中"标线涂层厚度"项目名称修订为"标线厚度"，将"突起结构型振动反光标线涂层突起部分的高度"修订为"突起振动标线的突起部分高度"，其他内容未更改。

3）《公路工程质量检验评定标准　第一册　土建工程》（JTG F80/1—2017）的要求

本标准中规定的相关实测检查项目如表 6-5 所示。

表 6-5　标线的厚度允许偏差表　　　　单位：mm

检查项目		规定值或允许偏差
标线厚度（干膜）	溶剂型	不小于设计值
	热熔型	+0.50，-0.10
	水性	不小于设计值
	双组分	不小于设计值
	预成形标线带	不小于设计值
	突起型　突起高度	不小于设计值
	突起型　基线厚度	不小于设计值

4. 标线涂层的色度性能

1）《道路交通标线质量要求和检测方法》（GB/T 16311—2005）的要求

该版国标中规定了以下两个方面的内容：

（1）标线涂层颜色为白色或黄色，色度性能应符合《安全色》（GB 2893—2001）的规定，其色品坐标和亮度因数应在表 6-6 和图 6-1 规定的范围内。其中白颜色的表面色与逆反射材料色处于同一范围内，在图 6-1 里实线与虚线重合。

表 6-6　标线的颜色范围表

颜色		色品坐标（标准照明体 D_{65}，照明观测条件 45°/0°，视场角 2°）								亮度因数
		x	y	x	y	x	y	x	y	
普通材料色	白	0.350	0.360	0.300	0.310	0.290	0.320	0.340	0.370	≥0.75
	黄	0.519	0.480	0.468	0.442	0.427	0.483	0.465	0.534	≥0.45
逆反射材料色	白	0.350	0.360	0.300	0.310	0.290	0.320	0.340	0.370	≥0.35
	黄	0.545	0.454	0.487	0.423	0.427	0.483	0.465	0.534	≥0.27

（2）标线在规定的使用期限内，不应出现明显的变色。

2）《道路交通标线质量要求和检测方法》（GB/T 16311—2009）的要求

新版国标将上述内容中标线颜色新增红色、橙色和蓝色，白色和黄色色品坐标有所调整，修订后的规定如下：

（1）标线的颜色包括白色、黄色、橙色、红色和蓝色。在规定的使用期限内，标线不应出现明显的变色。

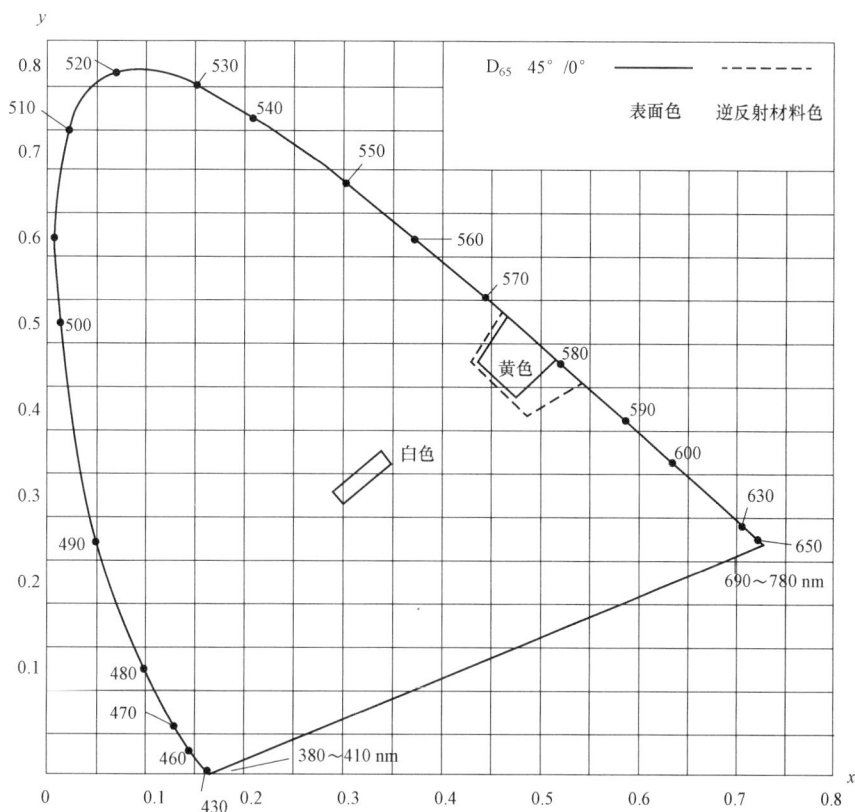

图 6-1　标线颜色范围图

（2）标线各种颜色的表面色，其色品坐标和亮度因数宜在表 6-7 和图 6-2 规定的范围内。

表 6-7　标线表面色表

颜色	色品坐标（标准照明体 D_{65}，照明观测条件 45°/0°，视场角 2°）								亮度因数
	x	y	x	y	x	y	x	y	
白	0.355	0.355	0.305	0.305	0.285	0.325	0.335	0.375	≥0.35
黄	0.560	0.440	0.490	0.510	0.420	0.440	0.460	0.400	≥0.27
橙	0.610	0.390	0.535	0.375	0.506	0.404	0.570	0.429	≥0.14
红	0.480	0.300	0.690	0.315	0.620	0.380	0.480	0.360	≥0.07
蓝	0.105	0.100	0.220	0.180	0.200	0.260	0.060	0.220	≥0.05

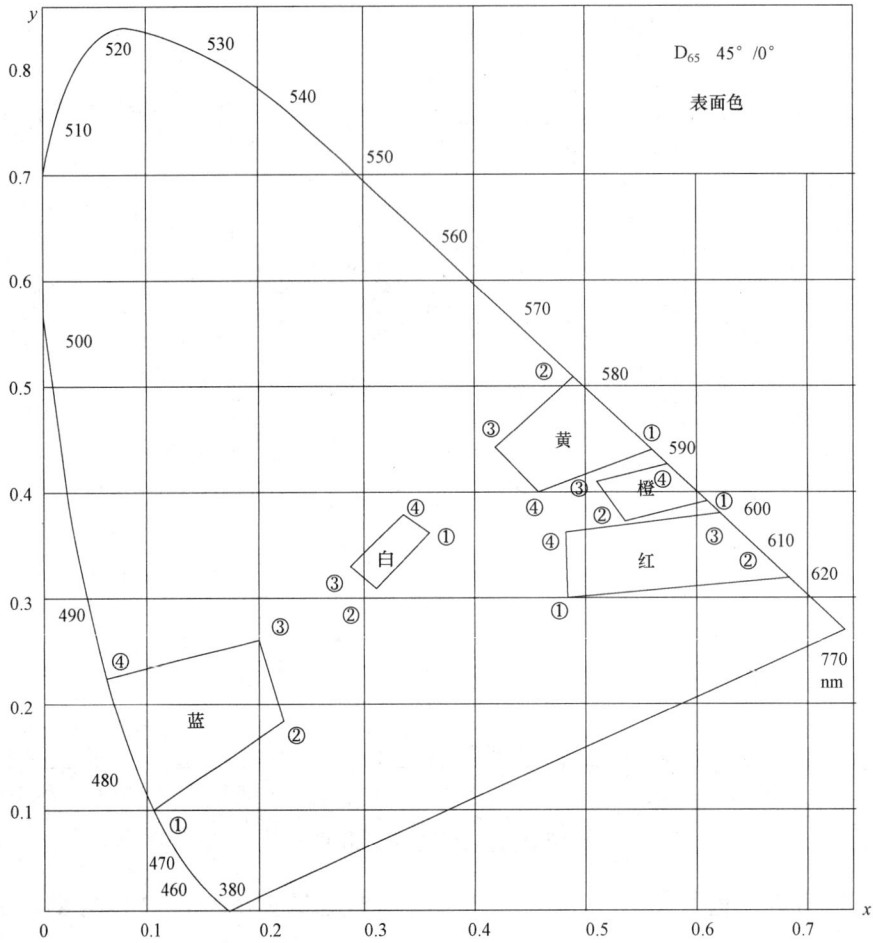

图6-2 标线表面色色品图

反标线各种颜色的逆反射色，其色品坐标宜在表6-8和图6-3规定的范围内。

表6-8 反光标线逆反射色表

颜色		色品坐标（标准A光源）							
		x	y	x	y	x	y	x	y
反光标线	白	0.480	0.410	0.430	0.380	0.405	0.405	0.455	0.435
	黄	0.575	0.425	0.508	0.415	0.473	0.453	0.510	0.490

5. 反光标线要求

1)《道路交通标线质量要求和检测方法》(GB/T 16311—2005)的要求

该版国际中规定了以下三个方面的内容：

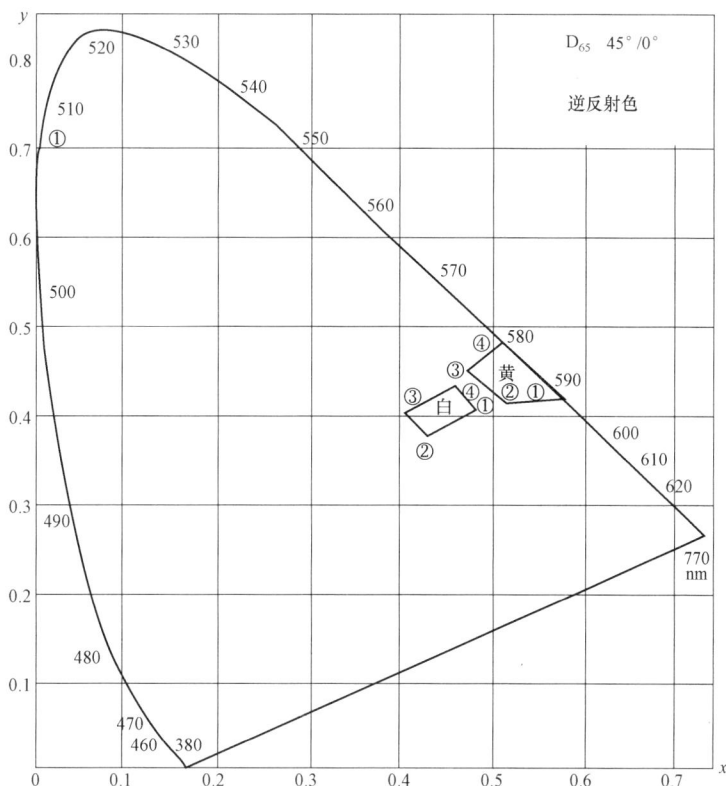

图 6-3 反光标线逆反射色色品图

（1）撒布在标线涂层上的玻璃珠其质量和粒径分布应符合《路面标线用玻璃珠》（JT/T 446—2001）要求。

（2）撒布在标线涂层上的玻璃珠应分布均匀，其撒布量为 0.3～0.4 kg/m^2。

（3）白色反光标线的初始逆反射系数应不小于 150 mcd·lx^{-1}·m^{-2}，黄色反光标线的初始逆反射系数应不小于 100 mcd·lx^{-1}·m^{-2}。

2）《道路交通标线质量要求和检测方法》（GB/T 16311—2009）

新版国标中将标线光度性能的表述由"逆反射系数"改为"逆反射亮度系数"，区分反光标线在初始状态和正常使用期间的逆反射亮度系数值，增加了雨夜标线在湿状态下的逆反射性能要求，修订后的规定如下：

（1）正常使用期间，反光标线的逆反射亮度系数应满足夜间视认要求。一般情况下，白色反光标线的逆反射亮度系数不应低于 80 mcd·m^{-2}·lx^{-1}，黄色反光标线的逆反射亮度系数不应低于 50 mcd·m^{-2}·lx^{-1}。

（2）划标线的初始逆反射亮度系数应符合《新划路面标线初始逆反射亮度系数及测试方法》（GB/T 21383—2008）的规定，白色反光标线的逆反射亮度系数不应低于 150 mcd·m^{-2}·lx^{-1}，黄色反光标线的逆反射亮度系数不应低于 100 mcd·m^{-2}·lx^{-1}。

（3）雨夜标线应具备湿状态下的逆反射性能，在雨夜具有良好的视认效果。

本标准中规定的相关实测检查项目见表 6-9。

表 6-9　逆反射亮度系数要求　　　　单位：mcd·m⁻²·lx⁻¹

检查项目			规定值或允许偏差	
逆反射亮度系数	非雨夜反光标线	Ⅰ级	白色	≥150
			黄色	≥100
		Ⅱ级	白色	≥250
			黄色	≥125
		Ⅲ级	白色	≥350
			黄色	≥150
		Ⅳ级	白色	≥450
			黄色	≥175
	雨夜反光标线	干燥	白色	≥350
			黄色	≥200
		潮湿	白色	≥175
		潮湿	黄色	≥100
		连续降雨	白色	≥75
			黄色	≥75
	立面反光标记	干燥	白色	≥400
			黄色	≥350
		潮湿	白色	≥200
			黄色	≥175
		连续降雨	白色	≥100
			黄色	≥100

6. 标线抗滑性能

1)《道路交通标线质量要求和检测方法》(GB/T 16311—2005)的要求

该版国标中规定：标线应具有抗滑性能，标线抗滑摆值应不小于 45 BPN。

2)《道路交通标线质量要求和检测方法》(GB/T 16311—2009)的要求

新版国标中将 2005 版规定内容明确为防滑标线的抗滑值应不小于 45 BPN。

3)《公路工程质量检验评定标准　第一册　土建工程》(JTG F80/1—2017)的要求

本标准中规定：抗滑标线抗滑值应不小于 45 BPN，彩色防滑标线抗滑值应满足设计要求。

任务 6.2　检 测 方 法

6.2.1　道路交通标线检测的抽样方法

1.《道路交通标线质量要求和检测方法》(GB/T 16311—2009)的要求

新版国标中对 2005 版中的抽样方法进行了细化，修订后的规定如下：

（1）纵向实线或间断线。测量范围小于或等于 10 km 时，以整个测量范围为一个检测单位，在标线的起点、终点及中间位置，选取 3 个 100 m 为核查区域，再从每个核查区域中随机连续选取 10 个测试点；测量范围大于 10 km 时，取每 10 km 为一个检测单位，分别选取核查区域和测试点。

（2）图形、字符或人行横道线。以每 1 500 m² 标线面积为一个检测单位，从每个检测单位中选取 3 个有代表性的图形、字符或人行横道线为核查区域，再从每个核查区域中随机选取 5 个测试点。

（3）新划路面标线初始逆反射亮度系数的取样，应执行《新划路面标线初始逆反射亮度系数及测试方法》（GB/T 21383—2008）。

2.《公路工程质量检验评定标准　第一册　土建工程》（JTG F80/1—2017）的要求

本标准中规定的路面标线实测项目的抽样频率见表 6-10。

表 6-10　路面标线实测项目的抽样频率

序号	检查项目	检查频率
1	标线线段长度	每 1 km 测 3 处，每处测 3 个线段
2	标线宽度	每 1 km 测 3 处，每处测 3 点
3	标线厚度（干膜）	每 1 km 测 3 处，每处测 6 点
4	标线横向偏位	每 1 km 测 3 处，每处测 3 点
5	标线纵向间距	每 1 km 测 3 处，每处测 3 个线段
6	逆反射亮度系数	每 1 km 测 3 处，每处测 9 点
7	抗滑值	每 1 km 测 3 处

6.2.2　道路交通标线的检测设备

道路交通标线质量检测项目及所用仪器设备如表 6-11 所示。

表 6-11　道路交通标线质量检测项目及所用仪器设备表

检测项目	所用仪器设备	测量参数
标线尺寸、形状与位置	钢卷尺、量角器	长度、角度
湿膜涂层厚度	湿膜厚度梳规	厚度
干膜涂层厚度	涂层测厚仪、标线厚度测量块、塞规	厚度
色度性能	色彩色差计	亮度因数、色品坐标
面撒玻璃珠分布	放大镜	—
光度性能	标线逆反射测量仪	逆反射亮度系数
抗滑性能	摆式仪	抗滑值 BPN

6.2.3 道路交通标线的检测方法

目前,对于道路交通标线相关检测方法主要依据以下两个标准:《道路交通标线质量要求和检测方法》(GB/T 16311—2009)和《公路工程质量检验评定标准 第一册 土建工程》(JTG F80/1—2017)。两个标准的检测方法基本相同,综述如下。

1. 外观质量

目测标线的外观。

2. 外形尺寸

用分度值不大于 0.5 mm 的钢卷尺测量抽样检测点上的标线所在位置、标线宽度及间断线的实线段长度、纵向间距及其他标线的尺寸。用测量精度为±0.5°的量角器测量标线的角度,取其算术平均值。

3. 标线厚度

1)湿膜厚度

在标线施工时,把一块厚度 0.3 mm 以上、尺寸为 300 mm×500 mm 光亮平整的金属片或厚度 2 mm 以上、尺寸为 300 mm×500 mm 玻璃片放置在路面将要划制标线的始端或终端处,待划线机划过后,立即将符合《道路交通标线涂层湿膜厚度梳规》(JT/T 675—2007)规定的湿膜厚度梳规垂直插涂在金属片或玻璃片上的标线湿膜中,稳定地保持 3 s,然后垂直提出,观察涂料覆盖湿膜厚度梳规齿格的位置,读出相应数值。在每片涂层的四角距涂层边缘 20 mm处读出 4 个数(见图 6-4),取其算术平均值。

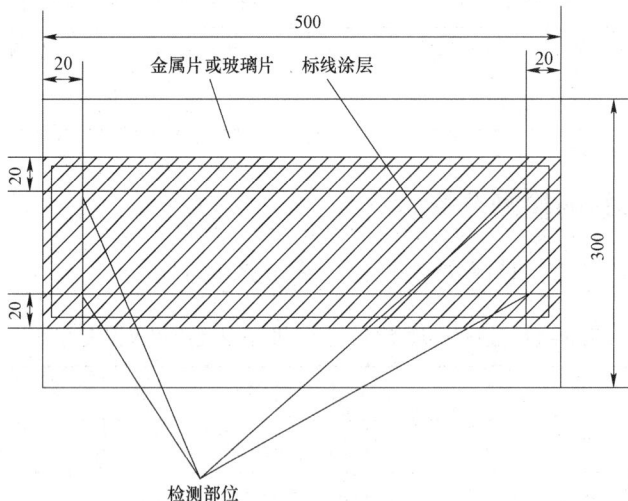

图 6-4 标线厚度检测部位图

2)干膜厚度

标线施工时,先准备好厚度 0.3 mm 以上,尺寸为 300 mm×500 mm 且光亮平整的金属片,预先测量其厚度,然后将金属片放置在将要划制标线的始端或终端处,待划线机划过后,把已覆盖有标线涂料的金属片取出,过 5~10 min 后,用分度值不大于 0.01 mm 的游标卡尺测量金属片上四角距涂层边缘 20 mm 处四点的厚度,减去已测量的金属片厚度即为涂层厚度,取其算术平均值。

3）已成形标线的厚度

已成形标线的厚度可按图6-5所示的方法进行测量,也可使用符合要求的数显卡尺或涂层测厚仪进行测量。

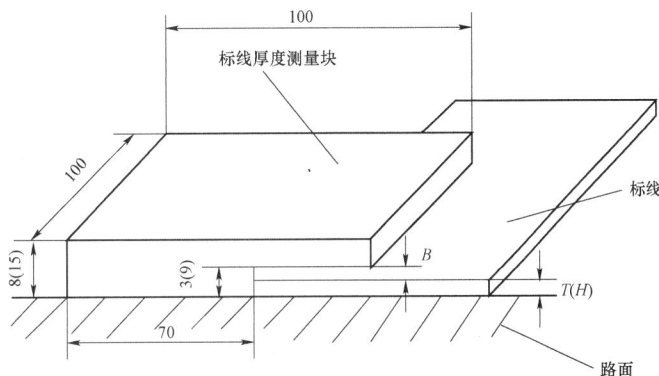

图6-5　已成形标线厚度测量示意图

将标线厚度测量块紧靠在标线侧边,用塞尺测量标线厚度测量块槽口与标线之间的间隙 B,则标线的厚度 $T=(3-B)$ mm。

测量突起振动标线的突起高度时,按图6-5中括号内的数据。标线厚度测量块的厚度为15 mm,测量块的槽口深度为9 mm,标线突起高度 $H=(9-B)$ mm。

4. 色度性能

标线的表面色,采用标准照明体 D_{65}、45°/0°照明观测条件的测色仪,测取每个抽样检测点的色品坐标和亮度因数,求算术平均值。

反光标线的逆反射色,采用观测角 1.05°、入射角 88.76°的照明观测条件,按《逆反射材料色度性能测试方法》(JT/T 692—2022)规定的方法进行测试。

5. 光度性能

用标线逆反射测试仪测量,水平测试时,按行车方向将测试仪放置在抽样检测点的标线上,测取每个点上的逆反射亮度系数。

6. 抗滑值 BPN

按《道路预成形标线带》(GB/T 24717—2009)规定的方法测试如下。

1）仪器

(1)摆式仪。

带有滑块的摆锤重(1 500±30)g。振荡中心到摆锤重心的距离为(411±5)mm,仪器可上下调节,以保证测试时滑块在平整表面的碰撞路径为(125±1.6)mm。

(2)滑块。

滑块由铝质支撑盘和固定在其上的橡胶条组成,橡胶条尺寸为 6 mm×25 mm×76 mm,橡胶为天然橡胶或人工合成橡胶;新滑块使用前应使用 60 号砂纸在干燥状态摆动 10 次,摆动前应做测试校准;滑块边缘的撞击磨损,水平方向不应超过 3.2 mm,垂直方向不应超过 1.6 mm。

(3)附件。

接触路径度量工具由一薄板尺组成，根据测试需要测量路径长度，该长度应在 124～127 mm 之间；准备盛水容器、表面温度计、刷子等器具备用。

2）测试样品

（1）测试表面应清洁，无松散颗粒并固定牢固，受摆锤冲击时不致移动。

（2）测试面积尺寸至少为 90 mm×150 mm。

3）仪器准备

（1）水平调整。

仔细调整调平旋钮，直到水准仪的气泡位于中心。

（2）零点调整。

松开锁定旋钮，升高摆锤装置，拧动测试仪器中心部位的一对移动旋钮，使滑块离开测试表面摆动，拧紧锁定旋钮，将摆锤置于自由状态，逆时针旋转拖动指针直到指针靠近摆锤臂调节旋钮，释放摆锤并记录指针读值。如果读值非零，松开锁定环，轻轻旋转支撑轴上的摩擦环然后再锁定。重复试验并调整摩擦环直到摆锤摆动指针值为零。

（3）滑动长度调整。

摆锤悬空，将调整架放在提升手柄的旋钮之下。放低摆锤使滑块边缘正好接触测试表面。锁紧摆锤头，提升手柄，移去调整架。用提升手柄升高滑块，将摆锤移动到稍低于滑块，使摆锤缓慢移动直到滑块边缘接触测试表面。将标尺与摆动方向平行放在滑块边，以调整碰撞路径的滑动长度。用提升手柄升高滑块，将摆锤移开，然后缓慢降低直到滑块边缘再次接触表面。如果滑动长度测试不在 124～127 mm 之间，通过调整调平旋钮升降仪器，再次测量橡胶滑块边缘从轨迹一边到另一边的长度。如有必要，重新调整仪器使其水平。将摆锤放置到自然状态，逆时针旋转拖动指针，直到指针靠在摆锤调整旋钮上。

4）测试步骤

（1）用水将测试表面整个浇一遍，进行一次摆动，但不记录数据。应当注意的是，摆锤摆动返回早期应一直抓住摆锤，用手柄升高滑块以阻止滑块和测试表面的碰撞。每次摆动之前指针应返回直到靠住调节旋钮。

（2）立刻再进行四次摆动，记录测试结果。每次测试时，重新浇湿测试面，并检查滑动长度。应当注意的是，滑动期间保持滑块与测试表面平行。带有表面花纹的标线带，其抗滑值的测试结果离散较大。该类标线带应在平行于车流方向和与车流成 45°角的方向分别测试抗滑值，然后取其平均值。

7．面撒玻璃珠分布

用 5 倍放大镜观察反光标线面撒玻璃珠是否分布均匀，有无结团、成块现象，与标线涂层的黏结情况是否良好。

练习题

1. 简述交通标线的检验项目。
2. 详述交通标线抗滑值的测试过程。
3. 按给定的车道宽度绘制标线的平面布置图。

学习情境 7

路面标线涂料

知识目标

掌握路面标线涂料的成分构成、成膜机理、生产工艺，路面标线涂料的产品分类、技术要求、试验方法、检验规则、标识、包装、运输与贮存方法，路面标线用玻璃珠的产品分类、技术要求、试验方法、检验规则、标识、包装、运输与贮存，路面防滑涂料主要技术要求。

能力目标

能够按照现行检评标准对交通标线涂料及玻璃珠进行检验及评定。

目前，每年路面标线涂料的需求量在 30 万 t 左右，产品种类已在最初的溶剂型、加热溶剂型和热熔型路面标线涂料基础上，开发了诸如水性路面标线涂料、双组分路面标线涂料等新品种，这些新品种更加符合资源节约和环境友好的发展方向。

路面标线涂料按涂料自身属性划分，可分为溶剂型路面标线涂料、热熔型路面标线涂料、水性路面标线涂料、双组分路面标线涂料四种。《路面标线涂料》（JT/T 280—2022）即按此方法分类，如表 7-1 所示。

表 7-1　路面标线涂料的分类表

型号	规格	玻璃珠含量和使用方法	状态
溶剂型	普通型	涂料中不含玻璃珠，施工时也不撒布玻璃珠	液态
	反光型	涂料中不含玻璃珠，施工时涂布涂层后立即将玻璃珠撒布在其表面	
热熔型	普通型	涂料中不含玻璃珠，施工时也不撒布玻璃珠	固态
	反光型	涂料中含 18%～25%的玻璃珠，施工时涂布涂层后立即将玻璃珠撒布在其表面	
	突起型	涂料中含 18%～25%的玻璃珠，施工时涂布涂层后立即将玻璃珠撒布在其表面	
双组分	普通型	涂料中不含玻璃珠，施工时也不撒布玻璃珠	液态
	反光型	涂料中不含（或含 18%～25%）玻璃珠，施工时涂布涂层后立即将玻璃珠撒布在其表面	

续表

型号	规格	玻璃珠含量和使用方法	状态
双组分	突起型	涂料中含 18%～25%的玻璃珠，施工时涂布涂层后立即将玻璃珠撒布在其表面	液态
水性	普通型	涂料中不含玻璃珠，施工时也不撒布玻璃珠	液态
	反光型	涂料中不含（或含 18%～25%）玻璃珠，施工时涂布涂层后立即将玻璃珠撒布在其表面	

按涂料的存在形态划分，路面标线涂料可分为固态涂料和液态涂料两大类。

固态涂料主要指热熔型路面标线涂料，液态涂料包括溶剂型路面标线涂料、水性路面标线涂料和双组分路面标线涂料。

按涂料的使用功能划分，路面标线涂料可分为普通型路面标线涂料、反光型路面标线涂料和突起型路面标线涂料。

普通型路面标线涂料中不含玻璃珠，施工时也不撒布玻璃珠。反光型路面标线涂料中预混或不含玻璃珠，但施工时涂布涂层后立即撒布玻璃珠。

突起型路面标线涂料是在普通热熔型的基础上发展而来，可用作减速、振动、警示、雨线等用途，形式有排骨式、圆点式、雨槽式。目前在高速公路上的减速线、边线等就是此类标线，已得到广泛应用。

路面标线涂料作为使用最普遍的道路交通标线材料之一，通过一定的施工方式施划于路面形成标线，起到分隔车道、警示驾驶员的作用，从而达到减少交通事故的目的。

路面标线涂料性能的好坏不仅影响道路养护、维护成本，也直接影响交通安全。因此，路面标线涂料施工形成道路交通标线后通常应满足以下几方面的性能要求。

1. 标志效果鲜明

路面标线涂料经过施工形成交通标线后，在其使用寿命周期内应保持标志效果鲜明、醒目，这样可以帮助驾驶员自然平稳行车，对驾驶员和行人起到良好的警示作用。如路面标线涂料形成标线后应具有足够的白度（或黄色度），不易褪、变色，耐沾污性好，易于辨认。

2. 附着力强

路面标线涂料施工后应与路面具有较强的附着力，不脱落，从而保证道路交通标线的完整和清晰，达到良好的视认效果。

3. 耐久性好

道路交通标线长期暴露于户外，风吹日晒、行车磨损将引起标线失效，标线频繁养护维护施工通常会引起交通拥挤，甚至堵塞。因此，耐久性好的路面标线涂料会有较长的使用寿命，以减少养护、维护施工次数。标线材料种类环境条件、车流量等对道路交通标线的使用寿命均有影响。

4. 反光效果优异

道路交通标线不仅要求白天清晰鲜明和醒目，也要求夜间反光效果优异。反光型道路交通标线的使用是夜间行车安全的有效保障因素之一，同时也可以大大提高夜间的行车效率。

5. 施工干燥时间短

这是由道路交通的不间断性所决定的，道路交通标线施工时间越迅速，造成交通堵塞的影响越小。根据道路路面标线涂料种类的不同，其不黏胎干燥时间一般在 3～35 min 之间。

6. 具备防滑性能

道路交通标线作为路面的组成部分，应该具备一定的防滑性能，《道路交通标线质量要求和检测方法》（GB/T 16311—2009）中规定防滑标线的抗滑值应不小于 45 BPN。

任务 7.1　技 术 要 求

7.1.1　路面标线涂料相关标准

目前，对于路面标线涂料相关技术要求、质量要求和评定标准的依据主要包括《路面标线涂料》（JT/T 280—2022）和《路面标线用玻璃珠》（GB/T 24722—2020）两项标准。

7.1.2　术语与定义

1. 遮盖力

路面标线涂料所涂覆物体表面不再能透过涂膜而显露出来的能力。

2. 遮盖率

路面标线涂料在相同条件下，分别涂覆于亮度因数不超过 5%黑色底板上和亮度因数不低于 80%白色底板上的遮盖力之比。遮盖力用亮度因数来描述，遮盖力与亮度因数成正比。

3. 固体含量

涂料在一定温度下加热焙烘后剩余物质量与试验质量的比值，以百分数表示。

4. 面撒玻璃珠

涂料在路面划出标线后，播撒在未干的标线涂料表面的玻璃珠。

5. 预混玻璃珠

在路面标线涂料划线以前，均匀混合在该涂料中的玻璃珠。

6. 镀膜玻璃珠

为改善玻璃珠的性能，在其表面覆盖有特定涂层的玻璃珠。

7. 贝克线

在两种不同光程的介质边界上成像的一条明亮线（此现象通常用来识别两种介质折射率的相对差异）。

7.1.3　路面标线涂料相关技术要求

《路面标线涂料》（JT/T 280—2022）中制定了涂料性能、玻璃珠性能、色度性能、反光型路面标线涂料光度性能四方面技术要求。

1. 涂料性能

按溶剂型、热熔型、双组分和水性四种涂料类型的不同，分别规定的涂料性能要求如下：

1）溶剂型路面标线涂料性能要求

溶剂型路面标线涂料性能要求如表7-2所示。

表7-2 溶剂型路面标线涂料性能要求表

项目		溶剂型	
		普通型	反光型
容器中状态		应无结块、结皮现象，易于搅匀	
黏度		≥100（涂-4杯，s）	80～120（KU值）
密度/（g/cm³）		≥1.2	≥1.3
施工性能		空气或无空气喷涂（或刮涂）施工性能良好	
加热稳定性		—	应无结块、结皮现象，易于搅匀，KU值不小于140
涂膜外观		干燥后，应无发皱、泛花、起泡、开裂、黏胎等现象，涂膜颜色和外观应与标准板差异不大	
不黏胎干燥时间/min		≤15	≤10
遮盖率/%	白色	≥95	
	黄色	≥80	
色度性能（45°/0°）	白色	涂料的色品坐标和亮度因数应符合标准规定的范围	
	黄色		
耐磨性/mg（200转/1 000 g后减重）		≤40（JM-100橡胶砂轮）	
耐水性		在水中浸24 h应无异常现象	
耐碱性		在氢氧化钙饱和溶液中浸24 h应无异常现象	
附着性（划圈法）		≤4级	
柔韧性/mm		5	
固体含量/%		≥60	≥65

2）热熔型路面标线涂料性能要求

热熔型路面标线涂料性能要求如表7-3所示。

表7-3 热熔型路面标线涂料性能要求表

项目	热熔型		
	普通型	反光型	突起型
密度/（g/cm³）	1.8～2.3		
软化点/℃	90～125		≥100
涂膜外观	干燥后，应无皱纹、斑点、起泡、裂纹、脱落、黏胎现象，涂膜的颜色和外观应与标准板差别不大		

续表

项目		热熔型		
		普通型	反光型	突起型
不黏胎干燥时间/min		≤3		
色度性能（45°/0°）	白色	涂料的色品坐标和亮度因数应符合标准规定的范围		
	黄色			
抗压强度/MPa		≥12		（23±1）℃时，≥12 （50±2）℃时，≥2（压下试块高度的20%）
耐磨性/mg（200转/1 000 g后减重）		≤80（JM-100橡胶砂轮）		—
耐水性		在水中浸24 h应无异常现象		
耐碱性		在氢氧化钙饱和溶液中浸24 h应无异常现象		
玻璃珠含量/%		—	18～25	
流动度/s		35±10		
涂层低温抗裂性		-10 ℃保持4 h，室温放置4 h为一个循环，连续做三个循环后应无裂纹		
加热稳定性		200～220 ℃在搅拌状态下保持4 h，应无明显泛黄、焦化、结块等现象		
人工加速耐候性		经人工加速耐候性试验后，试板涂层不产生龟裂、剥落；允许轻微粉化和变色，但色品坐标应符合标准规定的范围，亮度因数变化范围应不大于原样板亮度因数的20%		

3）双组分路面标线涂料性能要求

双组分路面标线涂料性能要求如表7-4所示。

表7-4　双组分路面标线涂料性能要求表

项目		双组分		
		普通型	反光型	突起型
容器中状态		应无结块、结皮现象，易于搅匀		
密度/（g/cm³）		1.5～2.0		
施工性能		按生产厂的要求，将A、B组分按一定比例混合搅拌均匀后，喷涂、刮涂施工性能良好		
涂膜外观		涂膜固化后应无皱纹、斑点、起泡、裂纹、脱落、粘贴等现象，涂膜颜色与外观应与样板差别不大		
不黏胎干燥时间/min		≤35		
色度性能（45°/0°）	白色	涂料的色品坐标和亮度因数应符合标准规定的范围		
	黄色			

续表

项目	双组分		
	普通型	反光型	突起型
耐磨性/mg（200 转/1 000 g 后减重）	≤40（JM－100 橡胶砂轮）		
耐水性	在水中浸 24 h 应无异常现象		
耐碱性	在氢氧化钙饱和溶液中浸 24 h 应无异常现象		
附着性（划圈法）	≤4 级（不含玻璃珠）	—	—
柔韧性/mm	5（不含玻璃珠）	—	—
玻璃珠含量/%	—	18～25	18～25
人工加速耐候性	经人工加速耐候性试验后，试板涂层不允许产生龟裂、剥落；允许轻微粉化和变色，但色品坐标应符合标准规定的范围，亮度因数变化范围应不大于原样板亮度因数的20%		

4）水性路面标线涂料性能要求

水性路面标线涂料性能要求如表 7－5 所示。

表 7－5　水性路面标线涂料性能要求表

项目		水　性	
		普通型	反光型
容器中状态		应无结块、结皮现象，易于搅匀	
黏度		≥70（KU 值）	80～120（KU 值）
密度/（g/cm³）		≥1.4	≥1.6
施工性能		空气或无空气喷涂（或刮涂）施工性能良好	
漆膜外观		应无发皱、泛花、起泡、开裂、粘贴等现象，涂膜颜色和外观应与样板差异不大	
不黏胎干燥时间/min		≤15	≤10
遮盖率/%	白色	≥95	
	黄色	≥80	
色度性能（45°/0°）	白色	涂料的色品坐标和亮度因数应符合标准规定的范围	
	黄色		
耐磨性/mg（200 转/1 000 g 后减重）		≤40（JM－100 橡胶砂轮）	
耐水性		在水中浸 24 h 应无异常现象	
耐碱性		在氢氧化钙饱和溶液中浸 24 h 应无异常现象	

续表

项目	水　　性	
	普通型	反光型
冻融稳定性	在（−5±2）℃条件下放置 18 h 后，立即置于（23±2）℃条件下放置 6 h 为一个周期，3 个周期后，应无结块、结皮现象，易于搅匀	
早期耐水性	在温度为（23±2）℃、湿度为（90±3）%的条件下，实干时间≤120 min	
附着性（划圈法）	≤5 级	—
固体含量/%	≥70	≥75

2. 玻璃珠性能

1）玻璃珠产品的分类和用途

（1）根据玻璃珠与路面标线涂料的结合方式不同，玻璃珠可分为面撒玻璃珠和预混玻璃珠两种。

（2）根据玻璃珠的折射率不同，玻璃珠可分为低折射率玻璃珠、中折射率玻璃珠、高折射率玻璃珠三种，其折射率（RI）依次为 1.50＜RI＜1.70、1.70≤RI＜1.90、RI＞1.90。

（3）路面标线用玻璃珠根据粒径分布不同，分为 1 号、2 号、3 号、4 号四个型号，其粒径分布见表 7−6。1 号玻璃珠宜用作热熔型、双组分、水性路面标线涂料的面撒玻璃珠。2 号玻璃珠宜用作热熔型、双组分路面标线涂料的预混玻璃珠。3 号玻璃珠宜用作溶剂型路面标线涂料的面撒玻璃珠。4 号玻璃珠为雨夜玻璃珠，宜与非雨夜玻璃珠配合使用，用作热熔型、双组分路面标线涂料的面撒玻璃珠。

表 7−6　玻璃珠的粒径分布表

型号	玻璃珠粒径/μm	玻璃珠质量分数/%
1 号	850 残留	0
	600～850	15～30
	300～600	30～75
	106～300	10～40
	106 通过	0～5
2 号	600 残留	0
	300～600	50～90
	150～300	5～50
	150 通过	0～5
3 号	212 残留	0
	90～212	96～100
	90 通过	0～4

型号	玻璃珠粒径/μm	玻璃珠质量分数/%
4 号	1 400 残留	0
	600～1 400	95～100
	600 通过	0～5

2）技术要求

（1）外观要求。

玻璃珠应为无色、白色或淡黄色，表面清洁，无明显杂物。在显微镜或投影仪下，非集合体形状玻璃珠应为透明的球体，光洁圆整，玻璃珠内无明显气泡或杂质。在显微镜下，集合体形状雨夜玻璃珠应表面整洁，无明显突出物。

（2）成圆率/缺陷玻璃珠百分数。

对于低折射率玻璃珠，1 号、2 号玻璃珠成圆率不应小于 80%，其中 1 号玻璃珠粒径在 600～850 μm 范围内玻璃珠的成圆率不应小于 70%。对于中、高折射率玻璃珠，缺陷玻璃珠百分数不应大于 20%。

（3）粒径分布。

玻璃珠粒径分布应符合表 7–6 中的相关规定。在满足《道路交通标线质量要求和检测方法》（GB/T 16311—2009）规定的光度性能条件下，可参照《路面标线用玻璃珠》（GB/T 24722—2020）附录 B 的规则选用其他适宜粒径分布的玻璃珠作为预混玻璃珠或面撒玻璃珠。

（4）密度。

玻璃珠的密度应在 2.4～4.6 g/cm³ 的范围内。

（5）折射率。

非雨夜玻璃珠的折射率应符合相关规定。

（6）耐水性。

1 号、2 号玻璃珠中和所用 0.01 mol/L 盐酸溶液的最终用量不应大于 10 mL；3 号玻璃珠中和所用 0.01 mol/L 盐酸溶液的最终用量不应大于 15 mL。

（7）磁性颗粒含量。

玻璃珠中磁性颗粒的含量不应大于 0.1%。

（8）防湿涂层性能。

对于具有防湿涂层的镀膜玻璃珠，玻璃珠通过漏斗时应无停滞现象。

（9）铅含量。

玻璃珠中铅含量不应大于 200 mg/kg。

（10）砷含量。

玻璃珠中砷含量不应大于 200 mg/kg。

（11）锑含量。

玻璃珠中锑含量不应大于 200 mg/kg。

任务 7.2　检　测　方　法

7.2.1　路面标线涂料的检测设备

路面标线涂料检测项目及所用仪器设备如表 7-7 所示。

表 7-7　路面标线涂料检测项目及所用仪器设备表

检测项目	所用仪器设备	测量参数
容器中状态	调刀	—
黏度	涂-4 杯、斯托默黏度计	黏度
密度	金属比重瓶、天平、游标卡尺	密度、质量、长度
施工性能和涂膜外观	湿膜涂布器	—
热稳定性	电热鼓风干燥箱、斯托默黏度计	温度、黏度
不黏胎干燥时间	不黏胎时间测定仪、电子秒表	时间
遮盖率	色彩色差计	亮度因数、色品坐标
色度性能	色彩色差计	亮度因数、色品坐标
耐磨性	漆膜耐磨仪	质量
耐水性	量杯、烧杯、电子秒表	时间
耐碱性	量杯、烧杯、电子秒表	时间
附着性	漆膜附着力测定仪	—
柔韧性	漆膜柔韧性测定仪	—
固体含量	天平、电热鼓风干燥箱	质量、温度
冻融稳定性	高低温湿热试验箱、秒表	温度、时间
早期耐水性	高低温湿热试验箱、秒表	温度、湿度、时间
软化点	软化点测定仪、温度计	温度
热熔状态	电炉	温度
抗压强度	万能材料试验机	力、长度
玻璃珠含量	天平、电热鼓风干燥箱、恒温水浴箱	质量、温度
流动度	流动度测定杯	温度、时间
涂层低温抗裂性	高低温湿热试验箱、秒表	温度、时间
涂层耐候性	人工加速老化试验箱	辐照度、温度

7.2.2 路面标线涂料检测方法

1. 试样状态调节和试验的温湿度

按《涂料试样状态调节和试验的温湿度》（GB/T 9278—2008）中的标准环境条件规定，路面标线涂料的试样状态调节和试验的温湿度为温度（23±2）℃，相对湿度（50±5）%。

2. 取样

按《色漆、清漆和色漆与清漆用原材料取样》（GB/T 3186—2006）中的规定进行取样，液态样品混合均匀后取样，为减少溶剂挥发或产生交联反应，操作应尽快进行；固态样品混合均匀后按四分法取样。取两份试样，一份密封储存备查，另一份用于试验。

3. 溶剂型、双组分、水性路面标线涂料试验方法

1）容器中状态

按《色漆、清漆和色漆与清漆用原材料取样》（GB/T 3186—2006）用调刀检查有无结皮、结块，是否易于搅匀。

2）黏度

按《涂料黏度的测定　斯托默黏度计法》（GB/T 9269—2009）进行。其中溶剂型普通路面标线涂料的黏度按《涂料粘度测定法》（GB/T 1723—1993）涂–4黏度计法进行。

3）密度

按《色漆和清漆　密度的测定　比重瓶法》（GB/T 6750—2007）使用金属比重瓶（质量/体积杯）进行测定。

4）施工性能与涂膜制备

按《色漆、清漆和色漆与清漆用原材料取样》（GB/T 3186—2006）取样后，按《漆膜一般制备法》（GB/T 1727—2021）制备涂膜，可分别用喷涂、刮涂等方法在水泥石棉板上进行涂布，考察其施工性能。

5）热稳定性

按《涂料黏度的测定　斯托默黏度计法》（GB/T 9269—2009）测定样品的黏度。取400 mL已测黏度的样品放在加盖的小铁桶内，然后将铁桶放置在烘箱内升温至60 ℃，在（60±2）℃条件下恒温3 h，然后取出，放置冷却至25 ℃，并按《涂料黏度的测定　斯托默黏度计法》（GB/T 9269—2009）重新测其黏度。

6）涂膜外观

用300 μm厚的漆膜涂布器将试料涂布于水泥石棉板上，制成约50 mm×100 mm的涂膜，然后放置24 h，在自然光下观察涂膜是否有皱纹、泛花、起泡、开裂现象，用手指试验有无黏着性。并与同样处理的标准样板比较，涂膜的颜色和外观差异应不大。

7）不黏胎干燥时间

不黏胎时间测定仪见图7–1。轮子外边装有合成橡胶的平滑轮胎，轮的中心有轴，其两端为手柄，仪器总质量为（15.8±0.2）kg，该轮为两侧均质。

用300 μm厚的漆膜涂布器将试料涂布于水泥石棉板（200 mm×150 mm×5 mm）上，涂成与水泥石棉板的短边平行，在长边中心处成一条80 mm宽的带状涂膜，见图7–2。涂后，立刻按下秒表，普通型10 min时开始测试，反光型5 min时开始测试。

把测定仪自试板的短边一端中心处向另一端滚动 1 s，立刻用肉眼观察测定仪的轮胎有无黏试料，若有黏试料，立刻用丙酮或甲乙酮湿润过的棉布擦净轮胎，此后每 30 s 重复一次试验，直至轮胎不黏试料时，停止秒表计时，该时间即为该试样的"不黏胎时间"。滚动仪器时，应两手轻轻持柄，避免仪器自重以外的任何力加于涂膜上。滚动方向如图 7-2 所示。

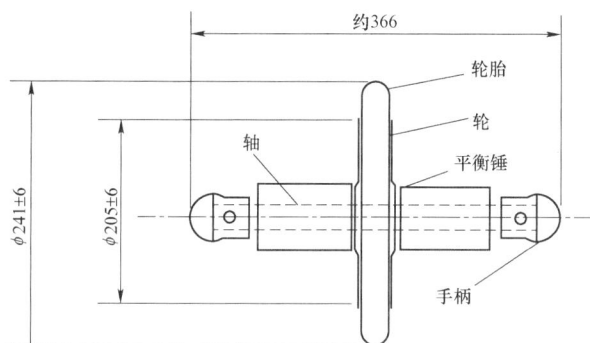

图 7-1　不黏胎时间测定仪图

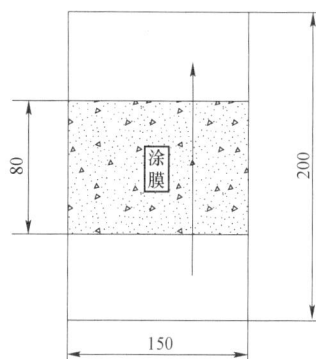

图 7-2　测定仪滚动方向图

8）遮盖率

将原样品用 300 μm 厚的漆膜涂布器涂布在遮盖率测试纸上，沿长边方向在中央涂约 80 mm×200 mm 的涂膜，并使涂面与遮盖率测试纸的白面和黑面呈直角相交，相交处在遮盖率测试纸的中间，涂面向上放置 24 h，然后在涂面上任意取三点用 D_{65} 光源 45°/0° 色度计测定遮盖率测试纸白面上和黑面上涂膜的亮度因数，取其平均值。按式（7-1）计算其遮盖率：

$$X = \frac{B}{C} \tag{7-1}$$

式中：X——遮盖率（反射对比率）；

　　　B——黑面上涂膜亮度因数平均值；

　　　C——白面上涂膜亮度因数平均值。

9）色度性能

用 300 μm 厚的漆膜涂布器将试料涂布于水泥石棉板（200 mm×150 mm×5 mm）上，涂成与水泥石棉板的短边平行，在长边中心处成一条 80 mm 宽的带状涂膜，见图 7-2。涂面向上放置 24 h 后，在涂面上任取三点，用 D_{65} 光源 45°/0° 色度计测定其色品坐标和亮度因数。

10）耐磨性

按《色漆和清漆　耐磨性的测定　旋转橡胶砂轮法》（GB/T 1768—2006）进行。以直径 100 mm、厚 3 mm、中心开有 9 mm 孔径的玻璃板为底板，将涂料刷涂或喷涂于清洁干燥的底板上，涂布的第一道漆膜干燥 2 h 后，刷涂或喷涂第二道涂膜，最后一道涂膜涂布后，干燥 24 h 进行耐磨性能测试。使用漆膜耐磨仪，载重 1 000 g，橡胶砂轮转数达到 200 转后，测试试板的磨损量。

11）耐水性

用 300 μm 厚的漆膜涂布器将试料涂布于水泥石棉板上，制成约 50 mm×10 mm 的涂膜，然后放置 24 h。试板用不封边的水泥石棉板，试验按《漆膜耐水性测定法》（GB/T 1733—1993）

进行。在玻璃水槽中加入蒸馏水或去离子水，在（23±2）℃条件下，将试板面积的 2/3 浸泡于温度（23±2）℃的水中 24 h 后，观察其有无异常现象。

12）耐碱性

用 300 μm 厚的漆膜涂布器将试料涂布于水泥石棉板上，制成约 50 mm×100 mm 的涂膜，然后放置 24 h。试板用不封边的水泥石棉板，试验按《建筑涂料 涂层耐碱性的测定》（GB/T 9265—2009）进行。在（23±2）℃条件下，将试板面积的 2/3 浸泡于氢氧化钙饱和溶液中 24 h 后，观察其有无异常现象。氢氧化钙饱和溶液的配制方法是在（23±2）℃条件下，以 100 mL 蒸馏水中加入 0.12 g 氢氧化钙的比例配制碱溶液并进行充分搅拌，该溶液的 pH 值应达到 12～13。

13）附着性

按《漆膜划圈试验》（GB/T 1720—2020）进行。在漆膜附着力测定仪上划上圆滚线划痕，按圆滚线划痕范围内的漆膜完整程度评定，以级表示。

14）柔韧性

按《漆膜、腻子膜柔韧性测定法》（GB/T 1731—2020）进行。使用柔韧性测定仪测定漆膜的柔韧性，首先在马口铁板上制备漆膜得到试板，然后将试板在不同直径的轴棒上弯曲，以不引起涂膜破坏的最小轴棒直径表示漆膜的柔韧性。

15）固体含量

按《色漆、清漆和塑料 不挥发物含量的测定》（GB/T 1725—2007）进行。取 2～5 g 试样，置于已称重的培养皿中，使试样均匀地流布于容器的底部，按标准中规定的各种漆类焙烘温度，将盛有试样的表面皿放入已调节到规定温度的鼓风恒温烘箱内，焙烘一段时间后，取出放入干燥器中冷却至室温，称重，然后再放入烘箱内焙烘 30 min，取出放入干燥器中冷却至室温后，称重，至前后两次称重的质量差不大于 0.01 g 为止，然后计算试样固体含量。

16）冻融稳定性

分别取 400 mL 样品放在三个加盖的小铁桶内，在（−5±2）℃条件下放置 18 h 后，立即置于（23±2）℃条件下放置 6 h 为一个周期；经连续三个周期后，取出试样经搅匀后应无分层、无结块，施工性能良好。

17）早期耐水性

用 300 μm 厚的漆膜涂布器将试料涂布于水泥石棉板上，制成约 50 mm×100 mm 的涂膜；将制好的试板立即置于温度（23±2）℃、湿度（90±3）%RH 的试验箱内，每隔 5 min 用拇指触摸表面，然后将拇指旋转 90°，记下膜表面不被拇指破坏所需的时间即为实干时间。

4. 热熔型路面标线涂料试验方法

1）热熔状态

除应遵照每个试验的特定要求外，在熔融试验时，应将一定量的试样放在金属容器内，在搅拌状态下熔融，使上下完全均匀一致，且无气泡。

2）密度

将熔融试样注在制样器 1（见图 7−3）的模腔（约 20 mm×20 mm×20 mm）中，冷却至室温。用稍加热的刮刀削掉端头表面的突出部分，用 100 号砂纸将各面磨平。放置 24 h 后用游标卡尺测量（精确至 0.1 mm），供作试块。将 3 块试块称量准确至 0.05 g，按式（7−2）求出密度：

$$D = \frac{W}{V} \qquad\qquad (7-2)$$

式中：D——密度，g/cm³；

W——试块质量，g；

V——试块体积，cm³。

取其平均值为试样密度，如其中任意两块 D 值相对误差大于 0.1，则应重做。

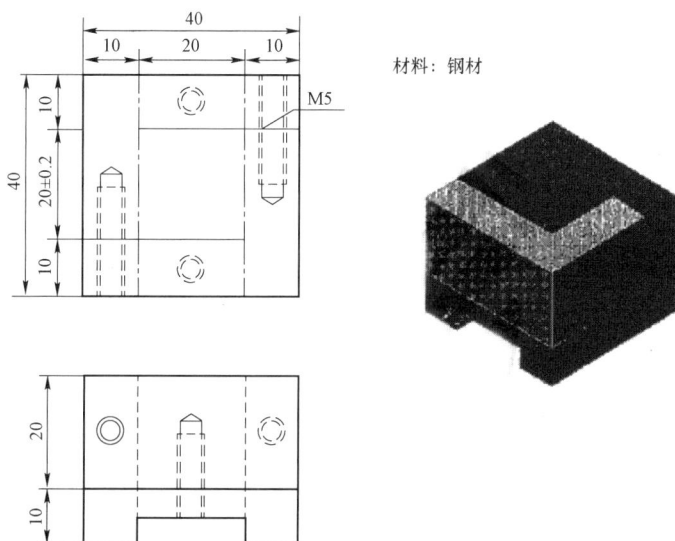

图 7-3 制样器 1

3）软化点

按《色漆和清漆用漆基 软化点的测定 第 1 部分：环球法》（GB/T 9284.1—2015）进行测定。采用浇注法制备试样，取样 40 g 放入清洁容器内，立刻用电炉将容器内的样品加热至 200 ℃左右熔化，避免局部过热，注意不带入气泡，因为样品不应被加热到超过易于浇注所需要的温度。在操作中从升温到浇注不得超过 15 min；预热承受环，至接近浇注样品的温度，然后马上浇注，浇注时环应放在铜板、铝板或白瓷砖上，浇注样品至环内，使其冷却时仍过量，冷却至少 30 min 后，用稍加热的刮刀或马口铁板清除多余样品，如果试验重复进行时，应使用干净容器和新制样品。采用甘油浴加热，油浴起始温度最大为 27 ℃。试样在钢球重力作用下从承受环中下落 25.4 mm 时的温度称为软化点。

4）涂膜外观

将热熔涂料刮板器放在水泥石棉板（约 300 mm×150 mm×1.6 mm）的中心部位；立即将准备好的试料倒入热熔涂料刮板器中；平移刮板器刮成厚约 1.5~2.0 mm 的与短边平行的涂层，试板放置 1 h 后，在自然光下目测应无皱纹、斑点、起泡、裂纹、剥离。同时与用同样方法制备的标准涂膜相比，其颜色及手感黏附性应与标准板差异不大。

5）不黏胎干燥时间

将热熔涂料刮板器放在水泥石棉板（约 300 mm×150 mm×1.6 mm）的中心部位；立即将

准备好的试料倒入热熔涂料刮板器中；平移刮板器刮成厚约 1.5～2.0 mm 的与短边平行的涂层，涂后，立刻按下秒表，3 min 时开始测试，把测定仪自试板的短边一端中心处向另一端滚动 1 s，立刻用肉眼观察测定仪的轮胎有无黏试料，若有黏试料，立刻用丙酮或甲乙酮湿润过的棉布擦净轮胎，此后每 30 s 重复一次试验，直至轮胎不黏试料时，停止秒表计时，该时间即为该试样的"不黏胎时间"。滚动仪器时，应两手轻轻持柄，避免仪器自重以外的任何力加于涂膜上。滚动方向如图 7-2 箭头方向所示。

6）色度性能

将熔融试样注入制样器 2（见图 7-4）中，使其流平，冷却至室温，取出供作试片（约 60 mm×60 mm×5 mm）。涂面向上放置 24 h 后，在涂面上任取三点，用 D_{65} 光源 45°/0° 色度计测定其色品坐标和亮度因数。

7）抗压强度

将熔融试样注在制样器 1（见图 7-3）的模腔（约 20 mm×20 mm×20 mm）中，冷却至室温。用稍加热的刮刀削掉端头表面的突出部分，用 100 号砂纸将各面磨平。放置 24 h 后用游标卡尺测量（精确至 0.1 mm），供作试块。制备试块 3 个，在标准试验条件下放置 24 h 后，分别放在压力试验机球形支座的基板上，调整试块位置及球形支座，使试块与压片的中心线在同一垂线上，并使试块面与加压面保持平行；启动压力机，以 30 mm/min 的速度加载，直至试块破裂（或压下试块高度 20%时）为止。

按式（7-3）计算抗压强度：

$$R_t = \frac{P}{A} \tag{7-3}$$

式中：R_t——抗压强度，MPa；

P——破裂时（或压下试块高度 20%时）的荷载，N；

A——加压前断面面积，mm^2。

试验后取其平均值。

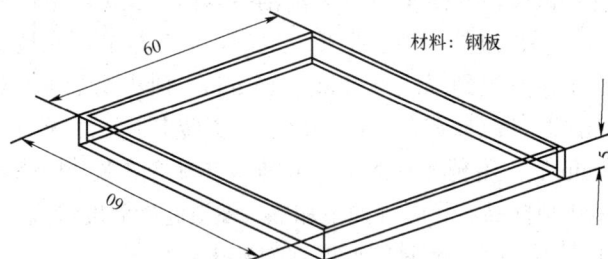

图 7-4　制样器 2

突起型热熔路面标线涂料在（50±2）℃时的抗压强度试验，将试块在（50±2）℃烘箱内恒温放置 4 h 后，立即分别从烘箱内取出，按前述方法测试抗压强度。

8）耐磨性

首先在制样器 3（见图 7-5）的模腔内涂上一薄层甘油，待干后，将熔融试样注入内腔，使其流平（如不能流平，可将试模先预热），并趁热软时在中心处开一直径约为 7 mm 的试孔。同一试样应制成 3 块试板，将试板放置在玻璃板上，在标准试验条件下放置 24 h 后，按《色

漆和清漆　耐磨性的测定　旋转橡胶砂轮法》（GB/T 1768—2006）进行测试。使用漆膜耐磨仪，载重 1 000 g，橡胶砂轮转数达到 200 转后，测试试板的磨损量。

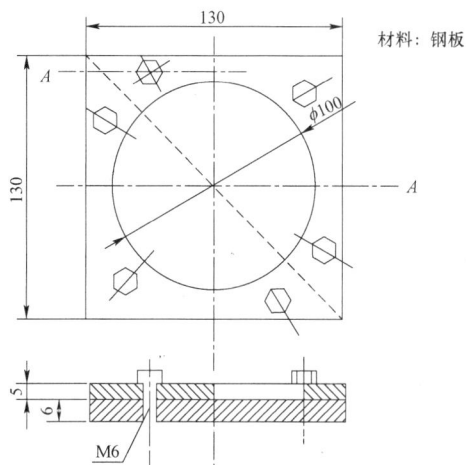

材料：钢板

图 7–5　制样器 3

9）耐水性

将熔融试样注入制样器 2（见图 7–4）中，使其流平，冷却至室温，取出供作试片（约 60 mm×60 mm×5 mm），然后放置 24 h。试验按《漆膜耐水性测定法》（GB/T 1733—1993）进行。在玻璃水槽中加入蒸馏水或去离子水，在（23±2）℃条件下，将试板面积的 2/3 浸泡于温度（23±2）℃的水中 24 h 后，观察其有无异常现象。

10）耐碱性

将熔融试样注入制样器 2（见图 7–4）中，使其流平，冷却至室温，取出供作试片（约 60 mm×60 mm×5 mm），然后放置 24 h。试验按《建筑涂料　涂层耐碱性的测定》（GB/T 9265—2009）进行。在（23±2）℃条件下，将试板面积的 2/3 浸泡于氢氧化钙饱和溶液中 24 h 后，观察其有无异常现象。氢氧化钙饱和溶液的配制方法是在（23±2）℃条件下，以 100 mL 蒸馏水中加入 0.12 g 氢氧化钙的比例配制碱溶液并进行充分搅拌，该溶液的 pH 值应达到 12～13。

11）玻璃珠含量

精确称取约 30 g（精确至 0.01 g）的试样放在三角烧瓶中；加入醋酸乙酯与二甲苯，比例为 1:1 的混合溶剂约 150 mL，在不断搅拌下溶解树脂等成分，玻璃珠沉淀后，将悬浮液流出；再加入 500 mL 上述混合溶剂，使其溶解，并使其流出，此操作反复进行 3 次后，加入 50 mL 丙酮清洗后流出悬浮液；将三角烧瓶置于沸腾水浴中，加热至几乎不再残留有剩余溶剂，冷却至室温；加入约 100 mL 的稀硫酸或稀硫酸和稀盐酸（1:1）的混合液，用表面皿作盖在沸腾水浴中加热约 30 min，冷却至室温后使悬浮液流出；然后加入 300 mL 水搅拌，玻璃珠沉淀后，使液体流出，再用水反复清洗 5～6 次；最后加入 95% 的乙醇 50 mL 清洗，使洗液流出；将三角烧瓶置于沸腾的水浴中，加热至几乎不再残留有乙醇为止，将其移至已知重量的表面皿中，如烧瓶中有残留玻璃珠，可用少量水清洗倒入表面皿中，并使水流出；将表面皿放置在保持 105～110 ℃ 的烘箱中加热 1 h，取出表面皿放在干燥器中冷却至室温后称重（精确至 0.01 g）；同时做 3 个平行试验。

按式（7-4）求出玻璃珠含量：

$$A = \frac{B}{S} \times 100\% \qquad\qquad (7-4)$$

式中：A——玻璃珠含量；

B——玻璃珠质量，g；

S——试样质量，g。

试验后取其平均值。如原试样中有石英砂，应在称重前经玻璃珠选形器除去石英砂。

12）流动度

先将流动度测定杯（见图 7-6）加热至 200 ℃左右，并保持 1 h；将热熔涂料加入热熔杯中，放置在加热炉上，在搅拌状态下加热至 180～200 ℃进行熔融，直至涂料熔融为施工状态，并使其上下完全均匀一致，且无气泡；将熔融后的涂料，立即倒满预热后的流动度测定杯中，打开流出口并同时按动秒表计时；待料流完时立即记下流完的时间；重复三次试验，取其流完的时间的平均值即为流动度。

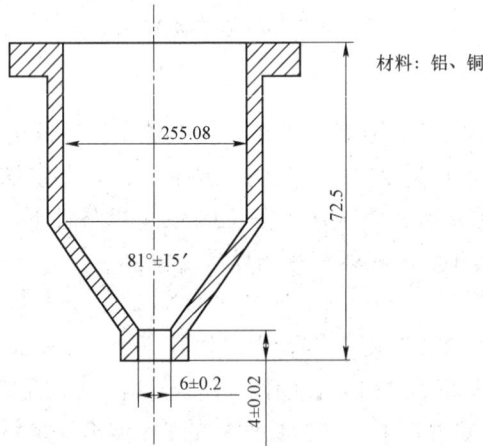

图 7-6　流动度测定杯

13）涂层低温抗裂性

将热熔涂料刮板器放在水泥石棉板（约 300 mm×150 mm×1.6 mm）的中心部位；立即将准备好的试料倒入热熔涂料刮板器中；平移刮板器刮成厚 1.5～2.0 mm 的与短边平行的涂层，试板放置 1 h 后，用五倍放大镜观其是否有裂纹，如有裂纹应重新制板；将制备好的试板平放于温度为（-10±2）℃低温箱内并保持 4 h，取出后在室温下放置 4 h 为一个循环，连续做三个循环；取出后用五倍放大镜观其应无裂纹。

14）加热稳定性

将热熔涂料加入热熔杯中，放置在加热炉上，在搅拌状态下加热至 200～220 ℃，并在搅拌状态下保持 4 h；观其是否有明显泛黄焦化、结块等现象。

15）人工加速耐候性试验

用 300 μm 厚的漆膜涂布器将试料涂布于水泥石棉板上，制成约 50 mm×100 mm 的双组分涂料涂膜；将热熔涂料刮板器放在水泥石棉板（约 300 mm×150 mm×1.6 mm）的中心部位；

立即将准备好的试料倒入热熔涂料刮板器中；平移刮板器刮成厚约 1.5～2.0 mm 的与短边平行的热熔涂料涂层。样品数量为每组三块。耐候性试验前，在涂面上任取三点，用 D_{65} 光源 45°/0° 色度计测定其色品坐标和亮度因数。

试验设备应满足《塑料　实验室光源暴露试验方法　第 1 部分：总则》（GB/T 16422.1—2019）的要求：试验时样品架辐射照度为（1 077±50）W/m²，氙灯在 300～340 nm 的光谱辐照度为 0.40～0.35 W/m²；试验箱内黑板温度为（63±3）℃，相对湿度为（50±5）%RH；氙灯连续照射，无暗周期且每隔（102±0.5）min 喷水（18±0.5）min；试验时间为 600 h，试验的总辐射能量约为 $2.3×10^6$ kJ/m²；测定耐候性试验后样品的色品坐标和亮度因数。

7.2.3　路面标线用玻璃珠检测方法

路面标线用玻璃珠检测项目及所用仪器设备如表 7-8 所示。

表 7-8　路面标线用玻璃珠检测项目及所用仪器设备表

检测项目	所用仪器设备	测量参数
试样制备	二份分割器	—
玻璃珠外观	放大镜	—
粒径分布	标准试验筛、振筛机、天平	质量
成圆率	玻璃珠选形器、天平	质量
密度	电热鼓风干燥箱、天平、量筒	密度、质量、体积
折射率	显微镜	—
耐水性	锥形瓶、恒温水浴箱、酸式滴定管	—
耐碱性	量杯、烧杯、电子秒表	时间
磁性颗粒含量	天平、磁性颗粒分选架	质量

7.2.4　路面标线用玻璃珠检测方法

1. 试样的制备

随机抽取有代表性的整袋玻璃珠产品，将该袋玻璃珠倒入一容器中，然后再从这个容器倒入另一个容器，如此重复三次，以保证整袋玻璃珠在分选前能混合均匀。混合均匀的玻璃珠倒入二份分割器（见图 7-7）中重复分割，最后得到约 1 000 g 玻璃珠，作为试样。

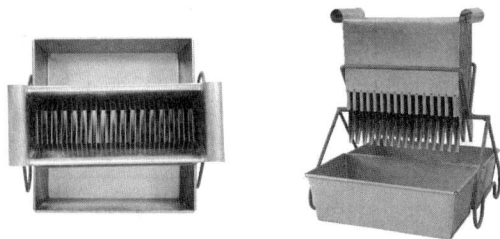

图 7-7　二份分割器

2. 试验条件

试验工作应在温度（23±2）℃、相对湿度（50±5）%的环境中进行。

3. 外观检查

目测玻璃珠在容器中的状态，同时把少许玻璃珠样品放在载玻片上，用放大倍数不小于10倍的显微镜或投影仪进行观察检查。

4. 粒径分布

将若干玻璃珠试样在105～110 ℃的温度下干燥1 h。在干燥器中冷却至室温后，称取约200 g样品，精确到0.1 g，倒入一组标准试验筛中。该组筛网的孔径应依次为850 μm、600 μm、300 μm、212 μm、150 μm、106 μm、90 μm，标准试验筛的质量应符合《试验筛 技术要求和检验 第1部分：金属丝编织网试验筛》（GB/T 6003.1—2022）的有关规定。盖上试验筛网盖，开动振筛机，振筛机的摇动次数为290次/min，拍击次数156次/min，振动5 min，然后将试验筛从振筛机上取下，分别称出各筛网上的样品质量及托盘上留存的样品质量，精确到0.1 g。若网眼被玻璃珠堵住，可用刷子从下面将其刷出，作为该筛网上筛余的样品。如果筛后玻璃珠总质量少于最初所取样品的98%，需要重新取样测试。

根据式（7-5）分别计算出各筛网筛余样品的质量百分比，精确到小数点后1位：

$$G = \frac{m}{M} \times 100\% \qquad (7-5)$$

式中：G——各标准试验筛网或托盘上筛余样品的质量百分比；

$\quad\quad M$——样品的总质量，g；

$\quad\quad m$——试验筛网或托盘上筛余样品的质量，g。

根据各标准试验筛网和托盘上筛余样品的质量百分比，对照表7-6的规定，检查玻璃珠的粒径分布。

5. 成圆率

（1）使用满足《玻璃珠选形器》（JJG 073—2007）要求的玻璃珠选形器进行成圆率试验。

（2）用蘸有少许工业酒精的脱脂棉球，清洁玻璃珠选形器（见图7-8）的玻璃平板及玻璃珠收集器。

（3）从玻璃珠试样中称取约20 g样品，精确到0.1 g。

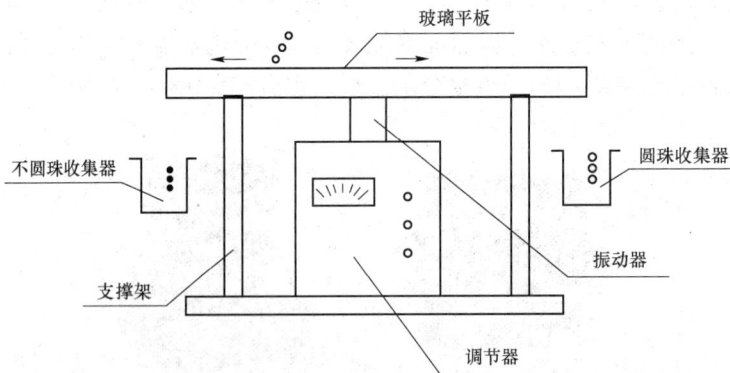

图7-8 玻璃珠选形器

（4）开启玻璃珠选形器的电源开关，调节玻璃平板的斜度和振动器的振幅，使玻璃板上有缺陷的玻璃珠慢慢向上移动，而真正圆的玻璃珠向下滚动。

（5）用小勺慢慢往选形器玻璃平板上喂料，应使玻璃珠不在玻璃平板上堆积或大量滑落。所有圆珠将滚落到圆珠收集器中，而有缺陷的玻璃珠慢慢进入不圆珠收集器内，直至玻璃珠样品全部分离完毕。

（6）把收集到的圆玻璃珠和有缺陷的玻璃珠分别再通过玻璃珠选形器进行分离。直至所有的圆玻璃珠通过选形器后，没有带缺陷的玻璃珠分离出来；而所有有缺陷玻璃珠通过选形器后，没有圆玻璃珠分离出来。

（7）分别称出分离得到的所有圆玻璃珠的总质量 N（g）和有缺陷玻璃珠的总质量 C（g），精确到 0.1 g。

（8）玻璃珠的成圆率 P 用式（7-6）计算：

$$P = \frac{N}{N+C} \times 100\% \tag{7-6}$$

式中：P——成圆率；

　　　N——圆玻璃珠的总质量，g；

　　　C——有缺陷的玻璃珠的总质量，g。

（9）按前述规定的方法，筛得一定量粒径为 850～600 μm 范围的玻璃珠。称取约 20 g 样品，精确到 0.1 g。按前述方法测得该粒径范围玻璃珠的成圆率。

6. 密度

（1）把若干玻璃珠用蒸馏水或去离子水清洗干净，然后置于（110±5）℃的烘箱内干燥 1 h，取出冷却至室温［本测试工作应在（23±2）℃的环境中进行］。称取约 100 g 玻璃珠样品的质量 W_1，精确到 1 g，待测密度。

（2）把化学纯的二甲苯倒入 100 mL 量筒内，至刻度 100 mL 处。称其质量 W_2，精确到 1 g，然后把二甲苯从量筒内倒出来。

（3）把待测密度的、质量为 W_1 的玻璃珠样品倒入量筒内，加入二甲苯至 100 mL 刻度，称其质量 W_3，精确到 1 g。

（4）按式（7-7）计算出玻璃珠密度，精确到小数点后两位：

$$D = \frac{W_1 \cdot d}{W_1 + W_2 - W_3} \tag{7-7}$$

式中：D——玻璃珠的密度，g/cm^3；

　　　W_1——玻璃珠样品的质量，g；

　　　W_2——装有 100 mL 二甲苯后，量筒的质量，g；

　　　W_3——加入玻璃珠样品和二甲苯至刻度 100 mL 后，量筒的质量，g；

　　　d——在该室温下二甲苯密度，g/cm^3。

7. 折射率

（1）把少许玻璃珠放在研钵里粉碎，然后置于载玻片上。往载玻片上滴 1～2 滴折射率与玻璃珠折射率相同或相近的浸油，使浸油完全浸没玻璃粉。

（2）把载玻片置于放大倍数为 100 倍的显微镜的载物台上，使用钠光灯作光源供给透过光线。调整显微镜的照明灯光，从下方以暗淡光线照射玻璃粉覆盖区域，将显微镜聚焦在玻璃粉上。

（3）缓慢提升显微镜镜筒，观察每颗玻璃粉周围贝克线的移动，若贝克线向玻璃粉中心方向移动，则玻璃的折射率大于浸油的折射率；若贝克线向浸油方向移动，则玻璃的折射率小于浸油的折射率。当提升或下降显微镜镜筒时，玻璃粉的轮廓呈模糊状态；当完全聚焦时，玻璃粉几乎不可见，此时玻璃的折射率与浸油的折射率相等。

8. 耐水性

称取 10.0 g 玻璃珠，倒入 250 mL 的锥形瓶中，然后往瓶内注入 100 mL 的蒸馏水。把锥形瓶置于沸腾的水浴中加热 1 h。从锥形瓶中直接观察玻璃珠表面的状态。等瓶中的水冷却至室温，用酚酞作指示剂，接着用 0.01 mol/L 的盐酸溶液滴定至中性，计算出所用盐酸溶液的用量（mL）。

9. 磁性颗粒含量

（1）从玻璃珠试样中称取约 200 g 样品 m_1，精确到 0.01 g。

（2）把载玻片置于放大倍数为 100 倍的显微镜的载物台上，使用钠光灯作光源供给透过光线。调整显微镜的照明灯光，从下方以暗淡光线照射玻璃粉覆盖区域，将显微镜聚焦在玻璃粉上。

（3）把永久磁铁安装在一框架上，如图 7-9 所示。在磁铁上放一块玻璃珠，组成一个磁性颗粒分选架。

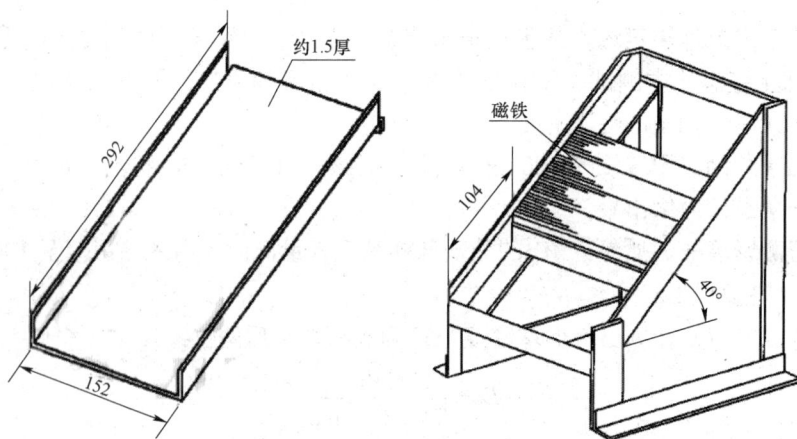

图 7-9　磁性颗粒分选架示意图

（4）重复上述步骤，使玻璃珠反复通过磁性区。直至通过三次或在纸上已见不到磁性颗粒为止。称取收集到的全部磁性颗粒的质量 m_2，精确至 0.01 g。

（5）玻璃珠中磁性颗粒的含量 C，用式（7-8）计算（结果计算至小数点后两位）：

$$C = \frac{m_1}{m_2} \times 100\% \qquad\qquad (7-8)$$

式中：C——磁性颗粒含量；

　　　m_1——玻璃珠样品的质量，g；

m_2——收集到的全部磁性颗粒的质量，g。

10. 防水涂层要求

《路面标线用玻璃珠》（GB/T 24722—2020）中增加了"防水涂层要求"的检测方法，具体内容如下：

（1）从玻璃珠试样中称取约 400 g 样品，将其倒入支数为 48×48、尺寸约为 450 mm×250 mm 的棉布袋中。将布袋浸入含有至少 4 L 干净水的容器中，保持 30 s 或者直到布袋完全浸没，以两者中时间长者为准。

（2）将布袋从水中取出，扭紧布袋上部将水挤出。保持布袋上部扭紧，将其悬挂，在室温保持 2 h，使布袋滴干水。

（3）保持时间达到 2 h 后，立即松开并振动布袋，使玻璃珠与布袋松散开来。

（4）将玻璃珠倒入干净的干燥漏斗（总长 120 mm，顶端内径 150 mm，细管内径 6.25 mm）中，观察玻璃珠流动状况（刚倒入玻璃珠时，如果玻璃珠阻塞了漏斗，轻敲漏斗细管引导玻璃珠开始流动）。

7.2.5　路面标线涂料产品检验规则

路面标线涂料产品检验规则包括出厂检验和型式检验两部分内容。

产品出厂前需经生产厂质检部门，按《路面标线涂料》（JT/T 280—2022）要求对除人工加速耐候性试验外的全部检验项目进行检测，合格者须附合格标志后方能出厂。

正常生产 12 个月或累计生产 100 t 时，应进行一次型式检验；产品停产达 6 个月后恢复生产时，出厂检验结果与上次型式检验结果有较大差异时，国家（或部）授权的质量监督机构提出进行型式检验要求时，以及产品结构材料、工艺有较大改变时，应按《路面标线涂料》（JT/T 280—2022）的要求，对产品全项性能进行型式检验。

对每批产品进行随机抽样或依据《公路交通安全设施质量检验抽样方法》（JT/T 495—2014）进行抽样检测，要求的各项试验，宜抽样三个或以上。

路面标线涂料产品的各项试验，其检测频率及结果判定应符合的规定包括三方面的内容，即每项试验至少检测三个数据（宜在不同试样上进行），取其平均值为检测结果；检测数据全部符合标准要求，则判定该批产品合格；检测数据有一项不符合标准要求，则抽取双倍数量的产品对该项指标进行复检，若复检合格，则判定该批产品合格，若复检不合格，则判定该批产品不合格。

7.2.6　路面标线用玻璃珠产品检验规则

按《路面标线用玻璃珠》（GB/T 24722—2020）的规定，对玻璃珠质量的检验分出厂检验和型式检验两种形式。

每家玻璃珠生产厂在产品出厂前，应对外观要求、玻璃珠的粒径分布、成圆率，以及供需双方合同规定的其他项目进行自检，以保证出厂产品质量符合标准的要求。

型式检验为每两年进行一次，新设计试制的产品，出厂检验结果与上次型式检验有较大差异时，国家质量监督机构提出型式检验时，以及正式生产过程中原材料、工艺有较大改变可能影响产品性能时，也应进行型式检验。

含防水涂层的玻璃珠产品型式检验项目为全部项目，不含防水涂层的玻璃珠产品型式检验项目不含防水涂层要求检测项目。

型式检验时，如有任何一项指标不符合标准要求，则需在同批产品中重新抽取双倍数量的试样，对该项目进行复检，复检结果仍然不合格时，则判定该型式检验为不合格，反之判定为合格。

练习题

1. 简述路面标线涂料的分类。
2. 将路面标线用玻璃珠按粒径分布不同划分型号。

学习情境 8

公路安全护栏

知识目标

掌握公路安全护栏的功能、分类和防护等级，刚性护栏、半刚性护栏、柔性护栏的作用原理，波形梁钢护栏的生产工艺及防腐处理工艺流程，混凝土护栏、波形梁钢护栏、缆索护栏的施工工艺要求，波形梁钢护栏产品的分类及组成、技术要求、试验方法、检验规则，以及产品的标志、包装、运输与贮存要求，缆索护栏的组成、分类及结构尺寸要求。

能力目标

能够按照现行检评标准对公路安全护栏进行检验及评定。

1. 公路安全护栏的功能

公路安全护栏是一种纵向吸能结构，通过自体变形或车辆爬高来吸收碰撞能量，从而改变车辆行驶方向，阻止车辆越出路外或进入对向车道，最大限度地减少对乘员的伤害。

公路安全护栏应实现以下功能：

（1）阻止车辆越出路外或穿越中央分隔带闯入对向车道。

（2）防止车辆从护栏板下钻出或将护栏板冲断。

（3）护栏应能使车辆恢复到正常行驶方向。

（4）发生碰撞时，对乘客的损伤程度最小。

（5）能诱导驾驶员的视线。

要实现上述功能，则需要护栏既要有相当高的力学强度和刚度来抵挡车辆的冲撞力，又要使其刚度不要太大，以免使乘客受到严重的伤害。

2. 公路安全护栏的分类

公路安全护栏按其在公路中的纵向位置设置，可分为设置于路基上的路基护栏和设置于桥梁上的桥梁护栏；按其在公路中的横向位置，可分为路侧护栏和中央分隔带护栏；根据碰撞后的变形程度，可分为刚性护栏、半刚性护栏和柔性护栏。

其中，桥梁护栏包括纵向有效构件和纵向非有效构件两部分。纵向有效构件是桥梁护栏中能有效地阻挡失控车辆越出桥外的纵向受力构件。根据其承受碰撞载荷的大小，可分为主要纵向有效构件（如主要横梁）和次要纵向有效构件（如次要横梁）。纵向非有效构件是桥梁护栏中不考虑承受车辆碰撞载荷的纵向非受力构件。

路侧护栏是设置于公路路侧建筑限界以内的护栏，以防止失控车辆越出路外或碰撞路侧构造物和其他设施。中央分隔带护栏是设置于公路中央分隔带内的护栏，以防止失控车辆穿越中央分隔带闯入对向车道，并保护中央分隔带内的构造物。

刚性护栏是一种基本不变形的护栏结构。混凝土护栏是其主要代表形式，由一定形状的混凝土块相互连接而组成墙式结构，通过失控车辆碰撞后爬高并转向来吸收碰撞能量。

半刚性护栏是一种连续的梁柱式护栏结构，具有一定的强度和刚度。波形梁护栏是其主要代表形式，由相互拼接的波纹状钢板和立柱构成连续梁柱结构，利用土基、立柱、波纹状钢板的变形来吸收碰撞能量，并迫使失控车辆改变方向。

柔性护栏是一种具有较大缓冲能力的韧性护栏结构。缆索护栏是其主要代表形式，由数根施加初拉力的缆索固定于端柱上而组成钢缆结构，主要依靠缆索的拉应力来抵抗车辆的碰撞荷载、吸收碰撞能量。缆索护栏主要包括端部结构、中间端部结构、中间立柱、托架、索端锚具等构件。端部结构是缆索护栏的起终点锚固装置，由三角形支架、底板和混凝土基础组成；中间端部结构是连续设置缆索护栏超过一定长度时所设置的中间延长锚固装置；中间立柱是设置于端部或中间端部之间用于固定缆索的立柱；托架是安装于立柱上支撑并固定缆索的装置；索端锚具是固定于端部或中间端部用来锚碇缆索的装置。

3. 公路安全护栏的防护等级

护栏标准段、护栏过渡段和中央分隔带开口护栏的防护等级按设计防护能量划分为八级，见表8-1。

表8-1　护栏标准段、护栏过渡段和中央分隔带开口护栏的防护等级

防护等级	一	二	三	四	五	六	七	八
代码	C	B	A	SB	SA	SS	HB	HA
设计防护能量/kJ	40	70	160	280	400	520	640	760

护栏端头和防撞垫的防护等级按设计防护速度划分为三级，见表8-2。

表8-2　护栏端头和防撞垫的防护等级

防护等级	一	二	三
代码	TB	TA	TS
设计防护速度/（km/h）	60	80	100

任务8.1 技 术 要 求

8.1.1 波形梁钢护栏

波形梁钢护栏是目前用量最大的安全护栏形式，包括两波形梁钢护栏和三波形梁钢护栏，对应的产品标准分别是《波形梁钢护栏　第1部分：两波形梁钢护栏》（GB/T 31439.1—2015）

和《波形梁钢护栏　第2部分：三波形梁钢护栏》（GB/T 31439.2—2015）。与原交通行业标准《公路波形梁钢护栏》（JT/T 281—2007）和《公路三波形梁钢护栏》（JT/T 457—2007）相比，做了较大变化，在制定新标准时考虑了以下基本原则：

（1）尽量与现有国家或行业标准相一致。

（2）尽量与《公路交通安全设施设计细则》（JTG/T D81—2017）相一致。

（3）尽量考虑减少收货方（国家或业主方）的风险。

（4）技术先进性与可操作性兼顾。

与行标相比主要区别有：

（1）标准名称不同，"公路波形梁钢护栏"变为"波形梁钢护栏"，适用范围更宽。

（2）丰富了产品构成，两波形梁护栏增加了横隔梁、立柱加强板，三波形梁护栏增加了横隔梁和加强横梁。

（3）修改了波形梁板的技术要求，增加中部连接螺孔，规定了基板最小厚度，细化了厚度检测方法，规定了不合格点的复检方法。

（4）两波形梁护栏取消了折线形护栏板和地锚式端头。

（5）增加了拼接螺栓规格，细化了检测方法，统一了夹具形式。

（6）防腐与《公路交通工程钢构件防腐技术条件》（GB/T 18226—2015）标准一致，充分体现环保性。

（7）与防腐涂层相对应，板和立柱的类型更多，名称更规范，按防腐形式可有13种。

（8）明确了立柱内涂层与外涂层有相同的技术要求。

（9）细化了检验规则，型式检验、出厂检验、批量验收检验更具体。

下面对两标准作较详细介绍。

1.两波形梁钢护栏

1）构成

护栏由波形梁板、立柱、端头、拼接螺栓、连接螺栓、防阻块、托架、横隔梁、立柱加强板等9个构件组成。

2）板的分类

（1）按截面形状分为等截面和变截面护栏。

（2）按厚度分为3 mm厚护栏和4 mm厚护栏。

（3）按防腐层形式分为单涂层护栏和复合涂层护栏。

（4）按设置位置分为路侧护栏和中央分隔带护栏。

3）产品命名

护栏的名称由"防腐层分类名称"加"两波形梁钢护栏"组成，防腐层分类名称应符合《公路交通工程钢构件防腐技术条件》（GB/T 18226—2015）的规定，综合之后有15种名称：

（1）热浸镀锌涂层两波形梁钢护栏；

（2）热浸镀铝涂层两波形梁钢护栏；

（3）热浸镀锌铝合金涂层两波形梁钢护栏；

（4）热浸镀铝锌合金涂层波两波形梁钢护栏；

（5）热浸镀锌聚酯复合涂层两波形梁钢护栏；

（6）热浸镀锌浸塑复合涂层两波形梁钢护栏；

（7）热浸镀铝聚酯复合涂层两波形梁钢护栏；

（8）热浸镀铝浸塑复合涂层两波形梁钢护栏；

（9）热浸镀锌铝合金聚酯复合涂层两波形梁钢护栏；

（10）热浸镀锌铝合金浸塑复合涂层两波形梁钢护栏；

（11）热浸镀铝锌合金聚酯复合涂层两波形梁钢护栏；

（12）热浸镀铝锌合金浸塑复合涂层两波形梁钢护栏；

（13）环氧锌基聚酯复合涂层两波形梁钢护栏；

（14）达克罗涂层拼接（连接）螺栓；

（15）粉镀锌涂层拼接（连接）螺栓。

4）产品型号规格

为了便于订货或使用方便，每个构件的不同规格都规定了唯一的型号，只要说出型号，产品的规格就确定了，例如4 mm的BB04板就是2 820 mm×310 mm×85 mm×4 mm的调节板。产品的型号规格按构件列表归纳如表8-3～表8-9所示。

（1）护栏板。

表8-3　护栏板型号规格　　　　　　　　　　　单位：mm

波形形状	截面状况	型号	规格（板长×板宽×波高×板厚）	用途
圆弧形	等截面	DB01	4 320×310×85×3（4）	标准板
		DB02	3 820×310×85×3（4）	标准板
		DB03	3 320×310×85×3（4）	标准板
		DB04	2 820×310×85×3（4）	标准板
		DB05	2 320×310×85×3（4）	标准板
	变截面	BB01	4 320×310×85×3（4）	标准板
		BB02	3 820×310×85×3（4）	标准板
		BB03	3 320×310×85×3（4）	标准板
		BB04	2 820×310×85×3（4）	标准板
		BB05	2 320×310×85×3（4）	标准板

注：① 等截面板的各个部位横断面尺寸相同；变截面板是等截面板的一端再进行压弯，板和板拼接时变截面一端在后面，拼接处迎交通面平整，更有利于整体美观和安全。

② 标准板是指安装中使用的标准长度的板；调节板是指安装中以分配方法处理间距零头的板。

（2）立柱。

表 8-4　立柱型号规格

单位：mm

品名	型号	规格
钢管立柱	G-T	$\phi114\times4.5$
	G-F	$\phi140\times4.5$
立柱加强板		$310\times200\times10$

（3）防阻块。

表 8-5　防阻块型号规格

单位：mm

品名	型号	规格	备注
防阻块	F	$178\times200\times4.5$	与$\phi140$钢管立柱配合使用

（4）托架。

表 8-6　托架型号规格

单位：mm

品名	型号	规格	备注
托架	T	$300\times70\times4.5$　$R=57$	与$\phi114$钢管立柱配合使用

（5）端头。

表 8-7　端头型号规格

单位：mm

品名	型号	规格
端头	D-Ⅰ	$R160$
	D-Ⅱ	$R250$
	D-Ⅲ	$R350$

注：各种端头的半径也可根据公路几何线形作适当调整。

（6）拼接螺栓。

表 8-8　拼接螺栓型号规格

单位：mm

品名	型号	规格	用途
拼接螺栓	JⅠ-1	M16×35	用于壁厚3.0波形梁板的拼接
	JⅠ-2	M16×38	用于壁厚4.0波形梁板的拼接
	JⅠ-3	M16×45	用于使用防盗螺栓进行波形梁板的拼接
螺母	JⅠ-4	M16	用于波形梁板的拼接
垫圈	JⅠ-5	$\phi35\times4$	

（7）连接螺栓。

表 8-9　连接螺栓型号规格　　　　　　　　　单位：mm

品名	型号	规格	用途
连接螺栓	JⅡ-1	M16×45	用于波形梁板与防阻块的连接
	JⅡ-2	M16×170	用于防阻块与 φ140 钢管立柱的连接
	JⅡ-3	M16×140	用于托架与 φ114 钢管立柱的连接
螺母	JⅡ-4	M16	与连接螺栓配套使用
垫圈	JⅡ-5	φ35×4	
横梁垫片	JⅡ-6	76×44×4	遮挡波形梁板的连接螺孔

（8）横隔梁。

横隔梁是新增的构件，其结构尺寸如图 8-1 所示，实物图如图 8-2 所示，型号规格如表 8-10 所示。

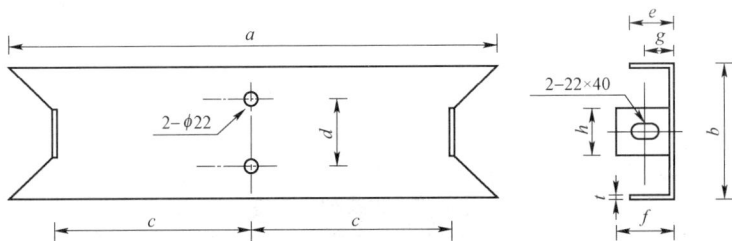

图 8-1　横隔梁结构尺寸图

图 8-2　横隔梁实物图

表 8-10　横隔梁型号规格　　　　单位：mm

品名	型号	规格	备注
横隔梁	H-Ⅰ	730×200×50×4.5	用于中央分隔带组合型波形梁钢护栏
	H-Ⅱ	980×200×50×4.5	

5）技术要求

两波形梁钢护栏是标准的交通安全产品，如前所述，其通用要求包括外观质量、外形尺寸及允许偏差、材料要求（含力学性能和化学成分）、加工成形要求、防腐层质量等五项。

（1）外观质量。

① 波形梁钢护栏外观质量分黑色构件和防腐处理后成品两部分。冷弯黑色构件表面应无裂纹、气泡、折叠、夹杂和端面分层等缺陷，但允许有不大于公称厚度10%的轻微凹坑、凸起、压痕、擦伤。表面缺陷可用修磨方法清理，其整形深度不大于公称厚度的10%；成品后的产品外观应符合《公路交通工程钢构件防腐技术条件》（GB/T 18226—2015）的要求。

② 波形梁板构件应无明显扭转、变形，纵横切断面及螺孔边缘应做倒角处理，过渡圆滑，无卷沿、飞边和毛刺。

（2）外形尺寸及允许偏差。

① 护栏板防腐处理前横截面公称尺寸及允许偏差应符合表 8-11 的规定。其中板的展开宽度尺寸应满足（481±1）mm；3.0 mm 厚或 4.0 mm 厚波形梁板，防腐处理后成形护栏板基板的实测最小厚度应分别不小于 2.95 mm 或 3.95 mm，平均厚度应分别不小于 3.0 mm 或 4.0 mm，θ 应不大于 10°。

表 8-11　护栏板防腐处理前截面公称尺寸及允许偏差

类别	参数													剖面
	B/mm	H/mm	t/mm	h_1/mm	h_2/mm	h_3/mm	E/mm	r_1/mm	r_2/mm	r_3/mm	α/(°)	β/(°)	θ/(°)	
DB类	310^{+5}_{0}	85^{+3}_{0}	$3^{+0.180}$ $3^{+0.220}$	83^{+5}_{0}	42	—	14	24	24	10	55	55	10	Ⅲ-Ⅲ
	310^{+5}_{0}	85^{+3}_{0}	$3^{+0.180}$ $3^{+0.220}$	83^{+2}_{-2}	39	—	14	24	24	10	55	55	10	Ⅳ-Ⅳ
BB类	310^{+5}_{0}	85^{+3}_{0}	$3^{+0.180}$ $3^{+0.220}$	83^{+2}_{-2}	39	—	14	24	24	10	55	55	10	Ⅰ-Ⅰ
	305.4	85	$3^{+0.180}$	83	37.7		14	21	27	7	55	55	10	Ⅱ-Ⅱ
	302.1		$4^{+0.220}$		37.3			20	28	6				

② 端头厚度允差要求与护栏板一致，即不允许负公差。

③ 立柱、防阻块、托架、横隔梁偏差只限制下偏差，不限制上偏差。

④ 护栏构件螺孔尺寸的要求：小于等于 20 mm 的为（−0，+1）mm，大于 20 mm 的为（−0.5，+1）mm。

⑤ 外形要求。各构件成形后的外形要求如下：

a. 波形梁板：波形梁板完整，不得焊接加长。

b. 立柱：立柱应无明显的扭转，应无焊接加长，端部毛刺应清除。

c. 防阻块：防阻块应无明显的扭转；端面切口应平直，毛刺应清除；防阻块焊缝应光滑平整，焊缝位置应位于任一无螺孔的平面上。

d. 托架：托架的外形应无明显的扭转；端面切口应平直，毛刺应清除。

e. 横隔梁：横隔梁外形应无明显的扭转；端面切口应平直，毛刺应清除。

f. 端头：端头外形应无明显的扭转；切口应垂直，其垂直度公差应不超过 30，端部毛刺应清除；曲线部分应圆滑平顺。

（3）材料要求。

① 波形梁板、立柱、端头、防阻块、托架、横隔梁、加强板等所用基底金属材质应为碳素结构钢，其力学性能及化学成分指标应不低于《碳素结构钢》（GB/T 700—2006）规定的 Q235 牌号钢的要求。主要力学性能考核指标为下屈服强度不小于 235 MPa，抗拉强度不小于 375 MPa，断后伸长率不小于 26%。

② 拼接螺栓、螺母、垫圈、横梁垫片等所用基底金属材质为碳素结构钢，其力学性能的主要考核指标为抗拉强度 R_m，R_m 不小于 375 MPa。

③ 拼接螺栓应具有高强度，其螺栓、螺母、垫圈应选用优质碳素结构钢或合金结构钢制造，其化学成分及力学性能应符合《优质碳素结构钢》（GB/T 699—2015）或《合金结构钢》（GB/T 3077—2015）的规定。

④ 高强度拼接螺栓连接副螺杆公称直径为 16 mm，拼接螺栓连接副整体抗拉荷载不小于 133 kN。

（4）加工成形要求。

① 波形梁板宜采用连续相压成形。

② 对于变截面波形梁板采用液压冷弯成形或模压成形时，每块波形梁板应一次压制完成，不应分段压制。采用连续模压成形的等截面波形梁板加工成变截面板时，应采用液压冷弯成形。

③ 波形梁板上的螺栓孔应定位准确，每一端部的所有拼接螺孔应一次冲孔完成。

④ 钢护栏端头应采用模压成形。

⑤ 安装于曲线半径小于 70 m 路段的钢护栏，其波形梁板应根据曲线半径的大小加工成相应的弧线形。

（5）防腐层质量。

① 护栏的所有构件均应进行防腐处理，其防腐层要求应符合《公路交通工程钢构件防腐技术条件》（GB/T 18226—2015）规定。

② 对于圆管立柱产品，其内壁防腐质量要求应不低于外壁防腐质量要求。

③ 采用热浸镀锌、热浸镀锌铝合金、热浸镀铝锌合金方法进行防腐处理时，镀层的均匀度应满足：平均厚度与最小厚度之差应不大于平均厚度的 25%；最大厚度与平均厚度之差应

不大于平均厚度的 40%；其他要求应符合《公路交通工程钢构件防腐技术条件》（GB/T 18226—2015）的规定。

（6）护栏的包装、标志和储运涉及护栏产品的质量，特别是一些非金属涂层，更应特别重视，否则，出厂时合格的产品，到了工地后的涂层已经破损成为不合格品了。因此，标准做了较为详细的规定，这部分也是技术要求的一部分。标准要求如下：

① 每片波形梁板均应在其两端分别标明生产厂名（或厂标）、生产年月等标志，其位置在距端部 400 mm 的波形梁板横截面正中处，并在波形梁板中部以钢印、刻蚀或其他难以抹除的方式标明生产厂名。

② 波形梁板、立柱等构件的包装和标志应符合《冷弯型钢通用技术要求》（GB/T 6725—2017）的规定。护栏不得散装交货，且应保证在吊装、运输、堆放过程中不应使产品变形、损坏（伤）。

③ 拼接螺栓连接副的包装和标志应参照《钢结构用高强度大六角头螺栓、大六角螺母、垫圈技术条件》（GB/T 1231—2006）规定执行。其他紧固件的包装和标志参照相关标准的规定执行。

④ 批量生产的护栏产品应码放整齐、高度适当，便于检验抽样，见图 8-3、图 8-4。

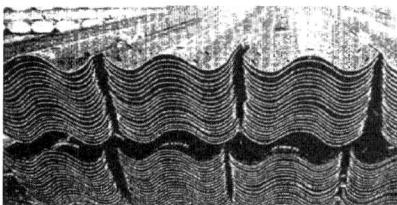

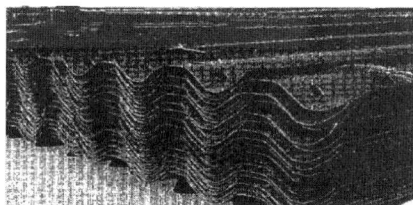

图 8-3　正确的码放　　　　　　　　　　　图 8-4　不正确的码放

⑤ 护栏产品在运输过程中应适当包装并固定牢靠，防止因颠簸碰撞损坏涂层或使构件变形。

⑥ 护栏产品应采用吊装方式装卸，禁止直接从运输工具上推下。

⑦ 护栏产品应储存于通风、干燥、无酸碱及腐蚀性气体的空间内。

2. 三波形梁钢护栏

三波形梁钢护栏产品的现行标准是《波形梁钢护栏　第 2 部分：三波形梁钢护栏》（GB/T 31439.2—2015），其内容与两波形梁钢护栏基本一致，这里仅叙述不同部分。

1）构成

三波形梁钢护栏由三波形梁板、三波形梁背板、过渡板、立柱、防阻块、横隔梁、端头、拼接螺栓、连接螺栓、加强横梁等构件组成。

2）板的分类

（1）按厚度分为 3 mm 厚护栏和 4 mm 厚护栏。

（2）按防腐层形式分为单涂层护栏和复合涂层护栏。

（3）按设置位置分为路侧护栏和中央分隔带护栏。

3）立柱的分类

标准中没有对立柱进行分类，实际上立柱分为钢（圆）管立柱、方管立柱、H 型钢立柱三种。

4）产品命名

护栏的名称由"防腐层分类名称"加"三波形梁钢护栏"组成，防腐层分类名称应符合《公路交通工程钢构件防腐技术条件》（GB/T 18226—2015）的规定，综合之后有 15 种名称，参见两波形梁钢护栏。

5）产品型号规格

三波形梁钢护栏产品的型号规格按构件列表归纳如下：

（1）三波形梁板。

三波形梁板采用 750 mm 宽的薄钢板连续辊压成形，其尺寸规格应符合表 8–12 的规定。

表 8–12 三波形梁板尺寸规格 单位：mm

构件名称	型号	规格 （板长×板宽×波高×板厚）	用 途
三波形梁板	RTB01 – 1	4 320×506×85×3（4）	方管立柱用板
	RTB01 – 2	4 320×506×85×3（4）	钢管立柱或 H 型钢立柱用板
	RTB02 – 1	3 320×506×85×3（4）	方管立柱用板
	RTB02 – 2	3 320×506×85×3（4）	钢管立柱或 H 型钢立柱用板
	RTB03 – 1	2 320×506×85×3（4）	方管立柱用板
	RTB03 – 2	2 320×506×85×3（4）	钢管立柱或 H 型钢立柱用板

（2）三波形梁背板。

三波形梁背板用于三波形梁钢护栏板的中部与立柱连接处，起加强作用，其断面同三波形梁板，其尺寸规格应符合表 8–13 的规定。

表 8–13 三波形梁背板尺寸规格 单位：mm

品名	型号	规格 （板长×板宽×波高×板厚×螺孔数）	用 途
三波形梁背板	RTSB01	320×506×85×3（4）×2	方管立柱用板
	RTSB02	320×506×85×3（4）×4	钢管立柱或 H 型钢立柱用板

（3）过渡板。

过渡板用于三波形梁护栏与两波形梁护栏之间连接过渡，其尺寸规格应符合表 8–14 的规定。

表 8–14 过渡板尺寸规格 单位：mm

品名	型号	规格	用 途
过渡板	TR01	4 000×130×130×6	用于两波形梁板与钢管立柱、方管立柱的三波形梁板过渡
	TR02	2 000×150×100	用于两波形梁板与 H 型钢立柱的三波形梁板过渡

（4）立柱。

立柱分为钢管立柱、方管立柱和 H 型钢立柱三种，其尺寸规格应符合表 8-15 的规定。

表 8-15 立柱尺寸规格　　　　　　单位：mm

品名	型号	规格
立柱	PSP	ϕ140×4.5（钢管截面外径×壁厚）
	PST	130×130×6（方管截面外边长×外边长×壁厚）
	PHS	150×100（H 型钢截面高×宽）

（5）防阻块。

三波形梁钢护栏的防阻块根据不同的立柱分为六种：圆管有一种；方管有三种，其中 BFI 与 BFII 的主要区别是前者可将立柱封闭，后者立柱开放可以再增加加强隔梁；H 型钢立柱的防阻块有两种。防阻块的尺寸规格应符合表 8-16 的规定。

表 8-16 防阻块尺寸规格　　　　　　单位：mm

品名	型号	规格	用途
防阻块	BG	178×400×4.5（长×高×厚）	用于钢管立柱
	BFⅠ	200×(66+300)×256×4.5（高×长×连接部位高×厚）	用于方管立柱
	BFⅡ	200×(66+300)×256×4.5（高×长×连接部位高×厚）	用于方管立柱
	BFⅢ	200×(66+350)×256×4.5（高×长×连接部位高×厚）	用于方管立柱
	BHⅠ	554×150×100（长×H 型钢高×H 型钢宽）	用于 H 型钢立柱
	BHⅡ	554×350×100（长×H 型钢高×H 型钢宽）	用于 H 型钢立柱

（6）横隔梁。

横隔梁用于连接中央分隔带立柱与两侧的护栏，尺寸规格应符合表 8-17 的规定。

表 8-17 横隔梁尺寸规格　　　　　　单位：mm

品名	型号	规格	用途
横隔梁	CBP	974×325×290×4.5	与方管立柱配合使用

（7）端头。

护栏端头起缓冲作用，按外形结构分为 A、B 两种类型，尺寸规格应符合表 8-18 的规定。

表 8-18 端头尺寸规格　　　　　　单位：mm

品名	型号	规格
A 型端头	DR1	R160
B 型端头	DR2	R250
	DR3	R350

注：各种端头的半径 R，可根据公路几何线形作适当调整。

（8）拼接螺栓。

拼接螺栓用于板与板的拼接，其尺寸规格应符合表8-19的规定。

表8-19 拼接螺栓尺寸规格 单位：mm

品名	型号	规格	用途
拼接螺栓	JⅠ-1	M16×35	用于波形梁板的拼接
	JⅠ-2	M16×38	
	JⅠ-3	M16×45	
螺母	JⅠ-4	M16	
垫圈	JⅠ-5	ϕ35×4	

（9）连接螺栓。

连接螺栓用于防阻块与立柱、防阻块与板的连接，其尺寸规格应符合表8-20的规定。

表8-20 连接螺栓尺寸规格 单位：mm

品名	型号	规格	用途
连接螺栓	JⅡ-1	M16（20）×45	用于波形梁板与防阻块的连接
	JⅡ-2	M16（20）×170	用于防阻块与钢管和方管立柱连接
	JⅡ-3	M16（20）×140	用于防阻块与H型钢立柱连接
螺母	JⅡ-4	M16	与连接螺栓配套使用
		M20	
垫圈	JⅡ-5	ϕ35×4	
横梁垫片	JⅡ-6	76×44×4	遮挡波形梁板的连接螺孔

（10）加强横梁。

加强横梁由横梁、T形立柱、套管组成，用于加强护栏结构的上部，起增强护栏整体防护能力作用，其尺寸规格应符合表8-21的规定。

表8-21 加强横梁尺寸规格 单位：mm

品名	型号	规格（外径×壁厚×长度）
加强横梁	SPB01	ϕ89×5.5×2 994
	SPB02	ϕ89×5.5×3 994

6）技术要求

（1）外观质量。

三波形梁钢护栏产品的外观质量要求同两波形梁钢护栏，不再赘述。

（2）外形尺寸与允许偏差。

① 三波形梁板。

三波形梁板的外形及标注符号见图 8-5、图 8-6，其防腐处理前横截面公称尺寸及允许偏差应符合表 8-22 的规定。板的展开宽度为（750±1）mm，3.0 mm 厚和 4.0 mm 厚三波形梁板，防腐处理后成形护栏板基板的实测最小厚度应分别不小于 2.95 mm 和 3.95 mm，平均厚度分别不小于 3.0 mm 和 4.0 mm，θ 应不大于 10°。

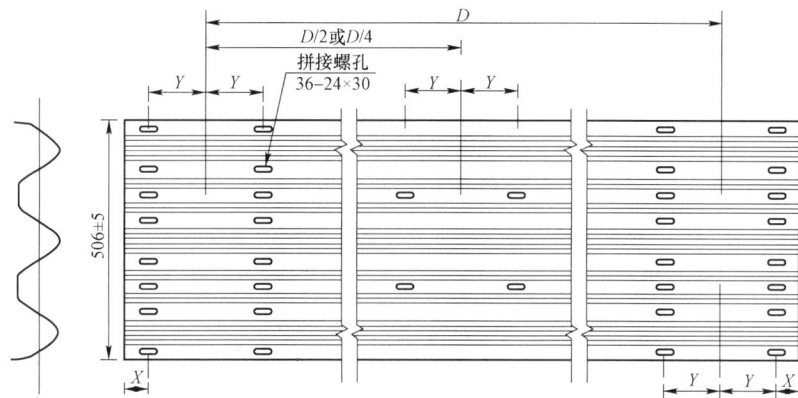

(a) 方管立柱用板

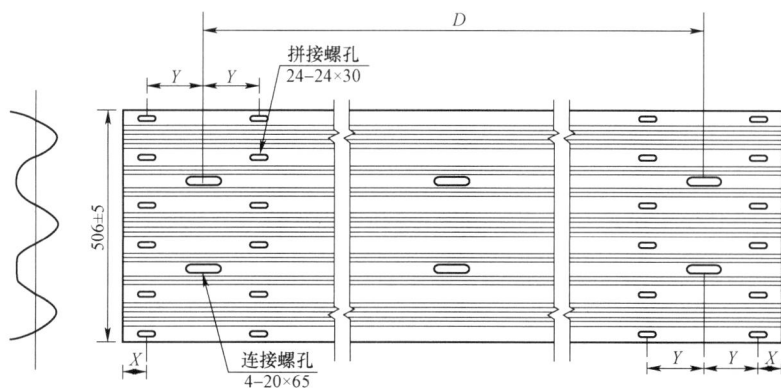

(b) 钢管立柱或 H 型钢立柱用板

图 8-5　三波形梁板标注符号

表 8-22　三波形梁板防腐处理前横截面公称尺寸及允许偏差表

类别	B/mm	H/mm	T/mm	h_1/mm	h_2/mm	C/mm	E/mm	r_1/mm	r_2/mm	r_3/mm	α/(°)	β/(°)	θ/(°)
参数	506^{+5}_{-5}	85^{+3}_{0}	$3^{+不限定}_{0}$ $4^{+不限定}_{0}$	83^{+2}_{-2}	42	194^{+2}_{-2}	14	24	24	10	55	55	10

注：波形梁板的长度负偏差不超过 1‰，正偏差不作限定。

131

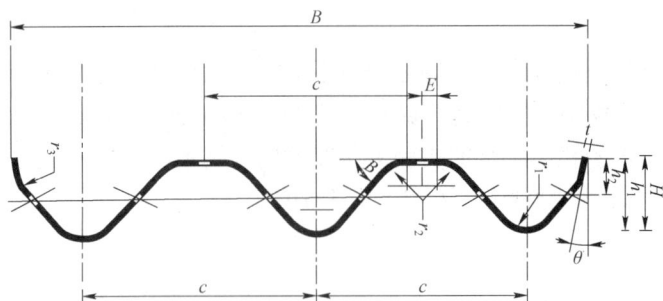

图 8-6　三波形梁板断面图

② 三波形梁背板。

a. 三波形梁背板的外形及标注符号见图 8-7,其断面及螺孔的公称尺寸及允许偏差同三波形梁板,其板长为 320 mm,不允许负偏差。

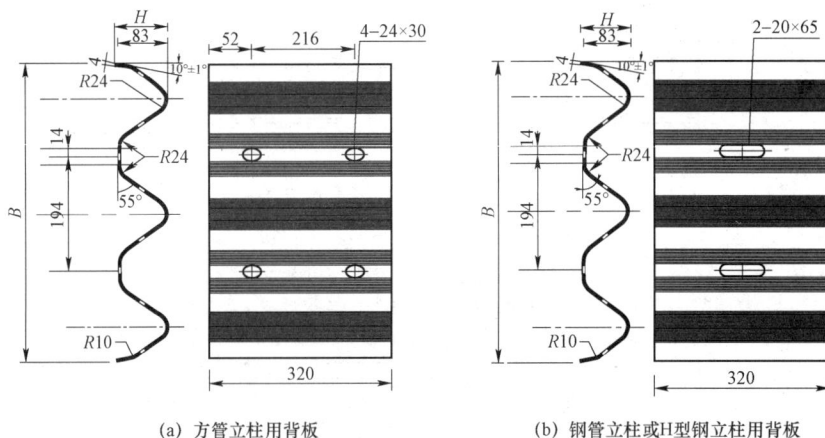

(a) 方管立柱用背板　　　　　　　　(b) 钢管立柱或 H 型钢立柱用背板

图 8-7　三波形梁背板

b. 三波形梁背板的其他允差要求同三波形梁板。

③ 过渡板。

a. 过渡板外形及标注符号见图 8-8、图 8-9,其尺寸及允许偏差应符合表 8-23 的规定。

表 8-23　过渡板尺寸及允许偏差　　　　单位:mm

类别	B_1	B_2	t		L	D	X_1	X_2	Y_1	Y_2
参数	506^{+5}_{-5}	310^{+5}_{0}	$4^{+不限定}_{-0}$	$3^{+0.18}_{0}$	$4\,320^{+3}_{-2}$	$4\,000^{+2}_{-2}$	$52^{+3.2}_{-5}$	$50^{+3.2}_{-5}$	108^{+1}_{-1}	108^{+1}_{-1}
					$2\,310^{+3}_{-2}$	$2\,000^{+2}_{-2}$				

b. 过渡板的其他允差要求同三波形梁板。

④ 立柱。

a. 立柱宜采用钢管立柱、方管立柱与 H 型钢立柱,立柱定尺长度应符合《公路交通安全设施设计细则》(JTG/T D81—2017)规定或按设计图确定。

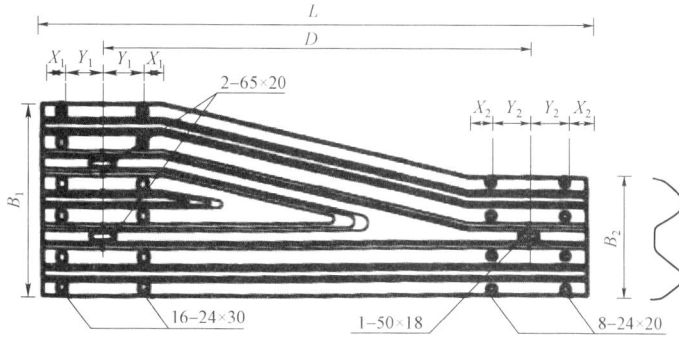

(a) 钢管、H型钢立柱过渡板

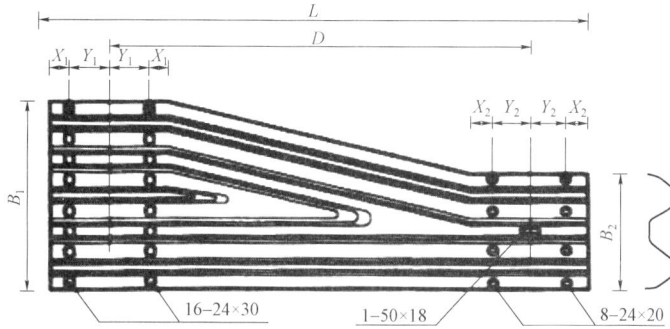

(b) 方管立柱过渡板

图 8-8 两波形梁护栏与三波形梁护栏过渡板（TR-1）

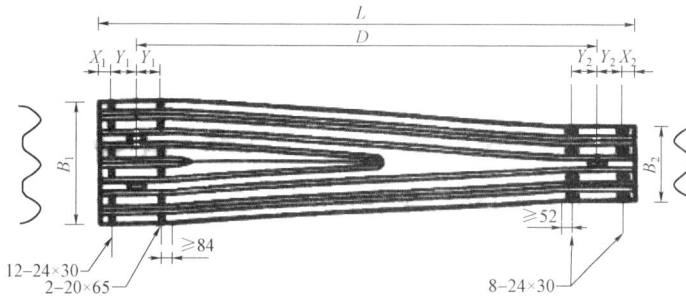

(a) 钢管、H型钢立柱过渡板

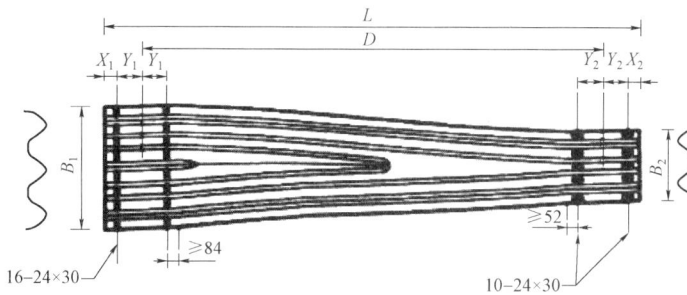

(b) 方管立柱过渡板

图 8-9 三波形梁护栏与两波形梁护栏过渡板（TR-2）

b. 钢管立柱断面形状、尺寸及标注符号见图 8-10，立柱断面公称尺寸及允许偏差应符合表 8-24 的规定，单根钢管立柱壁厚防腐处理前最低厚度为 4.25 mm，多根立柱基底壁厚平均值不小于 4.5 mm。

表 8-24　立柱断面公称尺寸及允许偏差　　　　　　单位：mm

品名	类别	公称尺寸及允许偏差					
		D	ϕ	t	h_1	h_2	L
立柱	钢管	$140^{+1.4}_{-1.4}$	18^{+1}_{0}	$4.5^{+不限定}_{-0.25}$	256^{+3}_{-3}	10	L^{+10}_{-0}

c. 钢管立柱防阻块定位螺孔位置 h_1 及允许偏差应符合图 8-10 和表 8-24 的规定。

d. 方管立柱断面形状、防阻块定位螺孔位置 h_1，尺寸见图 8-11，立柱断面公称尺寸及允许偏差应符合表 8-25 的规定，方管立柱的壁厚防腐处理前为 6 mm。

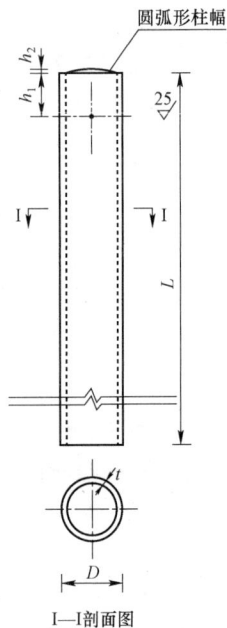

图 8-10　钢管立柱　　　　　　图 8-11　方管立柱

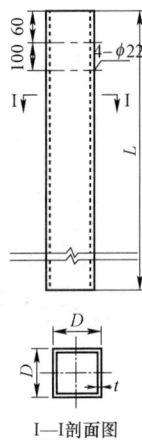

表 8-25　立柱断面公称尺寸及允许偏差　　　　　　单位：mm

品名	类别	公称尺寸及允许偏差					
		D	h_1	h_2	ϕ	t	L
立柱	方管	$130^{+1.0}_{-1.0}$	60	100	22^{+1}_{0}	$6^{+不限定}_{-0.8}$	L^{+10}_{-0}

e. H 型钢立柱断面形状、防阻块定位螺孔位置 h_2，尺寸见图 8-12，立柱断面公称尺寸及允许偏差应符合表 8-26 的规定。

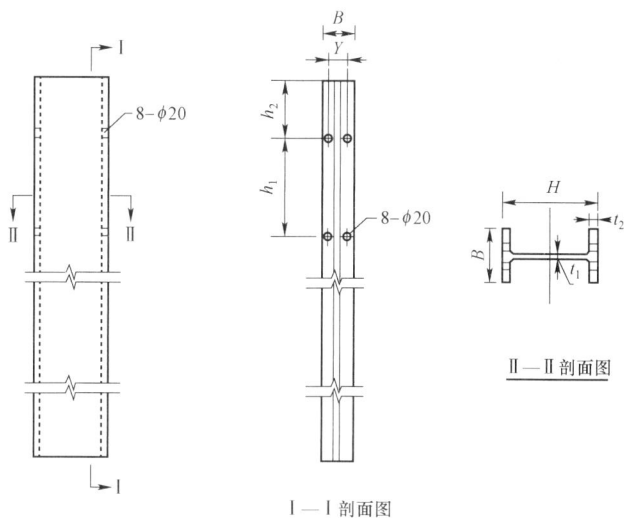

图 8-12　H 型钢立柱

表 8-26　立柱断面公称尺寸及允许偏差　　　　　　　　　　　单位：mm

品名	类别	公称尺寸及允许偏差							
		h_1	h_2	Y	B	H	t_1	t_2	L
立柱	H 型钢	256^{+2}_{-2}	149^{+2}_{-2}	60^{+1}_{-1}	100^{+3}_{-3}	150^{+3}_{-3}	$4.5^{+不限定}_{-0.8}$	$6.0^{+不限定}_{-0.8}$	L^{+10}_{-0}

⑤ 阻块。

三波形梁钢护栏的防阻块从外形看，依据与立柱的配合形式分为钢管立柱用、方管立柱用、H 型钢立柱用三种类型，钢管立柱用防阻块与两波形梁护栏外形及断面尺寸一样，高度是其两倍，即 400 mm。方管立柱防阻块分为封闭式和开放式两种，开放式分为标准（300 mm）和加长（350 mm）两种；H 型钢立柱防阻块分为标准宽（150 mm）和加宽（350 mm）两种，用于 H 型钢立柱与 BH 型防阻块连接的两个螺栓（JⅡ-3），应两边上下交错布置，较低的一个位于交通流上游，用于三波形梁板与 H 型钢防阻块连接的一个螺栓（JⅡ-1）。

⑥ 横隔梁。

横隔梁主要用于中央分隔带，用一根立柱支撑两块护栏板，外形类似两个方管立柱防阻块对接在一起，外形及标注符号见图 8-13，其公称尺寸及允许偏差应符合表 8-27 所示的规定。

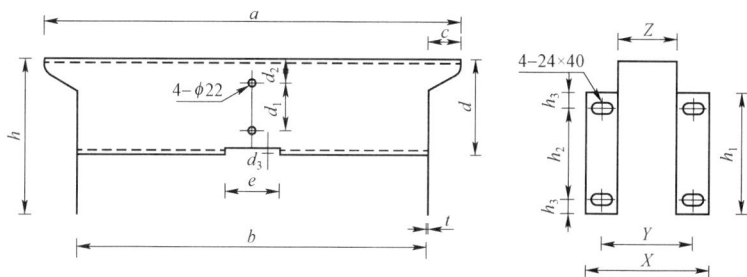

图 8-13　横隔梁

135

表 8-27 横隔梁公称尺寸及允许偏差　　　　　单位：mm

型号	公称尺寸及允许偏差															
	a	b	c	d	d_1	d_2	d_3	e	h	h_1	h_2	h_3	X	Y	Z	t
HG	974	822	76	200	100^{+1}_{-1}	60	10	140	325	256	194^{+2}_{-2}	31	290	216^{+2}_{-2}	142	$4.5^{+不限定}_{-0.3}$

⑦ 端头。

a. A 型端头、B 型端头的外形分别见图 8-14、图 8-15，其公称尺寸及允许偏差应符合表 8-28 的规定。

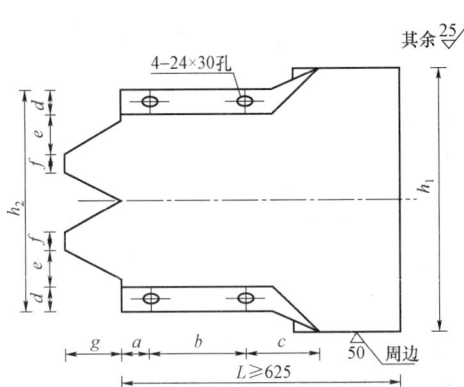

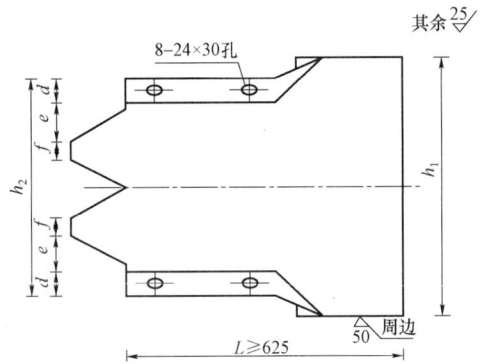

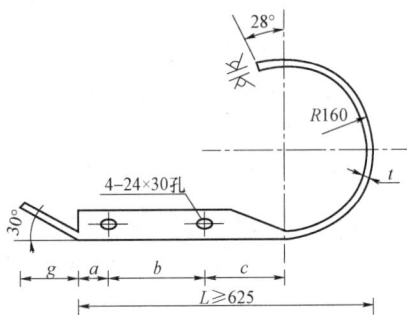

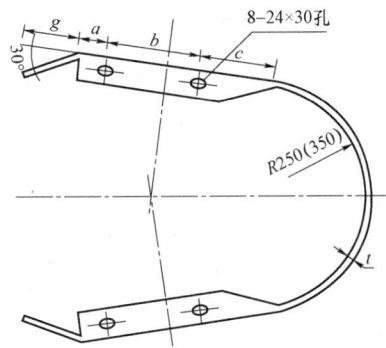

图 8-14　A 型端头

图 8-15　B 型端头

表 8-28　端头公称尺寸及允许偏差　　　　　单位：mm

品名	型号	公称尺寸及允许偏差										
		a	b	c	d	e	f	g	R	h_1	h_2	t
A 型端头	DR1	$50^{+3.2}_{-5}$	216^{+2}_{-2}	190	45	87.5	45^{+1}_{-2}	130	160	610^{+5}_{-5}	506^{+5}_{-5}	4
B 型端头	DR2	$50^{+3.2}_{-5}$	216^{+2}_{-2}	190	45	87.5	45^{+1}_{-2}	130	250	610^{+5}_{-5}	506^{+5}_{-5}	4
	DR3								350			

b. 端头基底金属的公称厚度为 4 mm，其厚度的允许偏差同三波形梁板要求一致。

⑧ 拼接螺栓和连接螺栓。

拼接螺栓和连接螺栓与两波形梁钢护栏相同。

⑨ 加强横梁。

加强横梁是国标新增部件，其结构和外形尺寸见图 8-16。

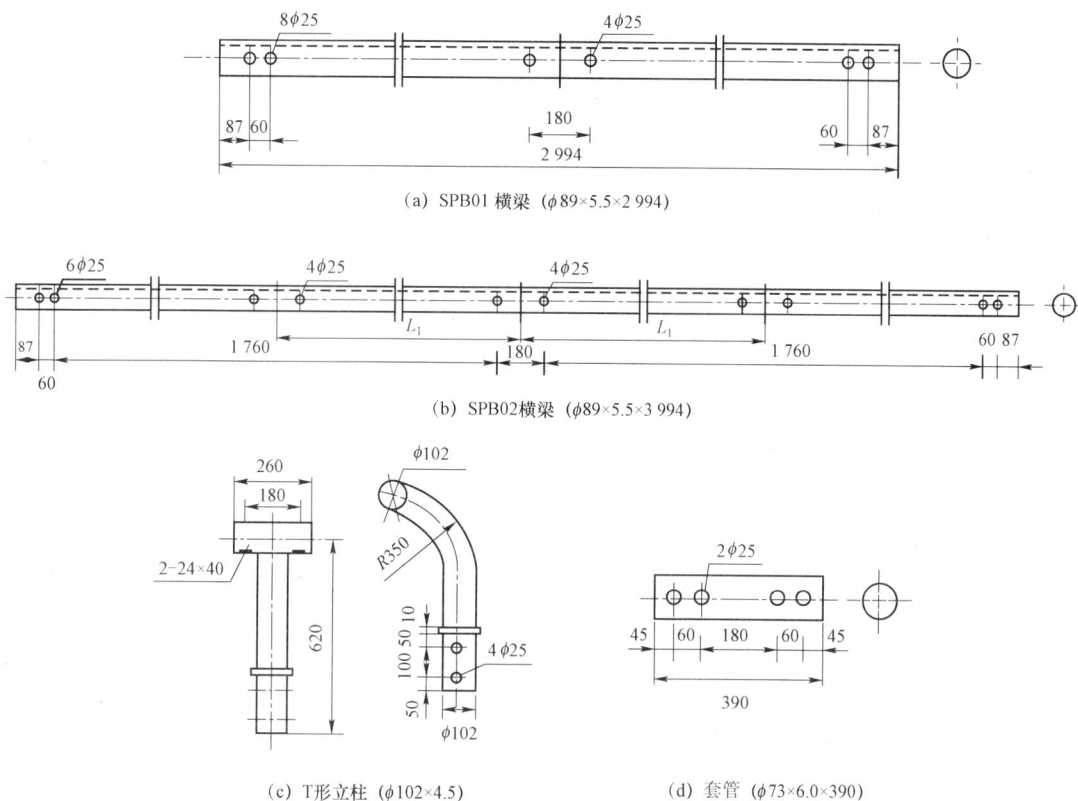

(a) SPB01 横梁 ($\phi 89 \times 5.5 \times 2\,994$)

(b) SPB02横梁 ($\phi 89 \times 5.5 \times 3\,994$)

(c) T形立柱 ($\phi 102 \times 4.5$)

(d) 套管 ($\phi 73 \times 6.0 \times 390$)

图 8-16　加强横梁

（3）断面及弯曲度。

① 构件断面要求：各构件外形应无明显的扭转；切口应垂直，边缘及端部毛刺应清除，切口垂直度公差立柱不大于 1°，其他构件不大于 30′。

② 弯曲度：波形梁板应不大于 1.5 mm/m，立柱应不大于 2.0 mm/m；总弯曲度，波形梁板不大于定尺长度的 0.15%，立柱不大于定尺长度的 0.20%。

（4）材料要求。

除增加加强横梁的上部横梁和套管应为热轧无缝钢管，T 形立柱可为普通碳素结构钢有缝钢管外，其他同两波形梁钢护栏。

（5）其他要求。

加工成形要求、防腐层质量和标志、包装、运输与储存等与两波形梁钢护栏相同。

8.1.2　混凝土护栏

1. 混凝土护栏的类型

混凝土护栏按其安装位置、防护等级、构造形式、基础处理方式等进行分类，见表 8-29，具体要求可参见《公路交通安全设施设计细则》（JTG/T D81—2017）。

表 8-29　混凝土护栏分类表

安装位置	防护等级（代码）	构造形式	基础处理方式
路侧	三（A）、四（SB）、五（SA）、六（SS）、七（HB）、八（HA）	F 型、单坡型、加强型	座椅方式
			桩基方式
中央分隔带	三（Am）、四（SBm）、五（SAm）、六（SSm）、七（HBm）、八（HAm）	整体式	直接支承在土基上
	三（A）、四（SB）、五（SA）、六（SS）、七（HB）、八（HA）	分离式	F 型、单坡型、加强型 设置枕梁和支撑块

2. 混凝土护栏质量要求

1）构造尺寸

F 型、单坡型、加强型混凝土护栏的构造尺寸参见《公路交通安全设施设计细则》（JTG/T D81—2017）。

2）外观质量

《公路工程质量检验评定标准　第一册　土建工程》（JTG F80/1—2017）规定的外观质量要求为：混凝土护栏表面的蜂窝、麻面、裂缝、脱皮等缺陷面积不得超过该面面积的 0.5%；深度不得超过 10 mm；混凝土护栏块件的损边、掉角长度每处不得超过 20 mm；护栏线形应无凹凸、起伏现象。

《公路工程竣（交）工验收办法实施细则》（交公路发〔2010〕65 号）规定的外观质量要求为：混凝土护栏预制块不得有断裂现象；掉边、掉角长度每处不得超过 2 cm；混凝土表面蜂窝、麻面、裂缝、脱皮等缺陷面积不超过该构件面积的 0.5%。

3）实测项目

《公路工程质量检验评定标准　第一册　土建工程》（JTG F80/1—2017）、《公路工程竣（交）工验收办法实施细则》（交公路发〔2010〕65 号）规定的混凝土护栏实测项目见表 8-30。

表 8-30　混凝土护栏实测项目

项次	检查项目		规定值或允许偏差	标准/文件
1	护栏断面尺寸/mm	高度	±10	JTG F80/1—2017 交公路发〔2010〕65 号
		顶宽	±5	
		底宽	±5	
2	钢筋骨架尺寸/mm		满足设计要求	JTG F80/1—2017
3	横向偏位/mm		±20 或满足设计要求	JTG F80/1—2017
4	基础厚度/mm		±10%H	JTG F80/1—2017

续表

项次	检查项目	规定值或允许偏差	标准/文件
5	护栏混凝土强度/MPa	满足设计要求	JTG F80/1—2017 交公路发〔2010〕65 号
6	混凝土护栏块件之间的错位/mm	≤5	JTG F80/1—2017

注：H 为基础的设计厚度；混凝土强度等级应通过设计计算确定，高速公路、一级公路混凝土强度等级不应低于 C30 要求。

8.1.3　缆索护栏

缆索护栏是柔性护栏的主要代表形式，对应的产品标准是《缆索护栏》(JT/T 895—2014)。

1. 组成

缆索护栏由端部立柱、中间端部立柱、中间立柱、托架、钢丝绳、索端锚具（包含连接杆、索端夹头、夹头螺母和楔子）、夹扣等构件组成，见图 8-17。

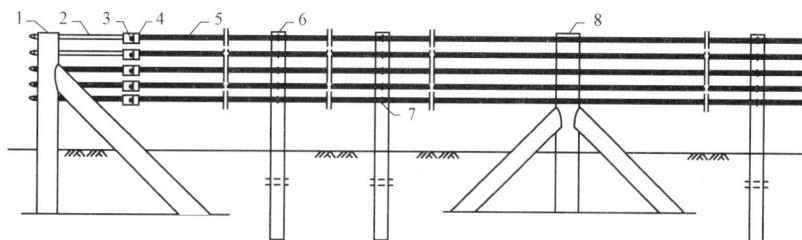

1—端部立柱；2—连接杆；3—夹头螺母；4—索端夹头；5—钢丝绳；6—中间立柱；7—夹扣；8—中间端部立柱

图 8-17　缆索护栏结构示意图

2. 结构尺寸及分类

1）端部立柱和中间端部立柱

端部立柱由直柱、斜撑、底板和连接杆套管部件组成，按连接杆套管根数分为 D I 型和 D II 型，外形及标注符号见图 8-18，其结构尺寸及允许偏差应符合表 8-31 的规定。

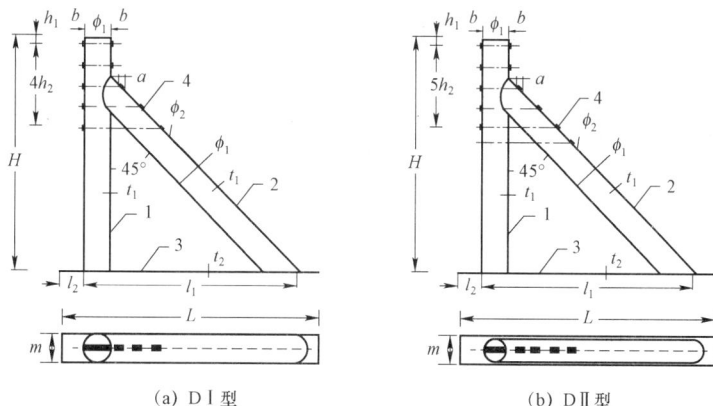

(a) D I 型　　　(b) D II 型

1—端部立柱直柱；2—端部立柱斜撑；3—端部立柱底板；4—端部立柱连接杆套管

图 8-18　端部立柱结构图

表 8-31　端部立柱结构尺寸和允许偏差　　　　　　　单位：mm

代号		H	h_1	h_2	ϕ_1	ϕ_2	a	b
公称尺寸及允许偏差	DⅠ型	1 500±10	50±1	130±1	168+1.68	32+0.5	45±1	10±1
	DⅡ型	1 630±10			194+1.94			
代号		L	L_1	L_2	m	t_1	t_2	—
公称尺寸及允许偏差	DⅠ型	1 700±10	1 420±10	120±1	200±2	5.0±0.5	6±0.5	—
	DⅡ型	1 800±10	1 600±10		250±2			

中间端部立柱由直柱、斜撑、底板和连接杆套管部件组成，按连接杆套管根数分为 ZDⅠ型和 ZDⅡ型，外形及标注符号见图 8-19，其结构尺寸及允许偏差应符合表 8-32 的规定。

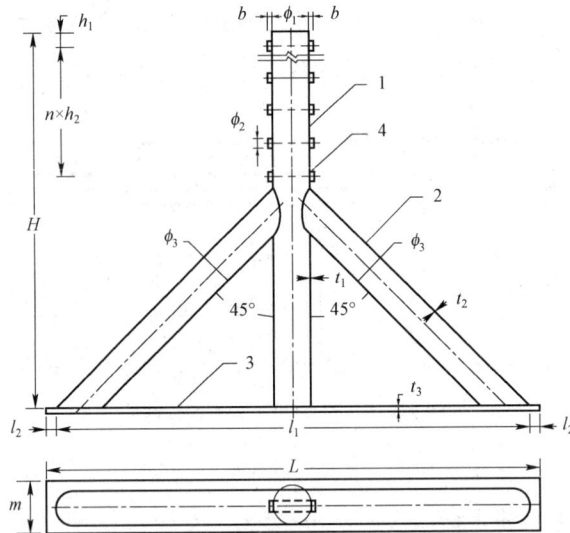

1—中间端部立柱直柱；2—中间端部立柱斜撑；3—中间端部立柱底板；4—中间端部立柱连接杆套管

图 8-19　中间端部立柱结构图

表 8-32　中间端部立柱结构尺寸和允许偏差　　　　　　　单位：mm

代号		n	H	h_1	h_2	ϕ_1	ϕ_2	ϕ_3	b
公称尺寸及允许偏差	ZDⅠ型	4	1 500±10	50±1	130±1	168±1.68	32±0.5	140±1.4	10±1
	ZDⅡ型	5	1 630±10						
代号		L	L_1	L_2	m	t_1	t_2	t_3	—
公称尺寸及允许偏差		2 000±10	1 930±10	35±1	200±2	5.0±0.5	4.5±0.45	6.0±0.5	—

2）中间立柱

中间立柱按螺孔位置分为 ZⅠ型和 ZⅡ型，外形及标注符号见图 8-20，其结构尺寸及允许偏差应符合表 8-33 的规定。

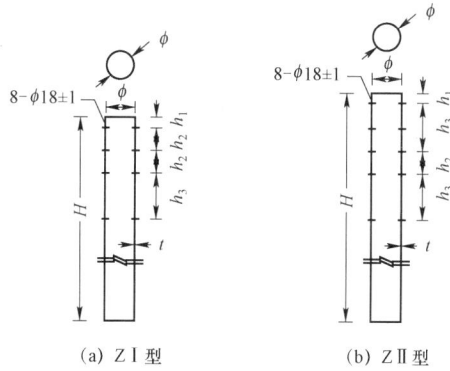

(a) ZⅠ型　　　　　　(b) ZⅡ型

图 8-20　中间立柱结构图

定尺长度 H 应符合《公路交通安全设施设计细则》（JTG/T D81—2017）和设计文件的规定，其允许偏差为 ±10 mm。

表 8-33　中间立柱结构尺寸和允许偏差　　　　　　单位：mm

代号	H	h_1	h_2	h_3	t
公称尺寸及允许偏差	140±1.4	50±1	130±1	260±2	4.5±0.45

3）托架

托架按截面形式分为 V 型和 R 型。V 型托架按长度分为 VⅠ型和 VⅡ型，外形及标注符号见图 8-21，其结构尺寸及允许偏差应符合表 8-34 的规定。R 型托架按长度分为 RⅠ型和 RⅡ型，外形及标注符号见图 8-22，其结构尺寸及允许偏差应符合表 8-35 的规定。

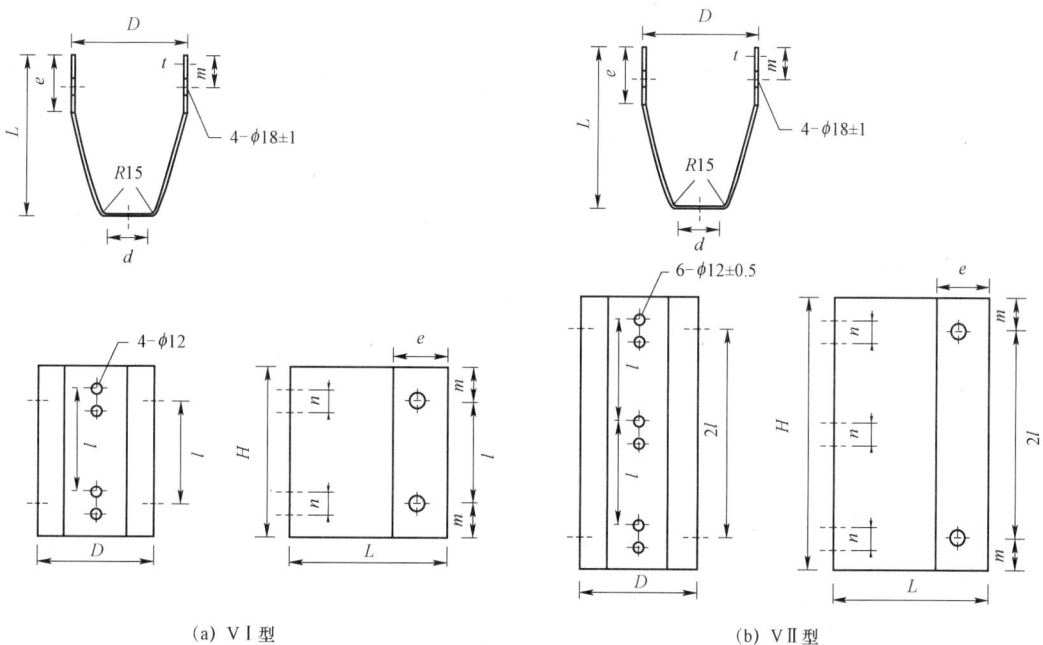

(a) VⅠ型　　　　　　(b) VⅡ型

图 8-21　V 型托架结构图

表8-34　V型托架结构尺寸和允许偏差　　　　　　　　单位：mm

代号		H	L	D	e	d	l	m	n	t
公称尺寸及 允许偏差	VⅠ型	210±2	200±2	147±5	70±2	50±1	130±1	40±1	29±1	3±0.16
	VⅡ型	340±3								

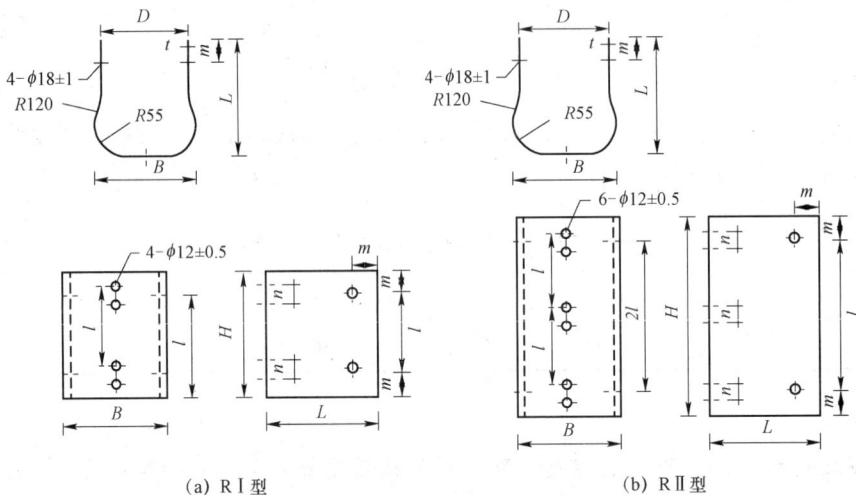

(a) RⅠ型　　　　　　　　　　　　(b) RⅡ型

图8-22　R型托架结构图

表8-35　R型托架结构尺寸和允许偏差　　　　　　　　单位：mm

代号		H	L	D	l	m	n	t
公称尺寸 及允许偏差	RⅠ型	210±2	192±2	148±5	130±1	40±1	29±1	3.2±0.17
	RⅡ型	340±3						

4）索端锚具和夹扣

索端锚具由连接杆、索端夹头、夹头螺母和楔子组成。连接杆的外形及标注符号见图8-23，其结构尺寸及允许偏差应符合表8-36的规定。连接杆的定尺长度 B 应根据设计图纸进行确定，安装完成后连接杆外露部分长度应满足养护施工要求。

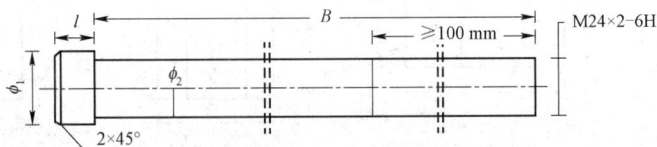

图8-23　连接杆结构图

表 8-36　连接杆结构尺寸和允许偏差　　　　　　　　单位：mm

代号	B	ϕ_1	ϕ_2	l
公称尺寸及允许偏差	920±5	32±1	24±0.5	15±0.5
	850±5			
	720±5			
	600±5			
	500±5			

索端夹头的外形及标注符号见图 8-24，其结构尺寸及允许偏差应符合表 8-37 的规定。

表 8-37　索端夹头结构尺寸和允许偏差　　　　　　　　单位：mm

代号	ϕ_1	ϕ_2	d_1	d	a
公称尺寸及允许偏差	48±1	40±1	19.5±0.5	22.5±0.5	11±0.5
代号	L	L_1	L_2	L_3	e
公称尺寸及允许偏差	110±2	30±1	6±0.5	25±0.5	2+0.2

夹头螺母的外形及标注符号见图 8-25，其结构尺寸及允许偏差应符合表 8-38 的规定。

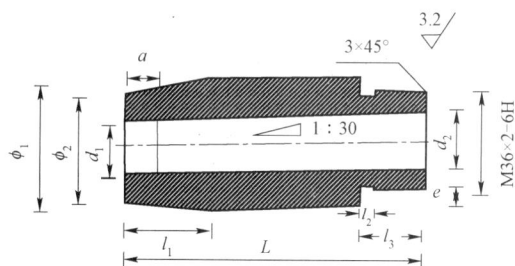

图 8-24　索端夹头结构图　　　　　　　　　图 8-25　夹头螺母结构图

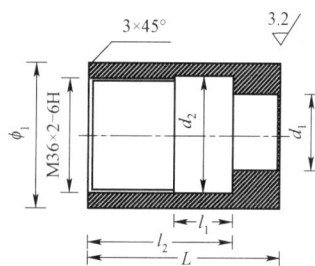

表 8-38　夹头螺母结构尺寸和允许偏差　　　　　　　　单位：mm

代号	ϕ_1	d_1	d_2	L	L_1	L_2
公称尺寸及允许偏差	48±1	25±1	38±0.5	60±1	18±0.5	44±1

楔子的外形及标注符号见图 8-26，其结构尺寸及允许偏差应符合表 8-39 的规定。楔子端部圆锥角度为（9±1）°。

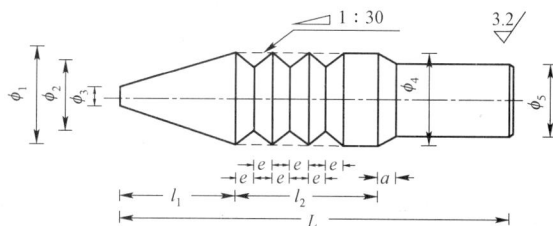

图 8-26　楔子结构图

表 8-39　楔子结构尺寸和允许偏差　　　　　　　　单位：mm

代号	ϕ_1	ϕ_2	ϕ_3	ϕ_4	ϕ_5
公称尺寸及允许偏差	15±0.5	11±0.5	3±0.1	15.8+0.5	12±0.5
代号	L	L_1	L_2	a	e
公称尺寸及允许偏差	65±1	18±0.5	24±0.5	3±0.1	3±0.1

夹扣的外形及标注符号见图 8-27，其结构尺寸及允许偏差应符合表 8-40 的规定。

表 8-40　夹扣结构尺寸和允许偏差　　　　　　　　单位：mm

代号	B	L_1	L_2	ϕ
公称尺寸及允许偏差	30±1	20±0.5	30±0.5	10±0.2

5）钢丝绳

钢丝绳的外形及标注符号见图 8-28，其结构尺寸及允许偏差应符合表 8-41 的规定。钢丝绳的其他结构尺寸要求应符合《公路护栏用镀锌钢丝绳》（GB/T 25833—2010）的规定。

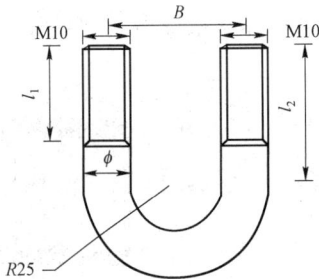

图 8-27　夹扣结构图　　　　　　图 8-28　钢丝绳结构图

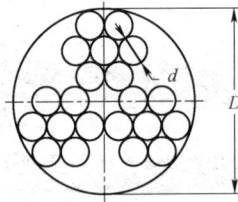

表 8-41　钢丝绳结构尺寸和允许偏差　　　　　　　　单位：mm

代号	D	d
公称尺寸及允许偏差	$18^{+0.9}_{0}$	2.86±0.08

3. 技术要求

1）材料要求

（1）端部立柱、中间端部立柱、中间立柱、托架、楔子、夹扣所用基底金属材质可选用普通碳素结构钢，其力学性能及化学成分指标应不低于《碳素结构钢》（GB/T 700—2006）规定的 Q235 钢的要求。

（2）连接杆、索端夹头、夹头螺母及与其相连的紧固件所用基底金属材质应选用优质碳素结构钢，其力学性能及化学成分指标应不低于《优质碳素结构钢》（GB/T 699—2015）规定的 45 号钢的要求。

（3）用于托架与立柱连接的连接螺栓、螺母、垫圈等所用基底金属材质可选用普通碳素结构钢，其力学性能应不低于《碳素结构钢》（GB/T 700—2006）规定的 Q235 钢的要求。

（4）制钢丝绳所用钢丝的力学性能应符合《公路护栏用镀锌钢丝绳》（GB/T 25833—2010）的规定，抗拉强度应不小于 1 570 MPa。

（5）3×7 类直径 ϕ18 的钢丝绳的破断拉力应不小于 170 kN。

2）加工要求

（1）端部立柱和中间端部立柱的直柱、斜撑、底板和连接杆套管不得有明显扭转，直柱不得焊接加长。各部件之间焊缝应光滑平整，焊接牢固，焊缝不得相互交叉。直柱与斜撑的轴线、各连接杆套管的轴线应在同一平面上。直柱端面切口应垂直，垂直度偏差不得超过 1°。

（2）中间立柱不得焊接加长。焊缝与立柱连接孔不得相互交叉。弯曲度每米不得大于 1.5 mm，总弯曲度不得大于定尺长度的 0.15%。端面切口应垂直，垂直度偏差不得超过 1°。

（3）托架应冷弯或冲压成形，不得焊接拼接。托架不得有明显扭转。托架端面切口应平直、无毛刺。

（4）钢丝绳锚固装置可选用其他形式的索端锚具，索端锚具锚固钢丝绳后，整体破断拉力应不低于相连钢丝绳的最小破断拉力。

（5）缆索护栏使用 3×7 类钢丝绳，即三个圆股，每股外层六根钢丝，中心钢丝外捻制一层钢丝，钢丝等捻距。钢丝绳捻制质量应符合《公路护栏用镀锌钢丝绳》（GB/T 25833—2010）的规定。

3）外观质量及防腐处理

（1）护栏的所有构件均应进行防腐处理，带螺纹的构件宜采用热浸渗锌防腐处理。

（2）钢丝镀锌层质量应符合《公路护栏用镀锌钢丝绳》（GB/T 25833—2010）的规定。其他构件采用热浸镀锌方法进行防腐处理时，镀锌层厚度和镀锌层质量应符合表 8–42 的规定，镀锌层附着性能、耐盐雾性能等应符合《公路交通工程钢构件防腐技术条件》（GB/T 18226—2015）的规定。

表 8–42　镀锌层厚度要求

构件名称	平均镀锌层厚度/μm	平均镀锌层质量/（g/m²）
端部立柱、中间端部立柱、中间立柱	85	600
托架、索端锚具等连接件	49	350
钢丝绳中的钢丝	—	230

（3）采用涂塑层的方式进行防腐处理时，护栏的所有构件均应先进行金属涂层防腐处理。采用热浸镀铝、涂塑等防腐处理的，其防腐层应符合《公路交通工程钢构件防腐技术条件》（GB/T 18226—2015）的规定。

（4）连接杆、索端夹头、夹头螺母和夹扣带螺纹部分进行涂层处理后，应不影响安装。

任务 8.2　检 测 方 法

8.2.1　波形梁护栏产品检验方法

波形梁护栏产品的检测主要涉及外观质量、外形尺寸及允许偏差、基材的化学成分及机械性能、防腐层质量四部分内容。

1. 外观质量

外观分为构件和防腐涂层，主要检验方法：目测及手感检查，辅助必要的量具测量凹坑、凸起、压痕、擦伤等缺陷。

2. 外形尺寸与允许偏差

主要测量项目有波形梁板的展开宽度、定尺长度、板宽、基底金属厚度、螺孔尺寸等。用到的测量器具主要有游标卡尺、板厚千分尺、卷尺、角尺、磁性测厚仪等。

外形尺寸与允许偏差测量仪器见图8-29。

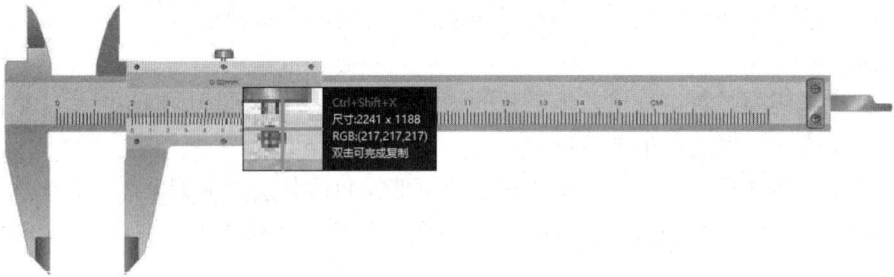

图8-29　外形尺寸与允许偏差测量仪器

主要检验方法有：

（1）护栏波形梁板和立柱构件的长度用精度A级、分辨力0.5 mm的5 m钢卷尺沿纵向不同部位测量三次，取平均值作为测量结果。

（2）波形梁板宽度及其他构件的尺寸精度A级、分辨力0.5 mm的5 m钢卷尺在不同部位测量三次，取平均值作为测量结果。

（3）成形后波形梁板的展开宽度在板的三个不同部位用细钢丝分别测量板正反两面的轮廓长度，取六个数的算术平均值作为测量结果。

（4）护栏立柱的直径或边长用精度0.02 mm的游标卡尺在立柱的上中下三个部位测量三次，取平均值作为测量结果。

（5）护栏构件金属基板的厚度用精度0.01 mm的板厚千分尺或螺旋测微计测量三次，取平均值作为测量结果。测量部位和次数有特殊规定的按特殊规定执行。当测量厚度大于允许偏差的上限时按合格判定。

（6）构件上孔的尺寸是指防腐处理前的尺寸，一般用精度0.02 mm的游标卡尺测量，防腐处理后的测量，应减去防腐层的厚度。

（7）钢管立柱防阻块的尺寸可用投影法将轮廓用细笔画在一张白纸上后，再测量有关尺寸和角度。

（8）板的波高及其他参数，在一级平台（在工程现场可用不小于10 mm厚的平整钢板）上用靠尺、钢板尺、万能角尺、游标卡尺、塞尺、刀口尺等量具、样板按常规方法进行。

（9）波形梁板厚度。

① 防腐处理前的护栏板基底金属厚度用四点法（板两侧各两个点）测量，测量点应满足：

切边钢带（包括连轧钢板）在距纵边不小于 25 mm 处测量，不切边钢带（包括连轧钢板）在距纵边不小于 40 mm 处测量。切边单轧钢板在距边部（纵边和横边）不小于 25 mm 处测量，不切边单轧钢板的测量部位由供需双方协商。

②　防腐处理后的护栏板基底金属厚度用四点法（板两端各一个点，板两侧各一个点）测量，测量点应按照图 8－30 标示的位置选取，位置均在距边部 50 mm 处。用板厚千分尺也可用分辨率不低于壁厚千分尺的超声波测厚仪测量。

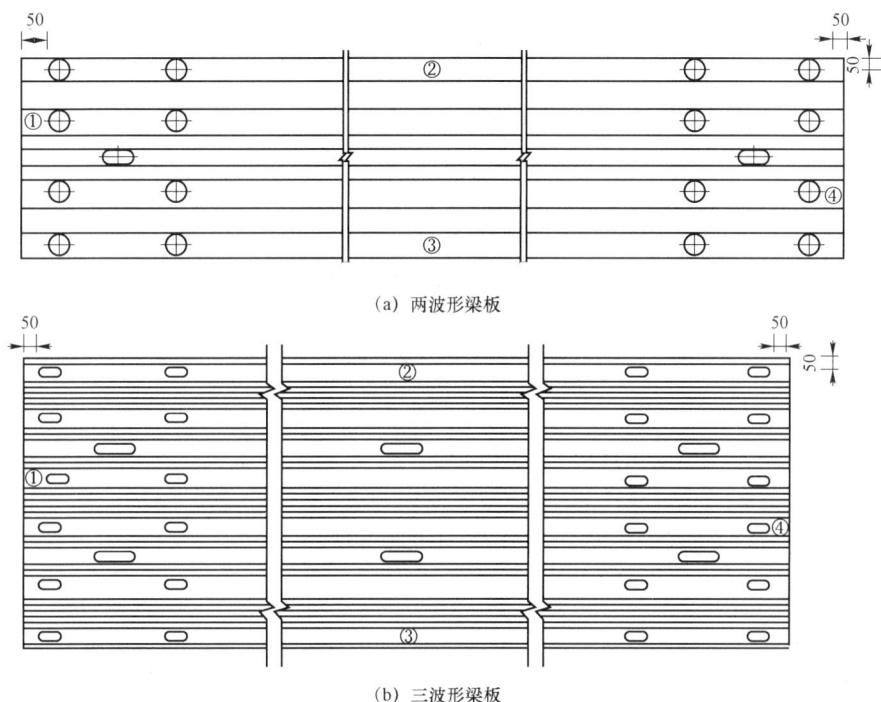

（a）两波形梁板

（b）三波形梁板

图 8－30　测量点位置

③　防腐处理后的护栏板基底金属厚度如有且仅有一个测量点不符合最小厚度要求时，以测量点为中心划十字线，沿十字线方向距该测量点 25 mm 处取四点对该项指标进行复验（见图 8－31），四点中任意一点的复验结果仍然不合格时，则判定该护栏板基底金属厚度不合格；四点的复验结果均合格时，则判定该护栏板基底金属厚度合格。

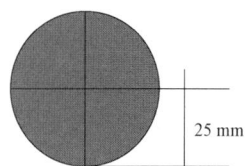

图 8－31　复验示意图

3. 材料要求

1）力学

（1）对于护栏供方提供的原材料及出厂检验证书等资料采用目测核对方法逐项核对。

（2）对于基底金属材料的屈服强度、抗拉强度和断后伸长率按《金属材料　拉伸试验　第 1 部分：室温试验方法》（GB/T 228.1—2021）规定的 B 法执行，应力速率控制为 15 MPa/s。当无明显屈服点时，取规定塑性延伸强度为参考屈服强度，并在试验报告中注明。

（3）对于基底金属材料的耐弯曲性能按《金属材料　弯曲试验方法》（GB/T 232—2010）的规定执行。

（4）对于基底金属材料的化学成分按《碳素钢和中低合金钢　多元素含量的测定　火花放电原子发射光谱法（常规法）》（GB/T 4336—2016）的规定执行。

（5）对于拼接螺栓连接副的抗拉荷载试验按《波形钢护栏　第1部分：两波形梁钢护栏》（GB/T 31439.1—2015）附录A执行。主要方法是用图8-32所示的螺栓专用夹具将装配好试件夹持到试验机上，试验机设定为恒位移控制，横梁位移速率为3 mm/min，对试件进行抗拉荷载试验。

图8-32　螺栓专用夹具图

（6）对于连接螺栓连接副的抗拉强度可按上述方法得到最大抗拉荷载后除以螺杆的标称面积为测量结果，当有争议时用标准哑铃型圆棒以《金属材料　拉伸试验　第1部分：室温试验方法》（GB/T 228.1—2021）规定的B法为仲裁方法。

（7）其他紧固件的试验方法按相关标准的规定执行。

2）化学成分

化学成分主要测量五大元素C、Mn、Si、S、P的含量，试用的仪器设备是只读光谱分析仪，采用的方法是《碳素钢和中低合金钢　多元素含量的测定　火花放电原子发射光谱法（常规法）》（GB/T 4336—2016）。实际工程中还是用力学指标检验材料的性能。

4. 防腐层质量

防腐层质量按照《公路交通工程钢构件防腐技术条件》（GB/T 18226—2015）执行。

5. 几点提示

1）金属单涂层厚度的测量细则

（1）测点数量：波形梁板测18个点，3个断面，每个断面3个点，双面共18个点；立柱、防阻块、托架测内外各5个点，共10个点；拼接螺栓螺头、螺母外侧、垫圈平面部分处各测试3个点，共9个点。

（2）测量结果：按部件取测点的算术平均值为构件涂层厚度的测量结果。

（3）结果判定。

① 镀锌：

板及立柱平均≥84 μm为合格，取消了最低≥61 μm，用均匀性限定最低厚度；

螺栓平均≥49 μm为合格。

② 镀铝：

板及立柱平均≥44 μm 为合格；

螺栓平均≥41 μm 为合格。

③ 防阻块、托架、横隔梁、端头等其他构件与板和立柱相同。

2）双涂层厚度的测量细则

（1）测点数量：同金属单涂层。

（2）测量结果：同金属单涂层。

（3）结果判定。

① 板及立柱内涂层平均镀锌层≥39 μm 为合格；镀铝平均厚度≥23 μm 为合格；锌铝合金（铝锌合金）平均厚度≥45 μm 为合格。

② 螺栓内涂层平均镀锌层≥17 μm 为合格；镀铝平均厚度≥84 μm 为合格；锌铝合金（铝锌合金）平均厚度≥35 μm 为合格。

③ 外涂层：聚酯涂层≥76 μm 为合格。内涂层为镀锌、镀铝涂层时，聚乙烯、聚氯乙烯涂层≥0.25 mm 为合格；内涂层为锌铝合金（铝锌合金）涂层时，聚乙烯、聚氯乙烯涂层≥0.15 mm 为合格。

3）锤击法测金属涂层附着性要点

（1）打击间隔：4 mm 的间隔平行打击 5 个点（镀锌、镀铝）。

（2）位置：打击点应离端部 10 mm 以外，同一点不得打击两次。对于螺栓等小构件，在螺栓螺头、螺母外侧、垫圈平面部分处各打击 1 个点。

（3）判定：不剥离、不凸起为合格。

4）聚酯涂层划格法测附着性要点（厚度小于 0.125 mm）

（1）工具：单刃切割刀具、宽 25 mm 的胶粘带，见图 8-33。

（2）划网格：用单刃切割刀具间隔 2 mm 划透涂层，见图 8-34。

（3）用胶带粘贴后，至少进行 3 个不同位置的拉剥试验，如果 3 次结果不一致，在 3 个以上不同的位置重复上述试验，对于螺栓，测试位置在螺头部位，每个螺栓只测试一个位置。

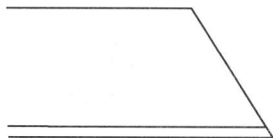

图 8-33　划格法用工具图

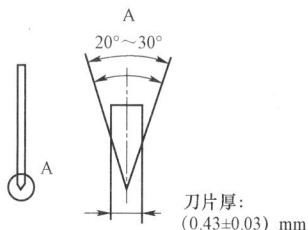

图 8-34　用单刃切割刀具划透涂层

（4）结果判定。

附着等级分为 0、1、2、3、4、5 六个等级。0 级最好，详见表 8-43。

表 8-43　结果判定及分级

分级	说明	发生脱落的十字交叉切割区的表面外观
0	切割边缘完全平滑,无一格脱落	—
1	在切口交叉处有少许涂层脱落,但交叉切割面积受影响不能明显大于 5%	
2	在切口交叉处和/或沿切口边缘有涂层脱落,受影响的交叉切割面积明显大于 5%,但不能明显大于 15%	
3	涂层沿切割边缘部分或全部以大碎片脱落,和/或在格子不同部位上部分或全部剥落,受影响的交叉切割面积明显大于 15%,但不能明显大于 35%	
4	涂层沿切割边缘大碎片剥落,和/或一些方格部分或全部出现脱落,受影响的交叉切割面积明显大于 35%,但不能明显大于 65%	
5	剥落的程度超过 4 级	

8.2.2　波形梁护栏产品检验规则

波形梁护栏经型式检验后才可批量生产,型式检验项目应包括产品标准的所有技术内容,产品经出厂检验后并附有质量合格证方可出厂交货,出厂检验项目按标准要求,需方有权按相关标准的规定进行抽检和验收。

波形梁板、立柱等应成批检查,每批应由同一基底材料、同一规格尺寸、同一表面处理的产品组成,批量大小依据检验类型确定,检验类型有型式检验、出厂检验、验收检验、监督检验。护栏板、立柱、防阻块、连接副等部件的抽样、判定按《公路交通安全设施质量检验抽样方法》(JT/T 495—2014)规定进行。

8.2.3　混凝土护栏检验方法

混凝土护栏的检测主要涉及外观质量、实测项目两部分内容。

1. 外观质量

外观质量的检测主要采用目测与手感相结合的方法,必要时辅以适当的工具,如使用直尺或卡尺等进行测量。检测时应注意取样的代表性和均匀性,检测结果应能反映混凝土护栏的整体质量。

2. 实测项目

用直尺、钢卷尺测量除护栏混凝土强度以外的项目。施工质量检验时,护栏混凝土强度按《公路工程质量检验评定标准　第一册　土建工程》(JTG F80/1—2017)附录 D 规定的方法进行测量。交工前质量检测时,用回弹仪或超声波测量,每处不少于 2 个测区,测区总数不少于 10 个。

8.2.4　缆索护栏产品检验方法

缆索护栏产品的检测主要涉及外形尺寸、基材的化学成分及机械性能、钢丝绳锚固装置整体破断拉力和防腐层质量四方面的内容。

1. 外形尺寸

钢丝绳外形尺寸测量按《公路护栏用镀锌钢丝绳》（GB/T 25833—2010）执行。其他构件采用量具按常规方法进行。

2. 基材的化学成分及机械性能

护栏构件的基底材料力学性能或（和）化学分析试验,试验方法按《金属材料拉伸试验　第1部分：室温试验方法》（GB/T 228.1—2021），以及《钢铁及合金化学分析方法》（GB/T 223）系列标准执行。紧固件的试验方法按《钢结构用高强度大六角头螺栓、大六角螺母、垫圈技术条件》（GB/T 1231—2006）执行。钢丝绳的试验方法按《公路护栏用镀锌钢丝绳》（GB/T 25833—2010）执行。

3. 钢丝绳锚固装置整体破断拉力

钢丝绳锚固装置整体破断拉力按《公路护栏用镀锌钢丝绳》（GB/T 25833—2010）中钢丝绳整体破断拉力试验方法执行。

4. 防腐层质量

钢丝镀锌层质量按《公路护栏用镀锌钢丝绳》（GB/T 25833—2010）执行。护栏其他构件防腐层质量按《公路交通工程钢构件防腐技术条件》（GB/T 18226—2015）执行。

练习题

1. 简述公路安全护栏的功能及分类。
2. 简述公路安全护栏的防护等级。
3. 测量波形梁护栏基材的厚度。

学习情境 9

隔 离 设 施

知识目标

掌握隔离设施的分类、设计指导思想、设置原则和构造要求，热浸镀锌和热涂塑隔离设施生产工艺过程，隔离设施施工方法及过程质量控制要点，隔离栅产品分类、结构尺寸、技术要求、试验方法和检验规则。

能力目标

能够按照现行检评标准对公路隔离设施进行检验及评定。

任务 9.1 技 术 要 求

隔离设施包括隔离栅和防落网。隔离栅是设置于公路沿线两侧，阻止人、动物进入公路或沿线其他禁入区域，防止非法侵占公路用地的设施。防落网包括防落物网和防落石网：防落物网是设置于公路桥梁两侧防止抛扔的物品、杂物或运输散落物进入桥梁下铁路、通航河流或交通量较大的公路的设施；防落石网是设置于公路路堑边坡防止落石进入公路建筑界限内的柔性防护设施。

9.1.1 隔离设施的分类

隔离设施按用途不同可分为隔离栅和防落网两类。

隔离设施按构造形式可分为隔离栅（钢板网、焊接片网、焊接卷网、编织片网、编织卷网、刺钢丝网）、绿篱、隔离墙、刺钢丝网和绿篱相结合等几大类。

依据隔离栅网片成形工艺的不同，隔离栅网片产品可分为焊接网型、刺钢丝网型、编织网型、钢板网型。

隔离栅立柱（含斜撑和门柱）产品可分为直焊缝焊接钢管立柱、冷弯等边槽钢和冷弯内卷边槽钢立柱、方管和矩形管立柱、燕尾立柱和混凝土立柱五类。

依据防腐处理形式的不同，隔离栅产品可分为热浸镀锌隔离栅、锌铝合金涂层隔离栅、浸塑隔离栅和双涂层隔离栅四类。

防落物网按网片形式可分为钢板网、编织网、焊接网、实体板等。防落石网按网片形式可分为钢丝绳网和环形网。

9.1.2 隔离设施设计总体要求

1. 隔离栅设计总体要求

隔离栅应能有效阻止行人、动物误入需要控制出入的公路。隔离栅顶部距地面的高度以 1.5～1.8 m 为宜，靠近城镇区域的隔离栅高度可取高限值，在动物身高不超过 50 cm 等人烟稀少的荒漠地区，经交通安全综合分析后隔离栅高度可降低至 1.3～1.5 m。隔离栅的设计应适应所在地区的地形、气候和环境特点；气候对金属腐蚀性较强的地区，宜采用防腐性能较好的防腐涂料进行表层处理。隔离栅应保证风荷载下自身的强度和刚度，不承担防撞的功能。隔离栅的结构设计可参考交通标志的相关内容。

2. 防落网设计总体要求

防落网应能阻止落物、落石等进入公路用地范围或公路建筑限界以内。防落网包括防落物网和防落石网。除特殊要求外，防落物网以距桥面高 1.8～2.1 m 为宜，防落石网应根据防护落石区域的面积并结合公路边坡的地形进行设置。防落网的结构计算可参考交通标志的相关内容，其中防落石网应能承受设计边坡落石的冲击力作用。

9.1.3 隔离设施设置原则

1. 隔离栅设置原则

除符合下列条件之一的路段外，高速公路、需要控制出入的一级公路沿线两侧必须连续设置隔离栅，其他公路可根据需要设置。

（1）路侧有水渠、池塘、湖泊等天然屏障的路段；

（2）填方路基路侧有高度大于 1.5 m 的挡土墙或砌石等陡坎的路段；

（3）桥梁、隧道等构造物，除桥头、洞口需与路基隔离栅连接以外的路段；

（4）挖方路基边坡垂直挖方高度超过 20 m 且坡度大于 70° 的路段。

隔离栅遇桥梁、通道、车行和人行涵洞时，应在桥头锥坡或端墙处进行围封，对于行人通过较多的路段，可选择强度高的结构进行围封。隔离栅遇跨径小于 2 m 的涵洞时可直接跨越，跨越处应进行围封，防止行人和动物误入。隔离栅的中心线应沿公路用地范围界限以内 20～50 cm 处设置。

为满足公路、桥梁和通道等养护管理的需要，可在进出高速公路、需要控制出入的一级公路的适当位置设置便于开启以满足车辆或人员进出的隔离栅活动门，隔离栅的立柱需要根据活动门的大小和开启情况进行加强。

在行人、动物无法误入分离式路基内侧中间区域的条件下，可仅在分离式路基外侧设置隔离栅；在行人、动物可以误入分离式路基内侧中间区域的条件下，宜在分离式路基内侧行人和动物误入的位置设置隔离栅。分离式路基段遇桥梁、通道、车行和人行涵洞时，应在桥头锥坡或端墙处进行围封，对于行人通过较多的路段，可选择强度高的结构进行围封。

2. 防落网设置原则

1）防落物网设置原则

上跨铁路、饮用水水源保护区、高速公路、需要控制出入的一级公路的车行或人行构造物两侧均应设置防落物网。公路跨越通航河流、交通量较大的其他公路时，应设置防落物网。

需要设置防落物网的桥梁采用分离式结构时，应在桥梁内侧设置防落物网。已经设置声屏障的公路路段，可不设置防落物网。

防落物网应进行防腐和防雷接地处理，防雷接地的电阻应小于 10 Ω。防落物网的设置范围为下穿铁路、公路等被保护区的宽度（当上跨构造物与下穿公路斜交时，应取斜交宽度）并各向路外分别延长 10～20 m，其中上跨铁路的防落物网的设置范围还应符合铁路部门的有关规定。

2）防落石网设置原则

在高速公路或一级公路建筑限界内有可能落石，经落石安全性评价对公路行车构成影响的路段，应对可能产生落石的危岩进行处理或设置防落石网。二级及二级以下公路有可能落石并影响交通安全的路段，宜处理危岩或设置防落石网。

防落石网应充分考虑地形条件、地质条件、危岩分布范围、落石运动途径及与公路工程的相互关系等因素后加以设置，宜设置在缓坡平台或紧邻公路的坡脚宽缓场地附近。

9.1.4 隔离设施构造要求

1. 隔离栅构造要求

金属材料的隔离栅网片、立柱、斜撑、门柱、连接件等应符合《隔离栅》（GB/T 26941 系列）的规定。绿篱可以采用灌木或小乔木等，应能阻止行人和动物误入。隔离栅所采用的钢构件均应采用热浸镀锌、锌铝合金涂层、浸塑以及双涂层等方法进行防腐处理，其防腐要求应满足《隔离栅》（GB/T 26941 系列）的规定。

隔离栅具有多种形式和材料，采用的网孔尺寸可根据公路沿线动物的体型进行选择。焊接网和编织网常用的网孔尺寸包括 100 mm×50 mm 和 150 mm×75 mm 等，最小网孔不宜小于 50 mm×50 mm。隔离栅网孔规格的选取应考虑以下因素：

（1）不利于人和小动物攀爬并进入高速公路；
（2）在小型动物出没较多的路段，可设置变孔的刺钢丝网；
（3）结构整体和网面的强度；
（4）与公路沿线景观的协调性；
（5）性能价格比。

受地形限制，隔离栅前后不能连续设置时，可自然断开，并以此处作为隔离栅的端部。地形起伏较大的路段，隔离栅可沿地形顺坡设置卷网，或将地形整修成阶梯状，采用片网。隔离栅改变方向处应做拐角设计。

2. 防落网构造要求

1）防落物网构造要求

防落物网所采用的金属网的形式可与隔离栅相同，其网孔规格不宜大于 50 mm×100 mm，公路跨越铁路时网孔规格不宜大于 20 mm×20 mm。公路跨越铁路电气化区段的上跨立交桥防落物网应设置"高压危险"警示标志。跨越高速铁路的立交桥防落物网距桥面的高度应不低于 2.5 m，跨越一般铁路的立交桥防落物网距桥面的高度应不低于 2.0 m。

2）防落石网构造要求

防落石网的网孔规格宜根据其防护的落石频率和规格合理确定。防落石网应具有易铺展性和高防冲击能力，并便于工厂化生产。所有钢构件均应按《公路交通工程钢构件防腐技术条件》（GB/T 18226—2015）的规定进行防腐处理。

9.1.5 隔离栅结构尺寸

隔离栅由网片、立柱、斜撑、门柱、连接件等部件组成，见图 9-1。

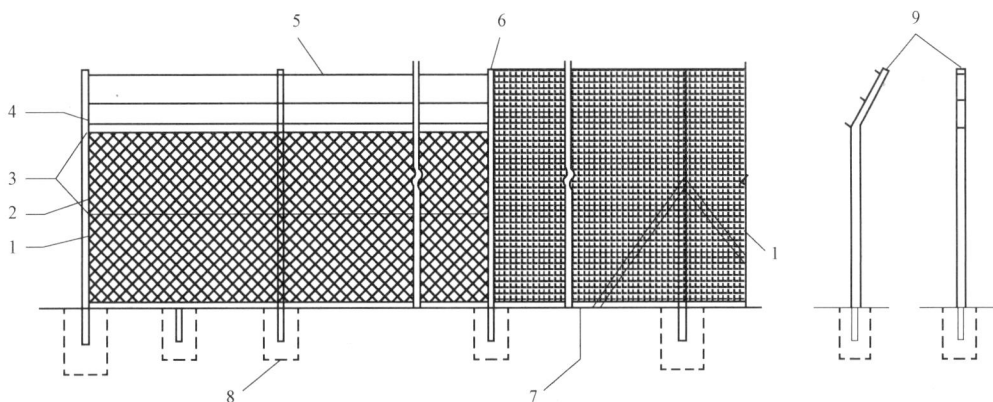

1—网片；2—斜撑；3—张力钢丝；4—端脚立柱或门柱；5—刺钢丝；6—中间立柱；7—锚定钢筋；8—混凝土基础；9—延伸臂

图 9-1 隔离栅

1. 网片

焊接网隔离栅网片的结构尺寸应符合《隔离栅 第 2 部分：立柱、斜撑和门》（GB/T 26941.2—2011）中表 1～表 3 和图 1～图 3 的规定，刺钢丝网隔离栅网片的结构尺寸应符合《隔离栅 第 4 部分：刺钢丝网》（GB/T 26941.4—2011）中表 1、表 2 的规定，编织网隔离栅网片的结构尺寸应符合《隔离栅 第 5 部分：编织网》（GB/T 26941.5—2011）中表 1、图 1 的规定，钢板网隔离栅网片的结构尺寸应符合《隔离栅 第 6 部分：钢板网》（GB/T 26941.4—2011）中表 1、图 1 的规定。

2. 立柱、斜撑

根据《隔离栅 第 2 部分：立柱、斜撑和门》（GB/T 26941.2—2011）的要求，直缝电焊钢管立柱和斜撑的结构尺寸应符合该标准表 1 的规定；冷弯等边型钢立柱和斜撑的结构见该标准图 1，尺寸应符合该标准表 2 的规定；冷弯内卷边型钢立柱和斜撑的结构见该标准图 2，尺寸应符合该标准表 3 的规定；方管和矩管立柱和斜撑的结构尺寸应符合该标准表 4、表 5 的规定；燕尾柱和斜撑的结构见该标准图 3，尺寸应符合该标准表 6 的规定；混凝土立柱和斜撑的结构尺寸应符合该标准表 7 的规定。

立柱和斜撑长度根据设计网高确定。可根据要求通过折弯、焊接或用 M8 螺栓与立柱连接的方式形成延伸臂，折弯后与立柱夹 40°～45° 的角，延伸臂长 250～350 mm。延伸臂用于挂刺钢丝或与网片相同的金属网。

直缝电焊钢管立柱、方管立柱、矩管立柱、燕尾柱柱端应加柱帽，立柱与柱帽要连接牢固、紧密。

3. 门

门的结构尺寸应符合《隔离栅 第 2 部分：立柱、斜撑和门》（GB/T 26941.2—2011）中

表 8～表 13 的规定。门宽不大于 1.2 m 的门柱也可采用混凝土立柱，其断面尺寸为 125 mm×125 mm，配筋直径不小于 8 mm。

4. 连接件

网片与立柱连接方式为连续安装或分片安装。

连续安装有两种方式：

（1）直接挂在型钢立柱冲压而成的挂钩上或混凝土立柱中预埋的钢筋弯钩上，挂钩的距离应与网片网孔大小相匹配，挂钩的大小应能满足固定网片的要求。

（2）通过螺栓、螺母、垫片、抱箍、条形钢片等的连接附件将网片与立柱、立柱与斜撑连接。

其中，条形钢片用于网片端头与立柱的连接，其厚度不小于 3 mm。抱箍用于立柱与网片的连接，针对立柱的外径进行设计。

分片安装时可通过螺栓、螺母、垫片、抱箍、上横框、下横框、竖框等连接件将网片与立柱连接。其中，上横框、下横框、竖框用于网片固定，其宽度不小于 30 mm，厚度不小于 1.5 mm；横框、竖框与网片之间可用直径 6 mm 的锚钉固定；抱箍用于立柱与网框的连接，针对立柱的外径进行设计，也可采用其他的装配方式安装。

立柱与斜撑、立柱与网框用螺栓连接。斜撑如采用锚钉钢筋锚碇，则锚钉钢筋的直径不应小于 20 mm。门柱和门通过连接件用螺栓连接。

9.1.6 一般要求

隔离栅产品的主要质量评定标准为《隔离栅 第 1 部分：通则》（GB/T 26941.1—2011）、《隔离栅 第 2 部分：立柱、斜撑和门》（GB/T 26941.2—2011）、《隔离栅 第 3 部分：焊接网》（GB/T 26941.3—2011）、《隔离栅 第 4 部分：刺钢丝网》（GB/T 26941.4—2011）、《隔离栅 第 5 部分：编织网》（GB/T 26941.5—2011）和《隔离栅 第 6 部分：钢板网》（GB/T 26941.6—2011）。防落物网产品的质量评定可参考上述标准实施。

整张网面平整，无断丝，网孔无明显歪斜。钢丝防腐处理前表面不应有裂纹、斑痕、折叠、竹节及明显的纵面拉痕，且钢丝表面不应有锈蚀。

钢管防腐处理前不应有裂缝、结疤、折叠、分层和搭焊等缺陷存在。使用连续热镀锌钢板和钢带成形的立柱，应在焊缝处进行补锌或整体表面电泳等防腐形式处理。型钢防腐处理前表面不应有气泡、裂纹、结疤、折叠、夹杂和端面分层；允许有不大于公称厚度 10% 的轻微凹坑、凸起、压痕、发纹、擦伤和压入的氧化铁皮。混凝土立柱表面应密实、平整，无裂缝、翘曲，如有蜂窝、麻面，其面积之和不应超过同侧面积的 10%。

螺栓、螺母和带螺纹构件在热浸镀锌后，应清理螺纹或做离心分离。采用热渗锌代替热浸镀锌防腐处理时，其防腐层质量参照热浸镀锌。

9.1.7 隔离栅产品尺寸偏差

1. 焊接网隔离栅网片的尺寸偏差

钢丝直径的允许偏差应符合表 9–1 的规定。

表 9-1　钢丝直径的允许偏差　　　　　　　　　　　　　　单位：mm

钢丝直径 ϕ	$1.60 < \phi \leqslant 3.00$	$3.00 < \phi \leqslant 6.00$
允许偏差	±0.04	±0.05

网孔尺寸的允许偏差为网孔尺寸的±4%。卷网横丝波高不小于 2 mm。片网网面长度、宽度允许偏差为±5 mm；卷网网面长度、宽度允许偏差为网面长度、宽度的±1%。

对于片网，焊点脱落数应小于焊点总数的 4%；对于卷网，任一面积为 15 m² 的网上焊点脱落数应小于此面积上焊点总数的 4%。

2. 刺钢丝网隔离栅网片的尺寸偏差

钢丝直径的允许偏差应符合表 9-2 的规定。

表 9-2　钢丝直径的允许偏差　　　　　　　　　　　　　　单位：mm

钢丝直径 ϕ	1.7	2.2	2.5	2.8
允许偏差	±0.04	±0.04	±0.04	±0.04

刺距的允许偏差为±13 mm。刺钢丝每个结有 4 个刺，刺形应规整，刺长为 16 mm，刺线缠绕股线不应少于 1.5 圈，捻扎应牢固，刺形应均匀。刺钢丝每捆质量应为 25 kg 或 50 kg，每捆质量允许误差为 0～2 kg。每捆质量 25 kg 的刺钢丝股线不可超过 1 个接头，每捆质量 50 kg 的刺钢丝股线不可超过 2 个接头。接头应平行对绕在拧花处，不应挂钩。

3. 编织网隔离栅网片的尺寸偏差

网片钢丝直径的允许偏差应符合表 9-3 的规定。

表 9-3　钢丝直径的允许偏差　　　　　　　　　　　　　　单位：mm

钢丝直径 ϕ	2.2	2.8	3.5	4.0
允许偏差	±0.04	±0.04	±0.05	±0.05

网孔尺寸的允许偏差应符合表 9-4 的规定。

表 9-4　网孔尺寸的允许偏差　　　　　　　　　　　　　　单位：mm

网孔尺寸	允许偏差	网孔尺寸	允许偏差	网孔尺寸	允许偏差
50	±3	80	±4	150	±8
75	±3	100	±5	160	±8

网面长度、宽度的允许偏差为网面长度、宽度的±1%。张力钢丝直径不小于 3.0 mm，允许偏差应符合《一般用途低碳钢丝》(YB/T 5294—2009) 的规定。

4. 钢板网隔离栅网片的尺寸偏差

钢板厚度及允许偏差应符合表 9-5 的规定。

表 9-5　钢板厚度及允许偏差　　　　　　　　单位：mm

钢板厚度	2.0	2.5	3.0	4.0	5.0
允许偏差	±0.19	±0.21	±0.22	±0.24	±0.26

　　丝梗宽度的允许偏差应不超过基本尺寸的±10%，整张网面丝梗宽度超偏差的根数不应超过 4 根（连续不应超过 2 根），其最大宽度应小于相邻丝梗宽度的 125%。

　　短节距的允许偏差应符合表 9-6 的规定。

表 9-6　短节距（TL）的允许偏差　　　　　　　单位：mm

TL	允许偏差	TL	允许偏差
18	+1.1 −1.0	36	+2.0 −1.6
22 24	+1.3 −1.1	40	+2.1 −2.8
29	+1.8 −1.6	44	+2.2 −2.0
32	+1.9 −1.6	55 56	+2.7 −2.2

　　网面长度的极限偏差为±60 mm，宽度的极限偏差为±12.5 mm。网面长短差不超过网面长度的 1.3%，见图 9-2。

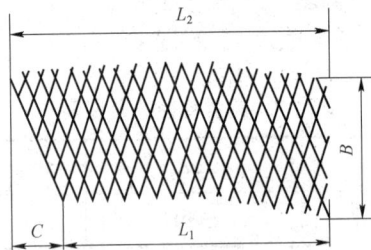

B—网面宽度；C—网面长短差，$C=L_2-L_1$

图 9-2　网面长短差

　　钢板厚度 d 不大于 3.0 mm，网面平整度应符合表 9-7 的规定，示意见图 9-3。

表 9-7　网面平整度　　　　　　　　　　单位：mm

d	TL	TB 方向平整度 h	TL 方向平整度	
			h_1（两边）	h_2（中间）
2.0	18	75	46	30
	22			
	29	63		
	36			
	44	60		

续表

d	TL	TB 方向平整度 h	TL 方向平整度	
			h_1（两边）	h_2（中间）
2.5	29	63	35	25
	36			
	44	57		
3.0	36			
	44			
	55	50		

钢板厚度 d 大于 3.0 mm，网面平整度应符合表 9-8 规定。

表 9-8　网面平整度　　　　　　　　　　单位：mm

d	TL	TB 方向平整度
4.0	24	60
	32	80
	40	100
5.0	24	50
	32	60
	40	80
	56	100

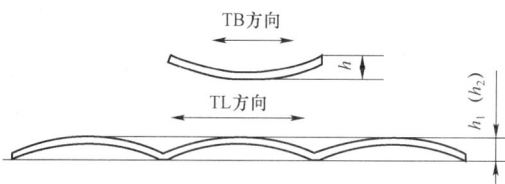

图 9-3　网面平整度

5. 直缝焊接钢管立柱的尺寸偏差

钢管的外径、壁厚的允许偏差应符合《隔离栅　第 2 部分：立柱、斜撑和门》（GB/T 26941.2—2011）中表 14 的规定。钢管立柱定尺长度的允许偏差为 ±10 mm。钢管弯曲度不大于 1.5 mm/m。

6. 型钢立柱的尺寸偏差

冷弯等边型钢立柱、冷弯内卷边型钢立柱非自由边长和自由边长的允许偏差应分别符合《隔离栅　第 2 部分：立柱、斜撑和门》（GB/T 26941.2—2011）中表 15 和表 16 的规定。

方管和矩管立柱截面尺寸的允许偏差应符合《结构用冷弯空心型钢》（GB/T 6728—2017）的相关规定。型钢壁厚的允许偏差应符合《隔离栅　第 2 部分：立柱、斜撑和门》（GB/T 26941.2—2011）中表 17 的规定，弯曲角区域的壁厚不作规定。

型钢立柱定尺长度的允许偏差为 ±10 mm。型钢立柱不应有明显扭转，型钢立柱弯曲度不大于 3 mm/m，总弯曲度不应大于总长度的 0.3%。

7. 燕尾柱立柱的尺寸偏差

燕尾柱外径和壁厚的允许偏差应符合《隔离栅 第 2 部分：立柱、斜撑和门》（GB/T 26941.2—2011）中表 18 的规定。

燕尾柱立柱定尺长度的允许偏差为 ±10 mm。燕尾柱立柱弯曲度不大于 1.5 mm/m。

8. 混凝土立柱的尺寸偏差

混凝土立柱横断面尺寸的允许偏差为 −4～+6 mm。混凝土立柱的定尺长度的允许偏差为 −22～+50 mm。

9.1.8 材料要求及加工要求

1. 焊接网隔离栅网片

网片用金属丝应采用低碳钢丝，其力学性能应符合《一般用途低碳钢丝》（YB/T 5294—2009）的规定。卷网用横丝应用低碳钢丝，其力学性能应符合《一般用途低碳钢丝》（YB/T 5294—2009）的规定。卷网用纵丝应用高强度钢丝，其强度应不低于 650～850 MPa。焊点抗拉力应符合表 9−9 的规定。

表 9−9　焊点抗拉力

钢丝直径/mm	2.5	2.7	2.95	3.0	3.5	4.0	5.0
焊点抗拉力/N	520	600	720	750	1 010	1 320	2 060

2. 刺钢丝网隔离栅网片

普通型刺钢丝网股线及刺线应采用低碳钢丝，其力学性能应符合《一般用途低碳钢丝》（YB/T 5294—2009）的规定。加强型刺钢丝网股线及刺线应采用高强度低合金钢丝，其抗拉强度应不低于 700～900 MPa。各种规格刺钢丝的整股破断拉力不应低于 4 230 N。

3. 编织网隔离栅网片

编织网钢丝及张力钢丝，应采用低碳钢丝，其力学性能应满足《一般用途低碳钢丝》（YB/T 5294—2009）的规定。编织网应采用纵向编织。

4. 钢板网隔离栅网片

钢板网的材料，应采用低碳钢板，其化学性能和机械性能应能满足《碳素结构钢和低合金结构钢热轧钢板和钢带》（GB/T 3274—2017）、《碳素结构钢冷轧钢板及钢带》（GB/T 11253—2019）的规定。钢板网（厚度大于 3 mm 的除外）弯曲 90° 无折断现象。

5. 其他材料及构件

钢管材料，使用冷轧或热轧钢板（带）焊接或焊后冷加工方法制造的，其化学成分及机械性能应满足《直缝电焊钢管》（GB/T 13793—2016）的规定，使用连续热镀锌钢板（带）焊接或焊后冷加工方法制造的，其化学成分及机械性能应满足《连续热镀锌和锌合金镀层钢板及钢带》（GB/T 2518—2019）的规定。

型钢材料，用可冷加工变形的冷轧或热轧钢带在连续根式冷弯机组上加工生产，其化学成分及机械性能应满足《碳素结构钢》（GB/T 700—2006）的规定，网片连续铺设用型钢立柱上的挂钩经冲压加工而成。

混凝土立柱用混凝土强度等级不低于 C20，拌制混凝土所使用的各项材料及混凝土的配合比、拌制、浇注、养护应符合相关标准的规定。

条形钢片和抱箍可采用冷轧或热轧钢板（带），其技术条件应符合《碳素结构钢和低合金结构钢热轧钢板和钢带》（GB/T 3274—2017）、《碳素结构钢冷轧钢板及钢带》（GB/T 11253—2019）的规定。

螺栓螺母可采用常用普通紧固件，其机械性能应符合《紧固件机械性能　螺栓、螺钉和螺柱》（GB/T 3098.1—2010）的规定。

9.1.9　防腐层质量

所有钢构件均应进行防腐处理，应采用热浸镀锌、锌铝合金涂层、浸塑以及双涂层等防腐处理方法。当采用其他防腐处理方法时，应有可靠的技术数据和试验验证资料，其防腐性能应不低于《隔离栅　第 1 部分：通则》（GB/T 26941.1—2011）中 4.2 规定的热浸镀锌方法的相应要求。

9.1.10　复合隔离栅立柱

随着新材料在公路交通工程中的应用，交通运输部于 2013 年颁布实施了《公路用复合隔离栅立柱》（JT/T 848—2013），该标准规定了隔离栅复合立柱产品的分类、通用技术要求、试验方法、检验规则、标志、包装、运输和储存等。

依据结构材料的不同，公路用复合隔离栅立柱产品分为：TP 型——无外皮包裹的纤维增强水泥复合隔离栅立柱，KP 型——中空玻璃钢复合隔离栅立柱，BP 型——玻璃钢填充无机材料复合隔离栅立柱三种。

其主要技术内容有：一般要求、物理化学性能、构件防腐层厚度。一般要求包括材料要求、外观质量、结构尺寸，物理化学性能包括抗折荷载、耐低温坠落性、抗冻融性能、耐水性能、耐化学溶剂性能、环境适应性能等。其中规格尺寸主要规定了立柱截面尺寸，立柱长度由设计而定。本标准还对各项技术要求的试验方法做了详细规定。

任务 9.2　检 测 方 法

9.2.1　隔离栅产品的检验方法

1. 试验环境条件

除特殊规定外，隔离栅应在此条件下进行试验：试验环境温度（23±5）℃，试验环境相对湿度（50±10）%。

2. 试剂

试剂应包括下列种类：

（1）固体试剂：六次甲基四胺（化学纯）、氢氧化钠（化学纯）、硫酸铜（化学纯）、氯化钠（化学纯）。

（2）液体试剂：盐酸（化学纯）、硫酸（化学纯）。

3. 试验仪器和设备

试验应包括下列主要仪器和设备：

（1）万能材料试验机：等级不低于 1 级。

（2）高低温湿热试验箱：高温上限不低于 100 ℃，低温下限不高于－40 ℃，温度波动范围不超过±1 ℃；最大相对湿度不低于 95%，相对湿度波动范围不超过±2.5%。

（3）人工加速气弧灯老化试验箱：应符合《塑料 实验室光源暴露试验方法 第 2 部分：氙弧灯》（GB/T 16422.2—2022）的相关要求。

（4）盐雾试验箱：80 cm² 的接收面内每小时盐雾沉降量为 1～2 mL。

（5）磁性测厚仪：分辨率不低于 1 μm。

（6）试验平台：等级不低于 1 级。

（7）天平：感量要求精确到 0.001 g。

（8）钢卷尺：等级不低于 2 级。

（9）其他长度、角度计量器具：等级不低于 1 级。

4. 一般要求

在正常光线下，目测直接观察。

5. 结构尺寸

1）焊接网隔离栅网片结构尺寸

结构尺寸的试验方法按表 9－10 的规定执行。

表 9－10 结构尺寸的试验方法

序号	项目	试验方法
1	钢丝直径	用分辨率不低于 0.02 mm 的游标卡尺在网面的上、中、下三个部位的横丝和纵丝上进行量取，每根钢丝取两个相互垂直方向的钢丝直径，分别计算横丝钢丝直径和纵丝钢丝直径的平均值
2	网面长度	用分辨率不低于 1 mm 的钢卷尺在网面的左、中、右三个部位各量取一个网面长度，计算平均值
3	网面宽度	用分辨率不低于 1 mm 的钢卷尺在网面的上、中、下三个部位各量取一个网面宽度，计算平均值
4	网孔纵向长度	用分辨率不低于 0.5 mm 的量尺在网面的上、中、下三个部位各量取一个网孔的纵向长度，计算平均值
5	网孔横向宽度	用分辨率不低于 0.5 mm 的量尺在网面的左、中、右三个部位各量取一个网孔的横向宽度，计算平均值

注：此表为单一网面结构尺寸的试验方法。

2）刺钢丝网隔离栅网片结构尺寸

结构尺寸的试验方法按表 9－11 的规定执行。

表9-11　结构尺寸的试验方法

序号	项目	试验方法
1	钢丝直径	用分辨率不低于0.02 mm的游标卡尺在三段1 m长刺钢丝的股线和刺线上量取，每段刺钢丝量取两根股线和两根刺线钢丝，每根钢丝量取两个相互垂直方向的钢丝直径，分别计算股线钢丝直径和刺线钢丝直径的平均值
2	刺距	用分辨率不低于0.5 mm的量尺在三段1 m长刺钢丝上各量取一个刺距，计算平均值
3	刺长	用分辨率不低于0.5 mm的量尺在三段1 m长的钢丝上各量取一个刺节的两个刺长，计算平均值
4	捻数	目测
5	刺线缠绕股线圈数	目测
6	每结刺数	目测
7	捆重	用分辨率不低于0.2 kg的衡器对刺钢丝称重三次，计算平均值
8	每捆接头数	目测

注：此表为单一网面的结构尺寸试验方法。

3）编制网隔离栅网片结构尺寸

结构尺寸的试验方法按表9-12的规定执行。

表9-12　结构尺寸的试验方法

序号	项目	试验方法
1	钢丝直径	用分辨率不低于0.02 mm的游标卡尺在网面的左、中、右三个部位的三根钢丝上进行量取，每根钢丝量取两个相互垂直方向的钢丝直径，计算平均值
2	网面长度	用分辨率不低于1 mm的钢卷尺在网面的左、中、右三个部位各量取1个网面长度，计算平均值
3	网面宽度	用分辨率不低于1 mm的钢卷尺在网面的上、中、下三个部位各量取一个网面宽度，计算平均值
4	网孔纵向对角线长度	用分辨率不低于0.5 mm的量尺在网面的上、中、下三个部位各量取一个网孔纵向对角线长度，计算平均值
5	网孔横向对角线宽度	用分辨率不低于0.5 mm的量尺在网面的左、中、右三个部位各量取一个网孔横向对角线宽度，计算平均值

4）编织网隔离栅网片结构尺寸

结构尺寸的试验方法按表9-13的规定执行。

表 9-13 结构尺寸的试验方法

序号	项目	试验方法
1	钢板厚度	用分辨率不低于 0.01 mm 的板厚千分尺在网面的上、中、下三个部位各量取一个钢板厚度，计算平均值
2	丝梗宽度	用分辨率不低于 0.02 mm 的游标卡尺在网面的上、中、下三个部位各量取一个丝梗宽度，计算平均值
3	网面长度	用分辨率不低于 1 mm 的钢卷尺在网面的左、中、右三个部位各量取一个网面长度，计算平均值
4	网面宽度	用分辨率不低于 1 mm 的钢卷尺在网面的上、中、下三个部位各量取一个网面宽度，计算平均值
5	网面长短差	用分辨率不低于 1 mm 的钢卷尺在网面上量取网面长度的最大值和最小值并计算差值，每张网面量取三次，取最大值
6	网孔短节距	用分辨率不低于 0.5 mm 的量尺在网面的上、中、下三个部位各量取一个网孔短节距，计算平均值
7	网面平整度	用分辨率不低于 0.5 mm 的量尺对 TB 方向平整度和 TL 方向两边、中间的平整度分别进行量取（所测得的值应减去钢板厚度），每张网面各量取三次，分别取最大值

注：此表为单一网面结构尺寸的试验方法。

5）立柱结构尺寸

结构尺寸的试验方法按表 9-14 的规定执行。

表 9-14 结构尺寸的试验方法

类别	项目	试验方法
直焊缝钢管燕尾柱	钢管外径	用分辨率不低于 0.02 mm 的游标卡尺在立柱的上、中、下三个部位进行量取，每个部位量取 2 个相互垂直方向的直径，计算平均值
	钢管壁厚	用分辨率不低于 0.01 mm 的壁厚千分尺在立柱的无焊缝部位量取 3 个壁厚，计算平均值
	定尺长度	用分辨率不低于 1 mm 的钢卷尺量取立柱的定尺长度，每根立柱量取 1 次
	弯曲度	将立柱水平放于工作台上，用刀口尺和塞尺在最大弯曲处量取，每根立柱量取 3 次，取最大值
型钢立柱	型钢边长	用分辨率不低于 0.02 mm 的游标卡尺在立柱的上、中、下三个部位进行量取，每个部位量取 2 个边长，计算平均值
	型钢壁厚	用分辨率不低于 0.01 mm 的壁厚千分尺在立柱的非自由边上量取 3 个壁厚，计算平均值
	定尺长度	用分辨率不低于 1 mm 的钢卷尺量取立柱的定尺长度，每根立柱量取 1 次

续表

类别	项目	试验方法
型钢立柱	弯曲度	将试样水平放于工作台上，用刀口尺和塞尺在最大弯曲处量取，每根立柱量取 3 次，取最大值
混凝土立柱	截面尺寸	用分辨率不低于 0.5 mm 的量尺在立柱的上、中、下三个部位进行量取，每个部位量取 2 个相互垂直方向的边长，计算平均值
	定尺长度	用分辨率不低于 1 mm 的钢卷尺量取立柱的定尺长度，每根立柱量取 1 次

注：此表为单一立柱结构尺寸的试验方法。

6. 原材料力学性能

按《金属材料拉伸试验　第 1 部分：室温试验方法》（GB/T 228.1—2021）的规定执行。

7. 焊点抗拉力

焊点抗拉力的拉伸卡具如图 9-4 所示。在网上任取三个焊点，按图示进行拉伸，拉伸试验机拉伸速度为 5 mm/min，拉断时的拉力值计算平均值。

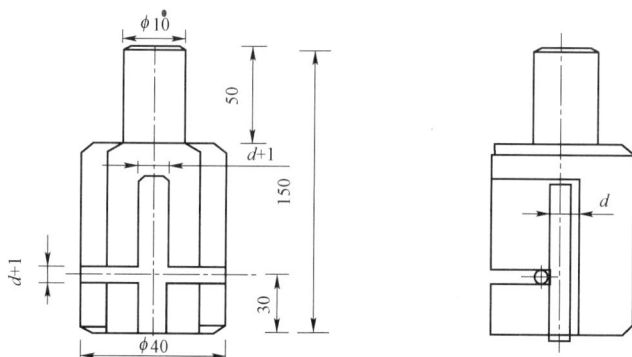

图 9-4　拉伸卡具

8. 防腐层质量

按《隔离栅　第 1 部分：通则》（GB/T 26941.1—2011）中 5.4.2 的规定执行。

9.2.2　隔离栅产品检验规则

产品的检验分为出厂检验和型式检验。

1. 出厂检验

产品需经生产单位质量检验部门检验合格并附产品质量合格证方可出厂。

隔离栅网片、立柱、斜撑、门柱等应成批检验，每批应由同时交货的或同时生产的同一基底材料、同一成形工艺的、同一规格尺寸、同一表面处理的产品组成，并按照《公路交通安全设施质量检验抽样方法》（JT/T 495—2014）中有关隔离栅的方法进行。产品检测项目按分部产品标准进行。

2. 型式检验

产品经型式检验合格后才能批量生产。型式检验应在生产线终端或生产单位的成品库内抽取样品，按各分部产品标准的要求进行全部性能检验。型式检验每两年进行一次，如有下列情况之一时，也应进行型式检验：

（1）新设计试制的产品；

（2）正式生产过程中，如原材料、工艺有较大改变，可能影响产品性能时；

（3）出厂检验结果与上次型式检验有较大差异时；

（4）国家质量监督机构提出型式检验时。

型式检验时，如有任何一项指标不符合标准要求时，则需在同批产品中重新抽取双倍试样，对该项目进行复验，复验结果仍然不合格时，则判定该型式检验为不合格，反之判定为合格。

练习题

1. 简述隔离设施的分类。

2. 简述焊点抗拉力的测试方法。

学习情境 10

防 眩 设 施

知识目标

掌握防眩设施的形式和设置原则，防眩原理、遮光角计算，防眩设施施工方法及过程质量控制要点，防眩板产品的分类、技术要求、试验方法和检验规则。

能力目标

能够按照现行检评标准对公路防眩设施进行检验及评定。

任务 10.1 技 术 要 求

防眩设施主要包括防眩板、防眩网和植树防眩三种形式。本书中的检测技术主要针对防眩板产品。

10.1.1 防眩板产品分类与命名

《防眩板》（GB/T 24718—2009）中防眩板产品分类与命名的规定如下：

1. 产品分类

按产品结构划分：

（1）Z——中空型；

（2）S——实体型；

（3）T——特殊造型。

按板体材料划分：

（1）P——塑料板体型；

（2）F——玻璃纤维增强塑料（玻璃钢）板体型；

（3）M——钢质金属板体型；

（4）Q——其他材质板体型。

2. 型号

示例：以高密度聚乙烯为原材料的规格为高 900 mm、宽 220 mm 的中空塑料防眩板应表示为"FXSPZ900×220"，其中 FXS 为产品名称，P 为板体材料，Z 为产品类型。

10.1.2 防眩板产品技术要求

1. 一般要求

1) 原材料

原材料要求如下：

（1）塑料防眩板树脂原材料应符合相应的国家标准对于各类树脂的相关规定。

（2）玻璃纤维增强塑料（玻璃钢）防眩板的原材料性能应符合《公路用玻璃纤维增强塑料产品　第1部分：通则》（GB/T 24721.1—2009）的规定。

（3）金属板体的钢质基板应符合《碳素结构钢》（GB/T 700—2006）中相关型号钢板的规定，涂塑层应用的粉末涂料应符合《公路用防腐蚀粉末涂料及涂层　第1部分：通则》（JT/T 600.1—2004）的规定。

2) 外观质量

产品表面颜色均匀一致，无明显的反光现象，边缘圆滑、无毛刺、无飞边；表面无剥离、裂纹、气泡、砂眼等缺陷，整体成形完整，无明显歪斜。

3) 结构尺寸

除特殊造型防眩板产品外，产品主要结构尺寸见表10-1。

表10-1　防眩板主要结构尺寸

高度 H/mm	宽度 W/mm	厚度 t/mm		固定螺孔直径 φ/mm
700～1 000	80～250	中空塑料板体型	≥1.5	8～10
		钢质金属板体型	2～4	
		玻璃钢及其他实体型	2.5～4	

结构尺寸的允许偏差应符合下列规定：

（1）高度 H 的允许偏差为+50 mm。

（2）宽度 W 的允许偏差为±2 mm。

（3）钢质金属板体型等规则厚度防眩板，其厚度 t 的允许偏差为±0.3 mm，其他非规则厚度板体其厚度允许偏差应满足规范中的上下限要求。

（4）固定螺孔直径允许偏差为+0.50 mm。

（5）纵向直线度不大于2 mm/m。

2. 理化性能

防眩板产品的理化性能要求应符合表10-2～表10-5的要求。

表10-2　防眩板通用理化性能

序号	项目	单位	技术要求
1	抗风荷载 F	N	F 应不小于 CS 的乘积，其中 C 为抗风荷载常数，取值为 1 647.5 N/m²，S 为该规格防眩板的有效承风面积

续表

序号	项目	单位	技术要求
2	抗变形量 K	mm/m	≤10
3	抗冲击性能		以冲击点为圆心，半径 6 mm 区域外，试样表面或板体无开裂、剥离或其他破坏现象

表 10-3　塑料防眩板理化性能

序号	项目		技术要求
1	耐溶剂性能	耐汽油性能	产品表面不应出现软化、皱纹、起泡、开裂、被溶解、溶剂浸入等痕迹
		耐酸性能	
		耐碱性能	
2	环境适应性能	耐低温坠落性能	产品应无开裂、破损现象
		耐候性能	经总辐照能量大于 $3.5×10^6$ kJ/m² 的人工加速老化试验后，试样无明显变色、龟裂、粉化等老化现象，试样的耐候质量等级评定应符合《公路沿线设施塑料制品耐候性要求及测试方法》（GB/T 22040—2008）中 5.2 的规定

表 10-4　玻璃钢防眩板理化性能

序号	项目		单位	技术要求
1	密度		g/cm³	
2	巴柯尔硬度		—	≥40
3	氧指数（阻燃性能）		%	≥26
4	耐溶剂性能	耐汽油性能	—	产品表面不应出现软化、皱纹、起泡、开裂、被溶解、溶剂浸入等痕迹
		耐酸性能		
		耐碱性能		
5	耐水性能		—	产品表面不应出现软化、皱纹、起泡、开裂、被溶解、溶剂浸入等痕迹
6	环境适应性能	耐低温坠落性能	—	产品应无开裂、破损现象
		耐候性能	—	经总辐照能量大于 $3.5×10^6$ kJ/m² 的人工加速老化试验后，试样无明显变色、龟裂、粉化等老化现象，试样的耐候质量等级评定应符合《公路沿线设施塑料制品耐候性要求及测试方法》（GB/T 22040—2008）中 5.2 的规定

表 10-5　钢质金属基材防眩板理化性能

序号	项目			单位	技术要求
1	涂塑层厚度	热塑性涂层	单涂层	mm	0.38~0.80
			双涂层		0.25~0.60

续表

序号	项目			单位	技术要求
1	涂塑层厚度	热固性涂层	单涂层		0.076~0.150
			双涂层		0.076~0.120
2	双涂层基板镀锌层附着量			g/m²	≥270
3	涂层附着性能	热塑性粉末涂料涂层		—	一般不低于 2 级
		热固性粉末涂料涂层		—	0 级
4	环境适应性能	耐盐雾性能	钢质基底无其他防护层	—	划痕部位任何一侧 0.5 mm 外，涂层应无气泡、剥离的现象
			金属防护层基底 第Ⅰ段（8 h）	—	划痕部位任何一侧 0.5 mm 外，涂层应无气泡、剥离的现象
			第Ⅱ段（200 h）		基底金属无锈蚀
5	涂层耐湿热性能			—	划痕部位任何一侧 0.5 mm 外，涂层应无气泡、剥离的现象

任务 10.2 检 测 方 法

10.2.1 防眩板的检测设备

防眩板检测项目及所用仪器设备如表 10-6 所示。

表 10-6 防眩板检测项目及所用仪器设备表

序号	检测项目	检测仪器设备	测量参数
1	结构尺寸	直尺、卷尺、卡尺、板厚千分尺、塞尺、角尺	长度、角度
2	抗风荷载	万能材料试验机、抗风荷载测定仪	力、长度
3	防腐层厚度	磁性测厚仪	厚度
4	镀层附着量	天平、量杯	质量、容量
5	镀层均匀性	天平、量杯	质量、容量
6	镀锌层附着性	镀锌层附着性能测试仪	质量、肖氏硬度
7	镀铝层附着性	弯曲测试棒	直径
8	镀层/涂层耐盐雾性	盐雾腐蚀试验箱	温度、流量
9	涂层抗弯曲性	涂层附着力测定仪	直径
10	涂层耐磨性	涂层耐磨仪、天平	质量
11	耐冲击性	漆膜冲击器、温度计	质量、高度、温度

序号	检测项目	检测仪器设备	测量参数
12	耐化学药品性	天平、量杯	质量、容量
13	耐湿热性	高低温湿热试验箱	温度、湿度
14	耐低温脆化性	低温试验箱	温度、时间
15	耐候性	人工加速老化试验箱	辐照度、温度
16	外观质量		

10.2.2　防眩板产品检测方法

1. 试样状态调节和试验环境条件

除特殊规定外,试样应按《塑料　试样状态调节和试验的标准环境》(GB/T 2918—2018)的规定进行 24 h 状态调节,并且在此条件下进行试验:

(1)试验环境温度:(23±2)℃。

(2)试验环境相对湿度:(50±5)%。

2. 试剂

(1)固体试剂:NaOH(化学纯)、NaCl(化学纯)。

(2)液体试剂:H_2SO_4(化学纯)、无铅汽油(90 号)。

3. 试样

玻璃钢防眩板的试样要求应符合《公路用玻璃纤维增强塑料产品　第 1 部分:通则》(GB/T 24721.1—2009)中的相关规定。

塑料防眩板及玻璃钢防眩板耐溶剂性能试样应尽可能从防眩板平缓部位截取,试样面积大小应不小于 100 cm²。

4. 试验程序

1)外观质量

在正常光线下,目测直接观察。

2)结构尺寸

(1)高度 H。

将试样做平面投影,用分度值 1 mm 的钢卷尺,在试样投影的最大长度位置量取 3 个数值,取算术平均值作为测量结果。

(2)宽度 W。

将试样做平面投影,用分度值 1 mm 的钢板尺,在试样投影的上、中、下三个部位分别量取 3 个测量值,取算术平均值作为测量结果。

(3)厚度 t。

对板材厚度均匀的试样,用分度值 0.02 mm 的千分尺分别在板的中部及边缘部分量取 3 个测量值,取算术平均值作为测量结果。对厚度不均匀的试样,对其板面的极限厚度值各量取 3 个测量值,取算术平均值作为厚度区间的测量结果。对于中空型的防眩板,厚度为材料实壁单层厚度。

（4）固定螺孔直径ϕ。

用分度值 0.01 mm 的游标卡尺在不同方向量取 3 个测量值，取算术平均值作为测量结果。

（5）纵向直线度。

在试验平台上，用分度值为 0.01 mm 的塞尺，量取板侧与试验平台间的 3 个最大缝隙值，取算术平均值，则纵向直线度按下面公式求出：

$$纵向直线度 = (\bar{d}/H) \times 100\%$$

式中：$\bar{d}$——最大缝隙值算术平均值，mm；

H——防眩板高度，mm。

（6）端部不垂直度。

对于规则方形防眩板，以万能角度尺在其板端量取 3 个测量值，取算术平均值作为测量结果。对于非规则方形防眩板，不作要求。

3）整体力学性能

（1）抗风荷载 F。

将防眩板底部固定于试验平台上，板的中部用标准夹具夹持，以标准夹具的中点为力学牵引点，用刚性连接介质通过定滑轮与力学试验机牵引系统牢固连接，牵引点应与定滑轮下缘在同一直线上，且牵引方向应垂直于防眩板板面。在连接介质完全松弛的情况下，以 100 mm/min 的速度牵引，直至板面破裂或已经达到最大负荷时，停止试验，所受最大牵引负荷即为试样的抗风荷载。如此共进行 3 组试验，取 3 次试验结果的算术平均值为测试结果。

试验牵引装置的设置按照图 10-1 的要求进行。

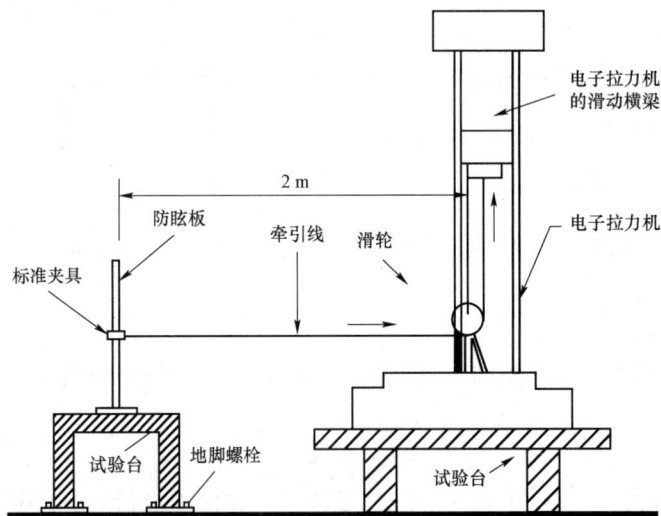

图 10-1 整体力学性能牵引装置设置图

（2）抗变形量 R。

试验设备设置同抗风荷载，将防眩板固定于试验平台上，并与试验机良好连接。标记出板上端到操作台平面的投影值，启动试验机，以 15 mm/min 的速度进行牵引，当牵引负荷达到表 10-6 中相应规格的抗风荷载时,停止牵引,卸掉施加负荷,使防眩板自由弹性恢复,5 min 后做板上端到操作台平面的投影,标记位置,抗变形量 R 的立面投影示意如图 10-2 所示,则防眩板抗变形量 R 可用下式表示为:

$$R= (S_1 - S_0)/H$$

式中：R——抗变形量,mm/m;

　　　S_1——最终投影位移,mm;

　　　S_0——初始投影位移,mm;

　　　H——板高,m。

如此共进行 3 组试验,取 3 次试验结果的算术平均值为测试结果。

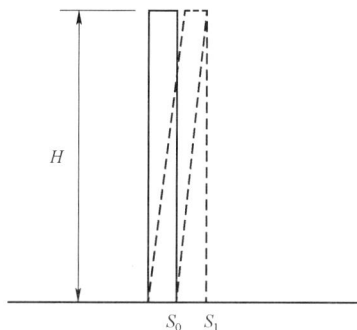

图 10-2　抗变形量 R 的立面投影示意

（3）抗冲击性能。

将试样放置在标准环境条件下调节 24 h 后进行试验。试样应平整放置于硬质地面或试验台上,用质量为 1 kg 的钢球从距板面高度 1 m 处自由下落,冲击试样,保证在冲击的过程中钢球与试样只接触一次,每件试样冲击点应选择上、中、下三个部位进行冲击试验。

4）耐溶剂性能

（1）塑料防眩板。

常规耐溶剂性能按照《塑料　耐液体化学试剂性能的测定》（GB/T 11547—2008）的方法进行,浸泡温度为（23±2）℃,浸泡时间为 168 h。试验试剂选用以下类型:

① 30%的 H_2SO_4 溶液;

② 10%的 NaOH 溶液;

③ 90 号汽油。

（2）玻璃钢防眩板。

按《公路用玻璃纤维增强塑料产品　第 1 部分：通则》（GB/T 24721.1—2009）中的规定执行。

5）耐水性能

玻璃钢防眩板耐水性能按《玻璃纤维增强塑料老化性能试验方法》（GB/T 2573—2008）规定的方法进行试验,水温为（80±2）℃,试验 144 h 后进行外观测试。

6）环境适应性能

（1）耐低温坠落性能。

将长度为 500 mm 的试样放置在低温试验箱中，温度降至（−40±3）℃，恒温调节 2 h 后取出试样，板面平行于地面由 1 m 高度处自由坠落至硬质地面，观测试验结果。

（2）耐候性能（氙弧灯人工加速老化试验）。

按《公路沿线设施塑料制品耐候性要求及测试方法》（GB/T 22040—2008）中的规定执行。

7）玻璃钢防眩板理化性能

（1）密度。

按《纤维增强塑料密度和相对密度试验方法》（GB/T 1463—2005）中的规定执行，采用浮力法。

（2）巴柯尔硬度。

按《增强塑料巴柯尔硬度试验方法》（GB/T 3854—2017）中的规定执行。

（3）氧指数（阻燃性能）。

按《纤维增强塑料燃烧性能试验方法　氧指数法》（GB/T 8924—2005）中的规定执行。

8）钢质金属基材防眩板理化性能

（1）基板厚度。

试样经剥离外部涂塑层后，用分度值 0.02 mm 的板厚千分尺分别在板的上、中、下边缘部分量取 3 个测量值，取算术平均值作为测量结果。

（2）涂层厚度。

涂层厚度按《磁性基体上非磁性覆盖层　覆盖层厚度测量　磁性法》（GB/T 4956—2003）的规定进行，以测量值的算术平均值表示测试结果。若测试值中 10%以上的值超出技术要求范围，即使算术平均值符合技术要求，该结果仍为不符合本标准的技术要求。

（3）涂层附着性能。

① 热固性粉末涂料涂层。

按《色漆和清漆　划格试验》（GB/T 9286—2021）的方法进行。

② 热塑性粉末涂料涂层。

用锋利的刀片在涂塑层上划出两条平行的长度为 5 cm 的切口，切入深度应达到涂层附着基底的表面。板状或柱状试样两条切口间距为 3 mm，丝状试样的两条切口位于沿丝的轴向的 180°对称面。在切口的一端垂直于原切口作一竖直切口，用尖锐的器具将竖直切口挑起少许，用手指捏紧端头尽量将涂层扯起。以扯起涂层状态，将涂层附着性能区分为 0~4 级。

0 级：不能扯起或扯起点断裂；

1 级：小于 1 cm 长的涂层能被扯起；

2 级：非常仔细的情况下可将涂层扯起 1~2 cm；

3 级：有一定程度附着，但比较容易可将涂层扯起 1~2 cm；

4 级：切开后可轻易完全剥离。

（4）耐盐雾性能。

按《公路交通工程钢构件防腐技术条件》（GB/T 18226—2015）的规定执行。

（5）涂层耐湿热性能。

温度（47±1）℃、相对湿度（96±2）%条件下，按《公路交通工程钢构件防腐技术条件》（GB/T 18226—2015）的规定执行。

10.2.3 防眩板产品检验规则

对防眩板产品质量的检验分型式检验和出厂检验两种形式。

型式检验应在生产线终端或生产单位成品库内抽取足够的样品，按标准规定进行全部项目的检验。型式检验应每两年进行一次。防眩板产品在新设计试制产品时、出厂检验结果与上次型式检验有较大差异时、国家质量监督机构提出型式检验时，以及正式生产过程中如原材料、工艺有较大改变，可能影响产品性能时，应进行型式检验。

在生产企业首次批量定型生产时，型式检验中的耐候性能为必检项目，若检验合格，在产品配方不发生变化的情况下，耐候性能四年检验一次。若生产配方发生变化，应立即提请质检机构进行耐候性能测试。

型式检验时，如有任一项指标不符合《防眩板》（GB/T 24718—2009）要求时，则需重新抽取双倍试样，对该项目进行复验。复验结果仍然不合格时，则判定该型式检验为不合格，反之判定为合格。

出厂检验，即产品需经生产单位质量部门出厂检验合格并附产品质量合格证方可出厂。用同一批号原材料、同一配方和同一工艺生产的产品可组成一批，取样方法按《公路交通安全设施质量检验抽样方法》（JT/T 495—2014）的规定进行。出厂检验项目包括外观质量、结构尺寸、抗冲击性能、产品标识和产品包装。

练习题

1. 简述防眩设施的分类。
2. 简述防眩板抗风荷载的测试方法。